新型职业农民培育系列教材

农家旅游服务员培训教程

肖君泽　主编

中国农业大学出版社
·北京·

内容简介

本书以农家旅游服务员开展业务工作所必备的知识和技能为重点，主要介绍了农家旅游的设计与开办、农家旅游的基础知识、农家旅游的各项服务以及开展体验活动的类型与设计等，同时介绍了农家旅游服务员开展业务工作的具体内涵、要素等具体内容。

图书在版编目(CIP)数据

农家旅游服务员培训教程/肖君泽主编. —北京：中国农业大学出版社，2017.7

ISBN 978-7-5655-1892-8

Ⅰ.①农… Ⅱ.①肖… Ⅲ.①乡村旅游-旅游服务-技术培训-教材 Ⅳ.①F590.75

中国版本图书馆 CIP 数据核字(2017)第 180682 号

书　　名　农家旅游服务员培训教程
作　　者　肖君泽　主编

策划编辑	张　蕊　张　玉	**责任编辑**	张　蕊
封面设计	郑　川	**责任校对**	王晓凤
出版发行	中国农业大学出版社		
社　　址	北京市海淀区圆明园西路 2 号	**邮政编码**	100193
电　　话	发行部 010-62818525，8625	读者服务部	010-62732336
	编辑部 010-62732617，2618	出　版　部	010-62733440
网　　址	http://www.cau.edu.cn/caup	**E-mail**	cbsszs @ cau.edu.cn
经　　销	新华书店		
印　　刷	北京鑫丰华彩印有限公司		
版　　次	2017 年 8 月第 1 版　　2017 年 8 月第 1 次印刷		
规　　格	787×980　　16 开本　　18.25 印张　　330 千字		
定　　价	39.00 元		

编 写 人 员

主　编　肖君泽

副主编　谈再红

参　编　李翠芳　林志丹　陈一鑫　阎　珂

编写说明

随着社会主义新农村建设的推进和农业结构的调整，农家旅游作为一种新兴的农村旅游产业形式，一个具有中国特色的旅游品牌，现在已经风靡全国各地。发展农家旅游，进一步把农家旅游做大做强，对于促进农村经济的发展，促使农民脱贫致富，推动社会主义新农村建设具有十分重要的意义。

新型职业农民是农业生产经营主体。开展农民教育培训，提高农民科学文化素质、农业生产技能和经营管理能力，是发展现代农业和建设社会主义新农村的重要举措。党中央、国务院高度重视农民教育培训工作，提出了“大力培育新型职业农民”的历史任务。为贯彻落实中央的战略部署，提高农民教育培训质量，同时也为各地培育新型职业农民提供高质量的教材保障，我们遵循农民教育培训的基本特点和规律，编写了《农家旅游服务员培训教程》培育教材。

本书以农家旅游服务员开展业务工作所必备的知识和技能为重点，主要介绍了农家旅游服务员业务工作的具体内涵、要素等具体内容，各部分通俗易懂，并具有很强的针对性和实用性，适合作为新型职业农民培育的系列教材之一，供广大农家旅游服务员学习和在实践中参考，也可作为农业行业部门及相关管理部门及人员的参考用书和手头必备工具书。

本书由湖南生物机电职业学院肖君泽教授担任主编，负责全书架构的总体设计和全部书稿的统稿、定稿；湖南省百花园休闲农庄董事长、2014 年全国乡村旅游与休闲农业年度人物谈再红任副主编，湖南生物机电职业学院李翠芳、林志丹、陈一鑫、阎珂等专业教师参加编写。书稿初稿完成后，农业部科技教育司王青立处长、辽宁农业职业技术学院曹军教授、北京农业职业技术学院马俊哲教授、原农业部农民科技教育培训中心陈肖安处长等对教材内容进行了审定，并提出了许多有见解的意见和建议，使本书增色不少，在此对他们的辛勤付出一并表示深深的谢意。

此外，由于编者水平有限，加之时间仓促，教材中不妥和错误之处在所难免，衷心希望广大读者朋友提出宝贵意见，以进一步对之进行修订和完善。

编　者
2017.4

目　录

上篇　基　础　篇

下篇　技　能　篇

上篇

基础篇

- 第一讲　走进农家旅游
- 第二讲　农家旅游的设计与开办
- 第三讲　农家旅游基础知识

第一讲　走进农家旅游

一、农家旅游的概念

农家旅游作为一种新兴的旅游产业形式，一个具有中国特色的旅游品牌，现在已经风靡全国各地。何为农家旅游？综合各种不同的解释，结合农家旅游的特点，可以给农家旅游下一个定义。从狭义上讲，是开办者利用农村当地的自然风光、庭院、果园、鱼塘、河面等生态条件、民俗风情、传统文化、饮食特色等进行观光、休闲、娱乐、餐饮、购物、体验、健身等为一体的活动。然而，随着农家旅游的延伸与发展，在原农家乐的基础上进一步涌现出了休闲山庄、观光田园等较大规模的农家休闲旅游形式。因此农家旅游的内涵也更加丰富多彩，所以，从广义上讲，农家旅游是农业行业通过展示自身的行业特色而进行的一系列旅游观光活动，是以农业为载体，既有农业生产功能，又有旅游活动功能的新型产业。具有如下几个特征。

1. 农业和旅游业的产业兼容

在社会经济门类中，农业属于第一产业，旅游业属于第三产业，本来两者各有天地，互不相融。但农家旅游的出现，无论是其项目设置、设施装备，或是环境条件、经营管理等方面，都是农业与旅游业相互兼容，并以此而区别于一般的乡村农业和常规旅游。

2. 田园风光和旅游景点的呼应

一般农业所特有的田园风光虽然有其自然、开阔、壮观的特色，但毕竟较为粗犷和单一。农家旅游充分发挥一般农业田园风光的优势，因地制宜地加以艺术化改造，如绿化美化，地形改造，并适当设置雅致、简朴、自然的景点和实用、配套的设施，使田园风光得到点缀而增辉，旅游功能也因此而强化。

3. 生产功能和旅游功能的耦合

农业的主要功能是向社会提供物质产品，以满足人们物质生活的需要；旅游业的主要功能是向社会提供文化产品，以满足人们精神生活的需要。农家旅游则是两种功能的耦合，既具有生产功能，又具有旅游功能，即在向社会提供物质产品的同时，以其特有的田园风光、民俗风情，让人们感受返璞归真、回归自然的乐趣，并达到体验生活、增长见识和怡情益智、陶冶情操的效果。

4. 生产活动和旅游活动的统一

农业是以种养业为主的物质生产活动，旅游业是以观光、休闲为主的精神文化活动。这两种活动过程，在过去，一般都是分别在不同的场所展开的。农家旅游则是同时在同一场所使两种过程协调一致。

5. 物质价值和文化价值的互补

农业追求的是物质生产价值，旅游业追求的是精神文化价值，两者的效益是通过各自的价值得到体现的。但在一般的农业和旅游业的项目中，具有物质生产价值的，未必同时具有精神文化价值；具有精神文化价值的，也未必同时具有物质生产价值。因为，生产性和可观赏性并不完全一致。正如，好看的未必好吃，好吃的未必好看。所以，在许多情况下，是难于两者兼备，往往为了这种价值而不得不牺牲另一种价值。农家旅游则可以实现两种价值的互补，即农家旅游一方面以其可观赏性和可参与性使农业的附加值得到提高；另一方面又以其生产性和文化性使旅游业价值获得支撑和延伸。

二、农家旅游的兴起

农家旅游的兴起是有其原因的。比较公认的说法是，作为最初的农家旅游是以农家乐的形式出现在四川天府之国成都郊区的温江、郫县等地农村，经过多年的发展，才真正风靡全国各地的。但是，仔细研究农家旅游兴起的原因，可以从多方面予以分析。

一是从历史上看，传统的饮食文化对农家旅游的发展有一定影响。古代的宴席演变均来源于民间乡村，具有浓郁的乡土气息。如屈原《招魂》中记载的宴会场面，后来出现的烧烤席、水鲜席、飞禽席、野味席等，与当今农家旅游的程序与内容有相似之处；到了魏晋时代，出现了有名的“树宴”“游乐宴”等，均同农家旅游如出一辙；特别是古人崇尚的“蝴蝶会”，更是一种野餐形式，人们登山临水，饮酒吃菜，赋诗作画，弹琴下棋，品茶斗艺，寄情山水间，别有一番情趣，这同农家旅游已经更为接近了。

二是从餐饮旅游业发展规律看，人们对事物的追求是从简单到复杂，从一般到综合，从单一到多样。随着社会的进步，经济的发展，文化的影响，人们餐饮旅游业的吃、喝、玩、乐已经不再单独满足于其中一项，而是要将其综合起来，以适应人们的主客观的需要。因此，农家旅游的兴起，也是餐饮旅游业发展规律的体现。

三是人们生活环境质量的需求。随着工业化的发展、城市化的加快，人们的生活环境质量发生了很大变化。特别是污染的空气，越来越不安全的食品，劳累过度的身体，过度紧张的思维等，需要进一步得到改善与放松；于是得天独厚的乡村便成了人们休闲的好去处。丰富纯净的空气、绿色食品、山水花草使人们感到心旷神怡，乐此不疲，这也是农家旅游日益兴旺的原因之一。

四是在新农村建设的创新活动中，从美化农家生活环境、让农民家庭美起来、让农民生活乐起来着手，在较短时间内取得了明显成效，并在实践中逐渐提炼出了“农家美，农家乐”的农家旅游概念（图 1-1）。

图 1-1　休闲农庄前门

三、农家旅游的特点

农家旅游其重点突出一个“农”字，最大限度地保持了农家的原汁原味。让游客吃的是地方特色的农家风味土特产，住的是青瓦木屋农民房舍，干的是田野农活，玩的是乡村民间娱乐，买的是农家的风味土特产及手工艺品，故其特点非常鲜明。

1. 具有乡土风情的乡土性

农家旅游的特色是由农业自身的区域性决定的。各地的农家旅游由于水土资源和乡土风情的差别，所能适合的农业产业就有所不同，所能提供的农家旅游项目和活动内容也各不相同。因此，不同的地区有着不同特色的农家旅游。我国的南方和北方、内陆和沿海、山区和平原、旱地和湿地，其水土资源都有很大差别。“靠山吃山，靠水吃水”是一条农家旅游开办的成功经验，所以，农家旅游必须因地制宜，就地取材，有山游山，有水玩水。无山造山，无水引水，虽然不是不合适的，但势必加大开办成本。

2. 具有季节变化的季节性

农家旅游的季节性是由农业自身的季节性决定的。农业生物的生长发育是和环境条件相统一的，随着一年四季气候条件的周期性变化，农事活动和景观形象也相应地表现出不同的季节特征。因此，在不同的季节，农家旅游就有不同的方式和内容。

我国地处北温带，大多属季风气候，四季变化明显，农家旅游就必须根据季节的变换，抓住节令，巧妙地安排观光和休闲的内容。尽管当今可以采取一定的农业技术措施发展反季节农业，但毕竟只能是辅助性的、调节性的、点缀性的，否则农家旅游将失去田园风光的本色和吸引力。

3. 具有自然生物的生物性

农家旅游的生物性也是由农业自身的生物性决定的。农业主要是种植业和养殖业，都是以生物作为生产对象的。虽然农业都是人为过程和自然过程的统一，但人为过程必须服从自然过程。任何生物都有其自身生长发育的规律，我们不能违背生物的生命规律去拔苗助长。因此，农家旅游，尤其是参与性的活动内容，无论是种是养、是护是收，都必须遵循生物规律，否则将造成对农业景观的损坏而失去农业应有的精彩形象。

现代农业科技发展很快，可以通过修剪、嫁接、杂交和营养调控等手段，改变株型、增加花色、提高产量、改良品质，甚至加快或延缓发育过程，但无论采取何种人为措施，都必须控制在生物生理适应范围之内，否则势必适得其反。

4. 具有现实生产的生产性

生产性是农业旅游和工业旅游区别于其他旅游产品的共有特征。农家旅游之所以不同于名胜古迹游、微缩景观游、都市风光游、探险旅游、体育旅游、海洋旅游、太空旅游、边境旅游等，就在于和农业的生产活动紧密相连，并可以将其参与性的旅游活动寓乐于现实性的农业生产活动之中，以农家旅游吸引“舞厅迷”，以乡村的“民俗风”感染都市的“KTV 热”，给人以新的感受，使你产生新的感觉，开阔新的视野，怡情益智。

既然生产性是农家旅游的基本功能和农业旅游的活动内容，农家旅游的产业项目、技术设施、工艺过程、经营方式就必须是农业和旅游业的相融兼顾的协调统一，从而起到物质价值与文化价值互补的作用效果。

5. 具有社会服务的服务性

提供农家旅游重要的是不仅拥有配套有效的服务设施，而且要拥有掌握农事参与、文化启迪的服务方式，既能满足生产服务的需要，又能满足农家旅游的服务性，必然对管理方式和员工素质有着更高的要求，使更多的知识农民大有可为，使家家户户的文化氛围更加浓郁，使乡村与都市的交往更加广泛，使城乡关系更加紧密。

6. 具有综合技术的多样性

农家旅游是农业和旅游业的有机整体，不仅有农业自身的多样性，而且有旅游业自身的行业性，需要多学科、多技术的综合应用，使农、林、牧、渔、副和食、住、行、游、娱、购等多种内容的技术手段集成。

农业的生产技术设施、旅游业的起居设施和娱乐设施，是农家旅游的配套条件，没有这些技术条件，生产和旅游两大功能、物质和文化两种价值是无从体现的。当然，由于规模大小和开办深度的差别，技术配套的程度也各有不同，无须贪大求全。

7. 具有文化多样的综合性

农家旅游活动毕竟是一种社会文化行为，是为满足游客精神文化需求的消费方式，一般通过观赏田园风光、参与农事活动、采购农副产品、品尝乡村风味、交流感受意境、分享民俗乐趣等方式，增加见识，开阔视野，达到怡情益智、陶冶情操的目的。因此，农家旅游要求有一定的文化性、艺术性和情趣性。

农家旅游除农业具有的农业技术和农耕文化以外，还具有农业工艺、烹调风味、礼仪程序、建筑风格等多种多样的技术效果和满足游客所需的饮食文化、娱乐文化、民俗文化等多种多样的文化内容。

8. 具有经济效益和社会效益好的统一性

农家旅游由于适应市场需求（现阶段城镇居民的旅游消费），具有投资小（利用自身现有土地、房屋等固定资产）、回收快等特点。景点资源几乎是就地取材，稍加建设就能投入使用。餐饮资源自产自销，商业成本低。游客参与农事活动把农活的劳作又转化为娱乐而创收。农家乐旅游成本低，资源利用率高，边际效应大，一推出就取得了良好的经济效益和社会效益（图 1-2）。

图 1-2　浓厚的乡土气息

四、农家旅游的类型

农家旅游作为一种新型旅游形式，其经营形态多种多样，所以农家旅游的类型也比较多。目前全国各地的农家旅游经营形态多达几十种，各具特色。

1. 按所依托的产业划分

(1)种植型农家旅游　指具有观光功能的现代化种植。利用现代农业技术，开办具有较高观赏价值的作物品种园地，或利用现代化农业栽培手段，向游客展示农业最新成果。如引进优质蔬菜、绿色食品、高产瓜果、观赏花卉、组建多姿多趣的农业观光园、自摘水果园、农俗园、农果品尝中心等。

图 1-3　乐在其中的参与

(2)林业型农家旅游　指具有观光功能的人工林场、天然林地、林果园、绿色造型公园等。开办利用人工森林与自然森林所具有的多种旅游功能和观光价值，为游客观光、野营、探险、避暑、科考、森林浴等提供空间场所。

(3)牧业型农家旅游　指具有观光性的牧场、养殖场、狩猎场、森林动物园等，为游人提供观光和参与牧业生活的风趣和乐趣。如奶牛观光、草原放牧、马场比赛、猎场狩猎等各项活动。

(4)渔业型农家旅游　指利用滩涂、湖面、水库、池塘等水体，开展具有观光、参与功能的旅游项目，如参观捕鱼、驾驶渔船、水中垂钓、品尝水鲜、参与捕捞活动等，还可以让游人学习养殖技术。

(5)副业型农家旅游　包括与农业相关的具有地方特色的工艺品及其加工制作过程，都可作为观光副业项目进行开办。如利用竹子、麦秸、玉米叶等编造的多种美术工艺品；海南利用椰子壳制作的、兼有实用和纪念用途的茶具，云南利用棕榈纺织的小人、脸谱及玩具等，可以让游人观看艺人的精湛造诣或组织游人自己参加编织活动。

(6)生态型农家旅游　建立农林牧渔土地综合利用的生态模式，强化生产过程的生态性、趣味性、艺术性、生产丰富多彩的绿色保洁食品，为游人提供观赏和研究良好生产环境的场所，形成林果粮间作、农林牧结合、桑基鱼塘等农业生态景观，如珠江三角洲形成的桑、鱼、蔗互相结合的生态农业景观典范。

运用农业高新科技手段，组织培养和杂交育种等，突出各种无公害的珍稀蔬菜、果品和观赏花卉，成为融农业生产、农艺奇观、旅游和科普教育为一体的现代化农艺园。

(7)民俗型农家旅游　借助原始的自然生态和人文生态景观、古朴的乡情民俗，所构成一个个特色浓郁、带有极强的文化与生态色彩的观光休闲农业旅游基地。利用乡村特色地域文化或风俗习惯，节庆活动或民族特色的村庄和农场，开设农家旅舍，建立乡村休闲民俗农庄，让游客住农家屋、吃农家饭、干农家活，享农家乐，开展度假、休闲、观光、体验生态等旅游活动。

2.按照功能划分

(1)观赏型农家旅游　包括蔬菜观赏园、瓜果观赏园、花卉观赏园、观赏林区、珍稀水产观赏馆、编造工艺观赏中心、生态农业观赏地。

(2)品尝型农家旅游　包括野菜品尝中心、瓜果品尝园、山珍品尝中心、奶制品品尝中心、水产品尝中心。

(3)购物型农家旅游　包括观光农业新鲜农产品购物中心、珍野购物中心、牧产品销售中心、水产品购物站、工艺品购物中心。

(4)参与型农家旅游　包括自摘瓜果园、挤奶场、垂钓场、捕捞场、渔船驾驶中心、自编自赏中心、生态农业研究场、农事活动参与体验中心、拓展健身中心(图 1-4)。

图 1-4　采摘的体验

(5)娱乐型农家旅游　包括森林野营地、跑马场、斗马场、斗牛场、斗鸡场、狩猎场。

(6)疗养型农家旅游　包括观光农业森林浴疗场、海滨浴疗场。

(7)度假型农家旅游　包括森林避暑营地、生态农业休养地。

【实训练习】

参观农家旅游场所

一、实训目的

通过参观当地休闲农庄或农家乐等农家旅游场所，熟悉休闲农庄或农家乐等农家旅游的场地环境、交通布局、开办规模、游客来源、经营服务项目等情况。

二、实训准备

1. 联系当地休闲农庄或农家乐等农家旅游场所作为参观对象。

2. 交通车辆准备。

三、方法步骤

1. 组成参观小组，每个参观小组由 10～15 名学员组成。

2. 请参观单位负责人介绍情况。

四、实训报告

参观实训结束后，召开全班总结会，畅谈参观收获体会。

知识窗口

中国乡村旅游
——告别“弱穷差”奔向“强富美”

2015年2月1日，中央新的一号文件发布，主题仍然关注“三农”，并提出了更加振奋人心的目标和口号——中国要强，农业必须强；中国要富，农民必须富；中国要美，农村必须美。而我们也注意到，2015年一号文件相比于往年，一个显著变化就是用了较大篇幅对乡村旅游进行系统表述，明确提出“扶持建设一批具有历史、地域、民族特点的特色景观旅游村镇，打造形式多样、特色鲜明的乡村旅游休闲产品。加大对乡村旅游休闲基础设施建设的投入，增强线上线下营销能力，提高管理水平和服务质量。研究制定促进乡村旅游休闲发展的用地、财政、金融等扶持政策，落实税收优惠政策。”乡村旅游因其广泛的适用性，极高的社区参与度，明显的产业带动效应，已经成为众多乡村繁荣复兴的有效途径和核心抓手，未来也必将成为实现乡村“强富美”的重要推动力。

第二讲　农家旅游的设计与开办

一、农家旅游的设计

久居都市的人们进行农家旅游的目的一般就是去体验农家生活、融入并体验神秘的大自然。农家旅游最大的吸引力正是它的农家乡土味和生态田园的背景，所以在设计农家旅游时，建筑风格、饮食服务、游乐项目等方面的设计应突出其乡土味及民俗文化，使其与周围大自然的环境背景及当地的乡村环境和建筑风格相协调，即保持与周围环境的协调。游客既可以体验到农家旅游与环境的和谐，又可以体验到乡土风情、特色饮食和民俗文化。

（一）农家旅游设计的原则

资源与环境的永续利用是我国实施可持续发展战略的物质基础，也是农家旅游赖以生存和发展的命根。农家旅游把优化、美化生态环境作为项目建设的主题，甚至把争取旅游发展与环境保护的永久和谐作为符合社会主义新农村建设的总战略，这样有利于资源与环境的持续利用。

1. 资源综合利用原则

资源是农家旅游发展的基础条件。我国是一个资源相对紧缺的国家，如何开办、利用和保护农业的自然资源和农村的人文资源，便成为开办农家旅游首先考虑的基本问题。因为，农家旅游的区域性特点是由资源的地区差别决定的，不同地区有不同的资源条件，决定了农家旅游有着不同的项目内容，从而形成各自不同的产品特色和旅游特色。我国南方与北方、东部与西部的旅游农业，由于气候、风土、生物的不同，因此景观、风情、格调也各不相同。

农家旅游讲究因地制宜，讲究发挥资源优势，讲究项目特色，这对资源的开发、利用和保护是极为有利的。农家旅游功能的发挥，使同一资源产生一举多得的效果，这本身就是资源的一种综合利用，资源的作用也由此得到更充分的发挥，资源的价值也由此得到提升。如柳州市利用市郊的田园风光开展垂钓和赛龙舟等旅游娱乐活动，田还是那个田，水还是那个水，但效益却明显提高了。全国各地农家旅游由于环境优化而使土地升值，由于人流增加而使产品升值，这已是普遍的现象。

2. 环境优化、美化原则

农家旅游讲究景观效果和绿色氛围，对保护生态和优化、美化环境极为有利。生态旅游是农家旅游的一个强项，保护生态，优化、美化环境是农家旅游的基本宗旨，符合可持续发展的战略原则，符合《中国 21 世纪议程》所提出的关于开辟新旅游专线要加强旅游资源的保护，发展没有污染、不破坏环境的绿色旅游的要求。目前我国的自然保护区和园林风景名胜区的面积在不断扩大，为农家旅游的进一步发展提供了越来越丰富的基础条件，并展现出广阔的发展前景。

尤其值得提出的是，各地农家旅游，包括已有的和在建的，都十分重视开办绿色食品，千方百计地根治环境污染，创建了"生态停车场""生态餐厅""生态屋室""生态商店"，并着"生态服装"，让游客置身于相对古朴、自然、幽静的环境之中。这一切都表明，农家旅游能成为农业发展的新势头确实有其经济和文化发展的必然性。

3. 突出乡土民俗特色原则

农家旅游实质上是一种特殊形式的乡村旅游，它是将特有的乡村景风、民风民俗等融为一体，因而农家旅游的设计应具有鲜明的乡土民俗特点，以其原汁原味的村野乡土特色来吸引游客。因地制宜、因物施巧，充分利用当地的旅游吸引物，如物产、风光、民俗等资源，来开办设计不同的农家旅游产品，设置更好的项目。广大经营者要敢于突破常规的限制，拓宽思路，创造有新意的产品，特别是更多地参与型体验式的项目，开发休闲、度假、民俗、养生、观光、教育、科技、商业等多层面的旅游吸引物，形成经营的核心竞争力。

4. 遵循可持续发展原则

可持续发展是我国社会主义经济建设的总战略，也是设计开办农家旅游所必须遵循的基本原则。因此，在农家旅游的项目设计中，必须苛求资源与环境的永续利用，绝不能为追求眼前的利益而牺牲长远的利益，否则，即使是已经设计出来的农家旅游项目也将失去生存与发展的物质基础。

要做到农家旅游项目具有可持续发展的活力，在项目设计方案中，必须有对资源环境的保护与开办、利用相配套（包括设施配套、技术配套、管理配套）的措施，必须兼顾经济效益、社会效益和生态效益，必须是文明生产、文明经营。

坚持可持续发展的原则，实现资源与环境的永续利用，在农家旅游的项目设计中，还必须根据项目的不同特点，做好资源、人力、资金等生产要素的科学、合理配置，使项目设计方案的实施，能够处于高效、节约和有序的状态。

(二)农家旅游设计的内容

1.直接体验项目的设计

从直接体验出发，就是农家旅游的设计者和经营者，在充分理解旅游者的心理需求之后，从旅游者的切身体验出发，设计农家旅游项目(图 2-1)。

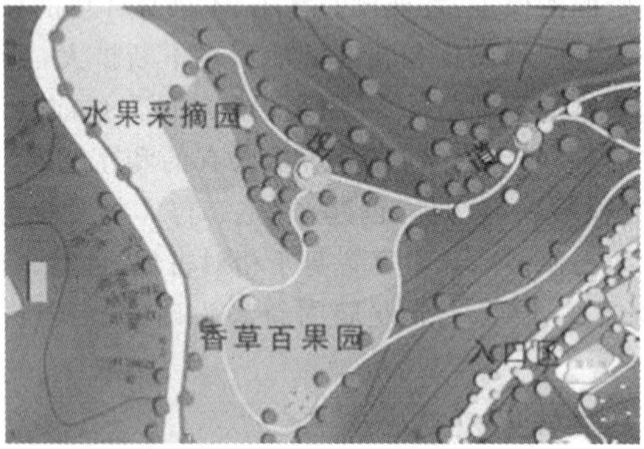

图 2-1　农庄设计布局一角

(1)视觉设计　视觉设计是农家旅游最基本的设计，其主体是景观设计。

①建筑景观　建筑景观应该比较丰富，但又要和谐统一。我国现建成的不少农家旅游场所，如农家乐、休闲农庄等，在建筑景观方面都设计得比较好，建筑景观非常丰富，方寸之间变化多样，但又很和谐。

②文化景观　文化景观是通过多样化的元素来吸引人的，体现的方式很多。比如很多村子里，标语口号刷了很多，这些都是文化景观，却是有破坏效果的文化景观。不过，一些老村子遗留下来的一些特殊年代的标语口号，例如红军长征遗留下来的标语、新中国成立初期遗留下来的口号等，却成为具有特殊文化风味的景观，游客见到了就会觉得这个村庄有历史、有味道。

③环境景观　环境景观首先是对环境的总体要求。一是自然环境协调，不一定只是绿，比如大漠景观，莽莽苍苍的感觉，就是协调。二是要注重细节，细节有弥补主题不足的作用。

④视线走廊　在整个游览过程中，会形成一个视线走廊。视觉设计要使游客保持一个美好的视线感觉，有的地方需要贯通，有的地方需要遮蔽，总体来说，应该是形断神不断，通过视线走廊把各个景观连接起来。

(2)触觉设计　触觉设计以细为根本。游客在游览的过程中，第一是脚的触觉，第二是手的触觉，第三是全身心的触觉。

①触觉深入 触觉本身会引导深入体验。比如有的乡间古树，大家都去摸，时间长了，某个部位变得光滑细腻，触感非常好。

②触摸兴奋 触摸到一些平时不常触摸到的东西，会给人带来兴奋感。比如在乡间，触摸各种动物，如猪、牛、羊、蛙、鸡、龟等，虽然触摸起来感觉不一样，但是对于大城市人来说无疑都是新鲜刺激的体验。

③触摸特色 景区的很多节目，只能看不能摸则不行，要通过摸，让游客产生不同的感觉。比如南非有一个黄金旅游景点，谁要能一只手拿起一块黄金来，就可以把它拿走。这就是触摸特色，至少给人们提供了一个体验机会。有的农家旅游为游客提供了“掏鸡蛋”的项目，也是一种触摸特色。

(3)听觉设计 旅游区最大的声音是游客的声音，研究声音设计，从某种意义上讲，也是研究如何反噪声。有这样几个方面：

①设立集中地点 需要设立几个让游客集中的场所，避免到处都是嘈杂人声。设置集中地点后还需做好游客疏导和分散工作。

②背景声音 需要研究一些背景音乐，有些景区有背景音乐，但如果达到了吵人的程度，就不叫背景音乐了。景区的背景音乐需要研究，严格地说，应该是和主题紧密联系在一起的，和故事紧密联系在一起的。放什么样的背景音乐，在什么样的区域播多长时间，都需要研究。

③表演性的声音 比如这个地方有点儿鸟叫，那个地方有蛙鸣和溪流声等。

(4)嗅觉设计 需要运用多种手段，达到多种效果，尤其主题公园有许多特殊的项目。比如客人要到这个地方寻求刺激，就要制造出嗅觉的效果。味道的设计要以清为目的，首先要清新，进一步要清香，尤其一些人群比较集中的景区，都有这个问题。人群聚集在一起都有汗味，在做规划设计的时候，可以在适当的地方种植或者摆放一些有香味的植物，把味道调整过来，让游客有更好的体验。

对于农家乐来说，既要保留一些乡野的气味，如柴草味、炊烟味、肥料味等，又要有必要的“度”，像家畜家禽的粪便味还是控制得淡些为好，否则会招致游客的反感。

(5)肢体活动设计 肢体活动设计是以旅游者的肢体活动为中心的设计，一般来说，一个旅游区的体验设计里，必须要让旅游者有肢体的活动，没有肢体活动就是一个死的景区。在日常生活中有这样的体验，一片草原，光有牛、马、羊在上面吃草，就会觉得很死，如果游客能够亲自骑上马去放一趟羊的话，就觉得活了。从设计的角度，一定要研究参与性活动。参与性活动的主要对象是青少年和儿童，他们的顾忌很少，但是要想发动中年以上的游客参与，则难度较大。有些地方搞参与性的活动，设想很好，却经常冷场，大家都希望别人上去自己当观众。在活动设计方面，必须研究我国的一些独特的地方，让我们的游客“动起来”，才能把旅游体验做到位。

2.功能创新项目的设计

农家旅游按照其功能可分为3个层次：一是基础层次——陈列式观光游览，游客主要通过视觉得到满足；二是提高层次——表演展示，由景静人动到景动人静，游客在游览观光景点后，能够通过欣赏歌舞表演得到娱乐和新奇的感受；三是发展层次——参与式娱乐与相关活动，通过使游客参与活动项目，身心得到放松、愉悦，随着每次遇到的挑战而得到不同的满足。农家旅游的项目在三大层面上演进，带给游客的满足感和获得的游客重游率逐级上升。我们从中也能认识到，从功能出发和从体验出发是紧密结合在一起的(图2-2)。

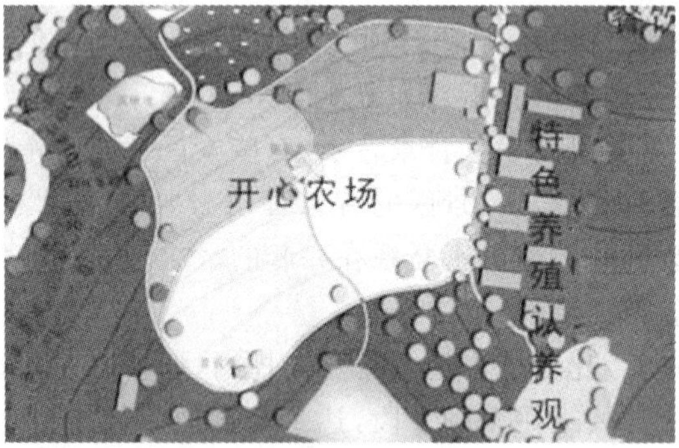

图2-2 参与体验项目分区设计

(1)行 第一是交通支线功能的设计，农家旅游只强调交通不行，应该按景观路、生态路、文化路、交通路的四路合一来设计，使农家旅游的游客一进村口就感觉到了景区气氛，这样会减少客人的烦躁程度，增加兴奋程度。

第二是游线设计，也应该通过多种手段达到多重效果。一种是曲径通幽，另外一种是豁然开朗，要两种方式结合。在游线设计中，更需要考虑的是安全，这个问题在设计里也经常碰到，有的项目视觉设计一流，但是安全隐患问题大，这就和游线设计有关系。

(2)游览 旅游，就是研究怎样让客人关注游览点，尤其是让客人的精神参与进去。不同的游客，参与方式不同。比如同样是看庙，文物专家看文物，建筑专家看建筑，一般的客人看外表。要根据游客不同的身份特点，设计不同参与程度的游览项目。

(3)住宿　现在比较好的农家旅游场所已经发展成了“城市人的第二居所”，要使住宿功能和庭院紧密结合在一起，主题建筑更要特点突出，庭院美化绿化要下大力气，研究主题建筑怎么与乡村文化紧密融合。如果农家旅游场所的住宿只是把城市的低星级酒店直接搬过来，这必然会妨碍农家旅游项目的提升和品位的提高。

(4)饮食　在吃的方面，基本是主辅菜肴结合，快慢烹制结合，这里的核心也是如何突出特色，从主题出发，突出特点。我们需要在文化内涵上，在体验设计上研究乡村餐饮。

(5)购物　从功能的角度看，旅游者也需要有一些纪念性的商品。在旅游园区的内部不需要设立更多的购物点，只能在特别的地点设立。您旅游的时候也许已经发现了，很多公园的购买区都集中在出口，这时游人已经看过园子了，出来以后自然产生购物的愿望。出口必须经过商场，这种设置方法是多年经验积累出来的。

(6)娱乐　娱乐设计的一般方式是有一个比较集中的游乐场所，同时考虑广场性的表演方式。节庆活动的举办是一个提高游客娱乐体验的常用手段，通过节庆活动营造出平常所少见的浓厚娱乐氛围，全方位地感染旅游者，让旅游者在亲身参与中释放生活中的压力，体会节庆活动给人带来的愉快和舒畅。

从功能设计出发，基本是围绕这六要素做文章。设计时要考虑六要素之间的相关关系，主要是怎么达到优化配置。六要素的核心要素是游，就是一切围绕着游，进行优化配置；围绕着游，进行游线的设计；然后考虑什么地方安排餐饮，什么地方安排购物，什么地方安排娱乐，把从体验出发的几个设计融在一起，这样的设计就比较完整。

二、农家旅游的开办

(一)农家旅游开办的原则

为确保开办的农家旅游场所项目的健康发展，并取得较好的效益，必须遵循一些基本原则。

1. 以市场为导向，以效益为中心的原则

开办农家旅游必须适应市场需要，尤其要切实了解旅游市场的真实需求，决不能想当然盲目行事。因为，尽管农家旅游是目前旅游业的新趋向，但农家旅游项目在不同季节、不同地区有着不同的市场行情和市场容量。所以，在开办之前对市场的状况，要做必要的调查，使决策者心中有数。

要坚持以经济效益为中心，兼顾社会效益和生态效益，避免因短期行为而损害长远利益。

2. 瞄准方向，慎重定位的原则

无论项目定位，或是市场定位，都必须瞄准方向，包括确定开办的主导项目、开办的规模、开办的档次、面向的市场对象等。

定位是一项方向性的工作。国外游客与国内游客、中青年游客与青少年游客、团队游客与散客、专业游客与普通游客，对农家旅游项目有着内容和档次的不同要求，有的要求直观性感受，有的则要求有较高的文化内涵。因此，开办什么项目，定在什么档次，面向什么市场，必须慎重地看准方向，才能使开办的项目具有后劲。

3. 因地制宜，突出特色的原则

农业的区域性、拥有资源的差别性和地形地貌的特殊性，决定了开办农家旅游场所必须因地制宜，要从实际出发，因势利导，切忌弄巧成拙而失去农业自然的韵味。

农家旅游场所的不同具体形态，有各自的特色和主题，突出特色，抓住主题，是市场竞争的重要战略，鲜明的特色是旅游资源的生命力所在，拥有特色，才会吸引游客的注意力。农家旅游与其他旅游形式最大的区别就在于它的乡土性，因此必须突出乡村特色，把握住乡土味，不能搞模仿、复制和捏造，更不能“城市化”，否则便违背乡村旅游的本质属性和鲜明个性了。旅游经济本身就是注意力经济，要注意各个农家旅游场所设计项目之间的差别性，体现“人无我有”的特色。开办设计农家乐参与体验项目的实质就是要寻找、发掘和利用农家资源的特色。经过设计的农家旅游场所参与体验项目，不仅应使它的原有乡土特色得以保持，同时，还应使它更加鲜明、有所创新和发展。因此，在因地制宜的同时，必须通过一些人为措施，如通过项目的组合，通过环境的整治，通过人文景观和农业文化的挖掘，通过必要的景点配置，通过标牌、简介的引导和活动内容的安排，使开办的项目特色突出，主题明确，只有这样才能给人留下深刻的印象。

4. 开发与保护协调原则

农家旅游是农业和旅游业相结合的一个新的发展领域，也是对农业资源和旅游资源的一种开办和利用。开办农家旅游场所，要将保护工作放在首要地位，切实加强保护措施，既要保护农家旅游场所周围的自然环境，尽量减少对周围环境的污染，又要保护建筑文化和民俗文化，突出乡村特色，保护的成果又会增加农家旅游场所的吸引力。开办农家旅游的目的是致富一方百姓，发展地区经济。但开办农家旅游场所时如果不注意保护，开办超过社会和环境承受的限度，就会造成环境质量下降、资源破坏、社会治安混乱等负面影响，从而影响农家旅游的可持续发展。

开办农家旅游场所必须坚持对环境的保护与资源的开办、利用协调的原则，违背这个原则将会使农家旅游失去可持续发展的基础。

因此，农家旅游场所在开办设计过程中须遵循经济、社会、环境三大效益相统一的原则；体现人与自然、文化与社会和谐的理念；坚持“严格保护，统一管理，合理开办，持续发展”的方针。农家旅游项目的开办应本着各具特色、优势互补的原则，不要出现雷同的产品和服务恶性竞争的局面。

5. 选准起点，逐步推进的原则

开办农家旅游场所要选择好的起步项目，即选择一个效益好、见效快并具有带动或龙头作用的项目作为开办的逻辑起点。选择逻辑起点对开办农家旅游场所来说，是一项战略性的举措。因为有了好的起步项目，可以给开办者带来信心，并可以由它来带动后续项目，从而带来滚动发展的后劲。这个原则之所以重要，还因为任何开办都不是单纯依靠一次性投入，主要的是要依靠项目本身的生命力，使之形成滚动投入、滚动发展的势头。

开办农家旅游场所既要选准起点，也要逐步推进，切忌不自量力而盲目贪大求快。所谓逐步推动，就是分解项目，分期、分步实施，把开办的进度控制在市场和投资力度所允许的条件下。当然，要这样做，必须有统筹的规划，有系统的思路，才能做到有序推进。

（二）农家旅游的特色定位

市场经济的关键是竞争，而竞争就是优胜劣汰。只有那些有自己独到特色的农家旅游才能在激烈的市场竞争中站稳脚跟。特色是农家旅游产品的生命力所在，目前我国开办的农家旅游场所中，存在问题最多的就是盲目跟风、照搬照抄，缺乏自己的特色。

1. 农家旅游应有自己的特色

乡土味是农家乐普遍的特点，但这并不意味着每个农家乐个体之间没有差别，相反，各个农家旅游场所应该在具有普遍特点的基础上想办法凸显自己的特色。

农家旅游个体的特色主要体现在产品的开办和服务的提供上。有的农家旅游场所开办民俗文化产品，有的开办田园风光产品，还有的开办休闲娱乐、农事参与、劳动教育、参观学习、乡村科考、乡村度假、商务会议、风味品尝、古建筑游览、特色民居参观、农作知识、农产品购买、手工艺品、农村副业、各种疗养等产品。无论开办什么产品，经营者都应“量体裁衣”，根据自己的资源特点和游客需求开办出适合的农家乐产品来，并提供独到的农家乐服务，做出自己的特色来。

2.突出农家旅游产品和服务特色的途径

(1)利用创新突出农家旅游的特色　旅游者都有喜新厌旧的心理,他们追求的是新、奇、特的意境。因此,经营者应对老产品及时改造,还须时时创新新产品,旅游产品只有不断改进和完善才会拥有永久的生命力。创新有产品的创新、营销的创新、服务的创新、管理的创新。

(2)利用营销突出农家旅游的特色　“好酒不怕巷子深”的时代已经过去,现在“好酒”也要广泛宣传,才能让人慕名而来。要学会使用各种广告媒体,如报纸、杂志、电视、电台、宣传画(册)、网络等;也可通过广告公司、政府平台、集体活动、个人口传等方式宣传自己农家旅游的特色。

(3)利用洁净的经营环境来突出农家旅游特色　目前大部分农家旅游场所的卫生条件不是很让游客满意,主要是由于城乡生活观念及方式的差别造成的。经营者何不突出自己的卫生特色,让游客满意,吸引更多的客源呢?

(4)利用服务突出农家旅游的特色　游客对农家旅游场所的服务,要求不会像星级宾馆那样高,但也不是没要求。他们希望农家旅游场所的服务体现“农家”特色,少些商业气息,多点淳朴厚实,就像回到某个农村亲戚的家里一样,自然、舒心、温暖。

(5)利用口号突出农家旅游的特色　一句贴切的宣传口号会让游客一次就记住你,但是,精彩的口号并不容易找到。要根据农家旅游场所的形象定位、旅游地地方风格的确定,并要做市场调查,才能提炼出能提升农家旅游知名度的宣传口号。

(6)利用品牌突出农家旅游的特色　品牌,来源于古挪威文,意思是“烙印”。品牌已经演化为一个包括科学与艺术、商标与名称、包装与视觉、价格与价值、历史与现实、符号与实体、知名度与美誉度、忠诚度与信任度等有形与无形的综合体。好的品牌需要经营者有先进的经营理念、准确的产品定位、良好的形象策划、科学的管理体制和正确的预见性。

3.农家旅游特色定位的内容

农家旅游特色定位,是指经营者在开办农家旅游之前,必须通过咨询、调查等手段明确为之服务的农家旅游游客群体,确定农家旅游的特色产品和服务风格。

农家旅游最大的吸引力正是它的农家乡土味和生态田园的背景,所以在设计农家旅游时,建筑风格、饮食服务、游乐项目等方面的设计应突出其乡土味及民俗文化,使其与周围大自然的环境背景及当地的乡村环境如建筑风格相协调,即保持与周围环境的协调。游客既可以体验到农家旅游与环境的和谐,又可以体验到乡土风情、特色饮食和民俗文化。

(1)形象定位,建筑与乡村环境协调　农家旅游场所的形象定位是指农家旅游特色形象的选择与确立。如果农家旅游的特色是突出生态田园的自然环境,那么与之对应的形象定位应该是生态的农家旅游,农家旅游的建筑设计、旅游项目设计、资源开办、基础设施、室内外布置、接待服务等都要突出生态的理念。如果农家旅游的特色是突出民族风情文化,那么与之相对应的形象定位应该是民族文化的农家旅游,农家旅游的建筑设计、旅游项目设计、资源开办、基础设施、室内外布置、接待服务等就要突出民族文化的理念。农家旅游要体现出爱护自然,爱护生养我们的村庄的责任感和使命感,注意建筑布局的科学、合理,建筑风格、接待区域地面处理、建筑外观等都要与周围环境保持协调。

①农家旅游建筑与周围自然环境的协调。建筑外观整体上要融入自然,经营过程中的各个方面要体现保护自然的理念,以保持与自然环境的整体协调。

农家旅游建筑应表现自然。使其环境优美,幽雅清静,天人合一,体现出人与自然的和谐。控制和减少使用有害或对环境不好的产品。避免使用石棉、有毒、腐蚀性和感染性物品以及不可回收的一次性产品和塑料容器。建筑施工达到生态环保标准的农家旅游场所,在未来的经营中可以打出生态牌,作为自己的一大特色。使用材料要取之自然,农家旅游建筑可以借鉴以前老房子的建筑方式,其成本很低,使用人工、耗能很少,建筑材料的取得与加工很方便,通常采用农民可自己生产或就地取材的自然材料,如木头、砖块、稻草、麦秸、芦苇等,即使被毁坏,还可以回收再利用,其中青砖比红砖结实,土木结构具有更好的抗震性能。

图 2-3　乡土建筑风格——农家木屋

②农家旅游建筑与乡村环境的协调。开办农家旅游区域内的农家旅游场所建

筑从整体上须从“土”字出发，从“新”字着眼，突出乡村的特点，营造一个有浓郁乡土气息的环境，保持与乡村环境的协调。

建筑避免与城市风格雷同。在乡村古朴的民风中，农家旅游场所如果追求城市化建筑，模仿城市住房建造成火柴盒形状的砖楼，并用五颜六色的瓷砖完全包裹起来，就破坏了乡村整体环境的和谐美感，与乡村环境格格不入，从而让寻找和体验“回归自然”感觉的城里人大为扫兴，这将让农家旅游失去其独特的魅力。

建筑强调农家的乡村基调。农家旅游场所位于乡土气息浓郁的农村，它以乡村环境为依托，营造出以中国传统农耕社会为特点的，外有田园，内有书香，衣食富足的农家闲情逸趣的意境。游客到农家旅游来，主要是为了寻找与城市生活完全不同的“农味、野味、乡土味”，体验乡野之趣、田园之乐。

③农家旅游建筑与周围乡村建筑的协调。农村地域广阔，变化缓慢，至今保留着大量社会变迁、历史更替的文化遗存，现代人的回归心理使他们喜欢到农村去寻根问祖。因而农家旅游场所的开办要从传统文化的保留与传承（乡村建筑、传统农耕）角度考虑，在建筑色彩、风格设计方面保持与原有村落古建筑的一致，和其他村落建筑融为一个整体，保持当地农村传统建筑风格。

（2）特色定位，突出乡土风情　农家旅游实质上是一种特殊形式的乡村旅游，它是将特有的乡村景观、民风民俗等融为一体，因而具有鲜明的乡土特点，以其原汁原味的村野乡土特色来吸引游客。正如一位四川某县政府官员所说：“我们搞农村旅游，‘洋’不起，‘土’到底，以农招客，以土助兴”。农家旅游场所要“洋”，洋不过国外，“豪华”又比不过高级饭店，其优势在一个“农”字，农村风光、农舍民情、农家饭菜、农事活动，建筑、住宿的城乡差异和地方色彩，都可以充分体现当地特色和农家氛围。

①突出建筑和装饰风格的乡土风情。建筑与装饰风格只有突出乡土和民俗特色，才能使城市游客体验到城市里所没有的情趣，让心灵得到愉悦。乡土建筑是历史的记忆，它的每一块砖，每一片瓦，每一处细微的雕琢修饰，都蕴藏着我们祖先的影子，反映出我们先辈的情调、苦难和生活的足迹。农家旅游场所的建筑全然不同于城市景观，不同于文化古迹风景名胜，它把农村风貌与乡土文化融合在一起，展示出人与自然互惠互利、和谐共处的自然生态，而不是刻意雕琢的人工景观；这些才是吸引城里人的法宝。

②突出游乐项目的乡土风情。农家旅游场所是城市与农家、市民与农民生活角色差异的产物。农家旅游的精髓正是在于它能让都市人回眸传统社会农家生活的自然乐趣，它以农业、农村、农事作为其主要发展载体，以“农”定位，抓住乡土性做文章。

游乐要有乡土特色。大到观郊区田园风光、自然山色；小到看农户居家生活，体验农民春耕夏耘、秋获冬藏之劳作。各地应该依托各自不同的区位与自然条件，使农家旅游场所风貌各异、特色各别，突出游乐的乡土味。如浙江富阳新沙岛的农家旅游场所既没有现代化建筑，又没有珍贵文物，却一直受到中外游客，尤其是来自欧美国家游客的青睐，原因在于"农家乐园"推出农家牛车作为进村的交通工具，将路途时间无形地转化成为旅游时间。外国客人还可以在这里看到许多中国古代农村的缩影：蓑衣、谷砻、石磨、纺车。

发掘传统乡土文化资源。怀旧是人的本能，在景区恢复几近绝迹的水车、水磨、石碾、鸡公车、架设过江溜索等；也可建立农耕文化展室，陈列石磨、碓窝、织布机、风车、斗笠、蓑衣、升子等，再布置相关的照片、图片，配上优美的解说词，让城里人特别是青少年有机会了解传统的乡土生活和生产习俗。

③突出饮食服务乡土味。崇尚自然、返璞归真，追求乡土美味，已是当今城市人的一种时尚。为都市人提供乡村绿色饮食的农家旅游场所要从饮食的饭菜和服务两个方面着手，让都市居民既体验到美味的绿色食品，又体验到农家旅游的乡土民俗文化。

全生态的乡土绿色食品。据调查，70％以上的游客认为农家菜肴极富特色，尽管档次不及宾馆里的高，但胜在可口、新鲜、无污染、实惠。农家乐饮食要品种多样，特色突出，鲜美可口，原料应该尽量选取不施化肥的烹饪原料，菜肴要以民间菜和农家菜为主，以"土"为本，土鸡、土鸭、土猪肉、土鸡蛋、山珍野菜、石磨豆花等，制法古朴，用具简单，原汁原味，体现了"绿色"风格，更符合游客崇尚自然，回归传统，追求健康，养身怡年的饮食风尚。

浓郁的乡土服务风格。农村热情而真诚的待客服务方式，古朴的民风，粗粮、菌竹、野菜、土碗、陶钵、大地锅，把乡情之"真"、风物之"淳"、乡村生活之"实"都放在民间传统的"田席"上。在墙壁上，挂一些具有鲜明农村特色的东西，如丝瓜瓢、红辣椒串、腊肉、老玉米等，吃饭的桌子、凳子也是用当地的木头或石头做成的，加上潺潺的水车、古老的榨油机，一种农家意境便凸显出来。农家旅游场所的餐饮土气而野性，乡土味甚浓，游客便更觉自然原始，有返璞归真之感(图 2-4)。

(3)文化定位，彰显民族文化　我国地域辽阔，民族众多，"千里不同风，百里不同俗"。各民族各地区在长期的历史发展中形成了鲜明独特的民俗，也称风俗习惯或风俗民情。对民俗文化的旅游开办进行研究已成为当今一个十分重要的课题。

农家旅游作为一种旅游文化形式，其文化定位与经济、文化环境等的变化密切相关。近年来，农家旅游所体现的民俗文化，乡土文化和现代文化的特色，十分突

图 2-4　乡土服务风格

出，各有风采。这也是农家乐的不同类型，文化层次的不同层面，可以得到广大消费者认同的原因，折射出我国经济变化、传统文化的影子，反映出人们回归自然、崇尚自然的文化心态。可以说，当今农家旅游的文化定位各有千秋，丰富多彩，层次多样，适应了各种不同消费者的需要。具体分析农家乐的文化定位，可以从农家旅游场所的装修、环境、服务态度、服饰、服务项目及少数民族特色文化和现代文化影响来论证。

①地域文化。农家旅游是受当地传统文化因素作用所体现的一种特色。如四川农家旅游场所，可以从川菜的美味佳肴，从古香古色的装饰中，从火锅土灶的火苗中，四川妹子热情服务中，感受川西坝子的田园风光、川江号子的直率与豪放……甚至可以感受到美丽的青城山、峨眉山、三峡风光、九寨沟的神奇、大佛的庄严，感受到农家旅游的文化底蕴。一个农家旅游场所是否成功与长久，其地域文化的定位是十分重要的。

四川边缘的康巴地区，游牧民所办的农家旅游场所就是依附于其浓厚的地域文化，才取得了成功。因为当地是康巴文化的发祥地，康定情歌的故乡，格萨尔王的故里，茶马古道的中枢，香格里拉的核心区，历史文化灿烂，民族风情多彩，有国家级文物保护单位 2 处，省级文物保护单位 6 处，州级文物保护单位 52 处。已开放的藏传佛教寺庙、伊斯兰教清真寺、基督教及天主教堂 500 余座。人文资源具有特殊的魅力。这种富有文化底蕴的自然景观资源，构成特殊的旅游吸引力，是吸引广大游客的原因之一。

②民族文化。独特的民族文化是民族中最为宝贵的东西。我国 56 个民族在居住、饮食、服饰、生产、交通、婚姻、家庭、村落、结盟、岁时、节日、丧葬、信仰、风尚、礼仪、禁忌等方面的民间风俗习惯，均为中国各民族的民俗。每个民族的风俗习惯

从多方面反映着该民族的特点，经长期的发展，逐渐成为本民族的共同心理素质。众多的农家旅游场所处于少数民族地区，大都受当地民族文化的影响很深，从吃、住、行、玩等无不受到民族文化的熏陶。如客家文化、泸沽湖摩梭文化等，这也是当地农家旅游经久不衰的原因之一。

在国内，一次抽样调查表明，来华美国游客中主要游览目标是欣赏名胜古迹的占26%，而对中国人的生活方式、风土人情最感兴趣的却达56.7%。深圳中国民俗文化村汇集了全国几十个民族的灿烂文化；昆明云南民族村也展示了云南25个少数民族的风俗文化；成都的农家旅游以郫县友爱镇农科村、温江区万春镇等农家民俗旅游为代表，不但为游客充分展示了川西坝子特有的田园风光，更表现了具有浓郁的农耕“川味”的民习风俗和古老的巴蜀文化；在广东，岭南文化、客家文化和连南瑶族风情的农家旅游场所开办也是目前的关注热点。

民俗文化是农家旅游的精神内涵。它满足了游客“求新、求异、求乐、求知”的心理需求，从而成为近年来旅游行为和旅游开办的重要内容之一。民俗旅游以它的乡土气息浓郁、参与性强的特点，逐渐受到广大游客的喜爱。近年来，农家乐这种独特的旅游形式，已成为发掘这些民俗文化旅游资源的重要形式。农家乐旅游形式是乡村民俗文化的载体，而民俗文化则是农家乐旅游的精神内涵，二者一脉相承，不可分割。

一是要挖掘当地的风俗民情。农家旅游场所要深入挖掘民俗文化内涵。不同的季节：不同的农作物、不同的乡土民俗、不同的民族都为开办农家乐提供了丰富的旅游资源和广阔的发展旅游业的载体，如神秘的藏族民俗、彝族民俗、白族民俗，是藏村、彝乡、白寨农家乐的卖点，举办少数民族风情旅游，对国内外特别是西方游客有很大的吸引力。

二是要大力弘扬特色文化。在开办建设农家乐项目时，一定要结合当地实际，突出特色文化，用“特色”这块招牌树立形象。城乡文化的差异、不同地区、不同民族文化的差异是农家旅游的重要吸引物，其差异越大，吸引力也就越大。我国各地农村的饮食、穿着打扮、节庆、婚嫁、房舍建筑、民歌民谣、民间传说等乡土文化都充满浓郁的地方色彩。开办这些资源，不仅让游客接受乡土文化的熏陶，还可以使民俗文化得到更为广泛的传播。

三是增强民俗文化的参与性。目前，大多数农家旅游场所主要停留在吃、玩、住等较低层次的休闲娱乐阶段，民俗文化的参与性不足，减少了很多体验农家生活的乐趣。而作为休闲旅游来说，游客在其旅游过程中参与的愿望正变得越来越强烈，因此，在农家旅游场所中增强体现民俗文化、农耕文化、乡土文化的参与性，加强旅游项目设计，是吸引游客的有效途径（图2-5）。

图 2-5 农耕风情

四是民俗文化商品的开办。研究开办适销对路的旅游商品，是丰富农家旅游场所文化内涵的一个重要方面。开办具有本地特色、充满民族风情的旅游商品，就是开创品牌。在用材、造型、色调、图案、风格和包装装潢等方面，都要围绕自己的特色进行设计生产，体现当地的民俗文化，使农家旅游场所的旅游商品具备“三性”(纪念性、艺术性、实用性)、“三风”(中国风格、地方风格、民族风格)。旅游商品不同于一般商品，它以其浓烈的地方色彩和深刻的文化内涵令城里人痴迷，当游人买下哪怕是一件小小的旅游纪念品时，就不仅把文化带在了身边，把美好的回忆带回了家，而且也把农家旅游场所的“广告”带回了家，带给了亲友，带到了四面八方。

③现代文化。现代文化许多农家旅游场所的影响也十分深远。主要有三种情况，一是一些大城市的城乡结合部。如成都、上海、深圳等，这些农家乐具有综合性的特点，在装饰上体现了现代美学装饰特点，西洋风格突出，在设备上更加现代化，电脑上网，高尔夫场地等也在其中，同大型的度假村十分相似。二是一些农家乐业主文化水平较高，投资所建的农家旅游场所，其硬件设备与城市家庭没有差别，只是将天生的自然环境同现代生活结合在一起。三是中西结合的农家旅游，如中俄边境地区的农家旅游场所，在环境上和开展服务项目上，受到俄罗斯文化影响，具有一定的现代文化烙印，也是农家旅游场所的一个典型。

(三)农家旅游开办的步骤

农家旅游场所开办是一个系统工程，包含着若干环节，环节与环节之间有一定的相互关系。因此，我们可以根据各个环节的逻辑关系，把开办分为若干步骤，这些步骤均可通过招标委托推进。

1. 市场调研,形成开办意向

开展农家旅游的市场调研,包括农业产品市场的调研,旅游市场的调研,周边农家旅游项目的调研,竞争对手的调研,金融市场的调研,所需项目投资价格的调研,园区自然与社会条件的调研和有关政策条规的调研等。通过定量的或定性的、抽样的或全面的调研,在了解真情、实情的基础上,形成开办意向,包括选址意向、项目意向和目标意向。

2. 总体策划,形成开办思路

总体策划是在形成开办意向的基础上,形成以开办宗旨、开办目标、开办原则、开办内容、功能设置、市场定位、投资预测、融资谋略、项目分期、基本步骤、经营方略、组织管理等为主要内容的总体方案,具体地表达完整的开办思路,为总体规划提供依据。

总体策划实际上是一种战略谋划,是开办农家旅游场所的灵魂,有着十分关键的作用,一般应委托有关单位或专家承担,尤其是投资在千万元以上的中大型项目,更要重视抓好总体策划工作。

农家旅游场所的总体策划,是在农家旅游开办前期经市场调研、形成开办意向的基础上进行的,通过策划来修正、完善开办商的开办意向,使开办意向系统化、成熟化,并形成开办的总体策划方案。由于总体策划方案是指导整个开办工作的纲领并决定大方向,所以总体策划是开办农家旅游的战略环节。

(1)项目总称和主题定义

①项目名称　农家旅游场所开办项目的总称,不是指单个具体项目的名称,而是由若干功能区和若干项目群所组成的整个园区的名称,如××自然保护区、××风景名胜区、××森林旅游区、××观光农业园、××休闲农业园等。

农家旅游场所开办项目的总称,通常与开办项目所在地名、开办项目的主题特色相联系,当然,也可单独另起一名。但无论如何定名,一般都要求雅而不俗(如福州华夏世纪园),并能给人以明确的地点和主题。

②主题定义　开办项目的主题,是对开办项目的总方向、总目标和总体形象的概括,必须简明扼要,或赋予一定的诗意。如福州海峡农业园位于福州城门镇三江汇合的清凉山山麓,并以和中国台湾旅游农业进行交流为目标,故其主题定义为:聚闽台人气占城门地利、共建都市型高科技农业示范基地、集一山清凉汇三江水秀、开创乡村式生态化休闲观光之旅。苏州未来农林大世界因以建成中国的农业科技硅谷为目标,故其主题定义为:汇聚现代农林科技、展示未来自然农园。

(2)总体策划的依据　开办农家旅游场所的策划依据就是为制定总体策划方

案，系统、完整地表达总体开办思路寻找支持度，支持度越大，策划方案所表达的总体开办思路的合理性、周密性、科学性就越强，从而也就越有现实的可行性。

①方针政策依据　制定开办农家旅游场所的总体策划方案，必须与党和国家的有关方针、政策相接轨，使之成为贯彻落实农业和旅游业有关方针、政策的具体操作方案。如要符合科技兴农和可持续发展战略，要符合坚持农业的基础地位要求，要符合产业结构的调整方向，要符合国家的投资政策，要符合发展农村经济和增加农民收入的需要，要符合资源与环境的开办、利用和保护政策，等等。

②市场依据　农家乐是农业和旅游业的融合。因此，开办农家乐必须通过一定的调查研究，充分了解农业和旅游业的现实状况，并对其发展趋向有个正确的判断，对其市场前景有个实事求是的估计，对其存在的问题有个初步的对策。

③自然环境依据　农家旅游场所是以农业为依托，以生物为对象，有着生物性、区域性和季节性的显著特点，离不开一定的自然环境条件，尤其是气候条件、土壤条件、水文条件。开办的方式和开办的项目内容必须选择在当地自然条件允许的范围之内。

④社会经济依据　开办农家旅游场所是一种社会经济行为，也是在一定的社会经济条件下展开的。因此，必须对当地和区域的社会经济状况有充分的了解，如人口、基本收入、消费水平、产业结构、经济结构，以确定投入方向、投资力度、开办规模和市场定位。

⑤基础设施依据　发展农家旅游、开办农家旅游场所有其一定的设施配套要求。因此，对现有的基础设施条件，包括交通、通信、水电、农业生产设施和可供旅游接待的设施等，都必须了解清楚，为设施的配套和完善提供依据。一般基础设施的投入较大，回收期也较长，与开办成本关系很大，盲目投入，势必影响开办成果。

(3)总体策划的内容　作为一个完整的农家旅游场所总体策划方案，有一些基本内容是不可或缺的，否则就难于准确表达开办意向。

①开办宗旨　宗旨是拿定主意的根本所在，是对开办目标和指导思想的概括，并体现开办单位或开办者的理念追求，而不是空洞的口号。因此，我们可以把宗旨视为开办农家旅游场所的灵魂。

农家旅游的开办宗旨是农家旅游场所开办思路的精华，言词不多，但很有分量。确定农家旅游场所的开办宗旨是一项举足轻重的工作，如果宗旨错了，就会因迷失方向而误入歧途。所以，必须深思熟虑，否则将会一错百错。

②指导思想　指导思想是根据开办宗旨所形成的一整套处理、解决问题的基本出发点或价值取向的思想体系。

开办农家旅游场所的指导思想，因开办宗旨和开办方向、开办内容和预计在开办中将要遇到的、需要把握的和必须协调解决的基本问题的不同而不同，但都必须对开办的基点、重点、水准和解决问题的基本策略等做出明确的表达。

③开办原则　农家旅游场所的开办原则是根据指导思想所确定的基本出发点和价值取向，对开办中所必须突出的重点，所必须达到的要求，所必须协调的关系和不可违背的条规做出明确的界定。

开办原则也是下一步控制规划和评价规划方案的基本依据。例如，对如何把握农业与旅游，因地制宜与开办创新，资源的开办利用与保护，近期与长期，经济效益与社会效益、生态效益等关系做出明确的规定。

④发展目标　发展目标是对开办宗旨所要达到的目的做出具体规定和对未来形象的一种表达。

总体目标是对社会目标、产业目标、经济目标和形象目标做出定量的或定性的表达。

阶段目标把开办的全过程，按项目建设的逻辑关系和时间进程，提出分段目标所要达到的量化指标。

⑤形象策划　农家旅游场所的形象是吸引游客的关键因素之一，只有给人留下深刻、美好的印象，赏心悦目的感觉，怡情益智的感受，文明欢乐的氛围，活动自如的方便，并能激发对生活的留恋和对未来的期望，才能拥有持久稳定的客源和具有市场竞争力，并不断地扩大知名度，进而产生品牌效应。

农家旅游场所的形象构建，主要包括景观形象、产业形象、市场形象和社会形象的塑造，要把突出项目的个性特色和对游客的优质服务融入其中。

⑥功能设计　农家旅游场所的功能是开办特色的体现和进行项目布局的依据。因为不同的特色有不同的功能要求，不同的功能要有不同的项目组合作支撑。

农家旅游场所的功能设计最主要是要突出开办的个性特色和勾画项目群的基本组合。例如，要设置生态旅游的功能，就必须勾画满足或表达生态旅游功能的项目组合，构建一定的生态环境，并对生态旅游活动的项目进行有机地组合，以形成生态旅游的全过程；要设置民俗旅游的功能，则必须勾画满足游客领略民俗风情的项目组合，以表达民俗风情旅游的内容。

⑦经济分析　在总体策划方案中必须对按开办意向和目标所确定的农业生产和农家旅游的全部项目（包括基础设施和有关配套项目）进行经济分析，为下一步的规划设计提供项目选择的参照。

农家旅游场所开办的经济分析，不是项目实施的可行性论证，而是对各项目的投入、产出和运行成本进行初步的测算和财务的分析。通过经济分析，对开办农家旅游场所的经济结果有个基本的估计，对需要多少投资、多少运行成本，能有多少产出、多少利税，需要多长的投资回收期、多大的投资回报率等能够基本有数，以便为总体策划方案的经济评价提供财务判断依据。

⑧融资策划　所谓融资策划，就是为开办农家旅游场所筹措资金的渠道、方式和所需的时间与额度等进行的谋划。

农家旅游场所开办资金的主要来源和筹措方式有：农户自筹、村级投资、镇级投资、股份资金、信贷金、抵押金、税收优惠回报金和项目自身滚动发展的基金，还可通过县、市、省或国家立项资助、申请贷款（银行开办性贷款，高产、优质、高效农业示范区专项贷款，贸工农出口基地建设贴息贷款，国家投资公司中期贷款，外国政府贷款等）、招商引资、国内投资、中外合资等方式进行筹措。

⑨经营策划　经营策划是对经营思路（经营指导思想）的谋划，它直接支配着农家旅游场所的经营方针、经营策略、经营方式以及由此形成的经营风格，对运作开办项目的成败、市场开拓和经营效益的大小至关重要。

农家旅游场所乐的经营策划，主要包括经营思想的提炼、经营策略的制定和经营方式的选择。

⑩管理谋略　农家旅游场所的管理，是发挥人的因素、提高效率、扩大效应和提高效益的基本手段。

农家旅游场所的管理，主要是管理机构设置，部门职能的划分，人员的配备，岗位职责的界定，管理体制和运行机制的构建，以及监察、考核、奖惩措施等的配套设计。

⑪开办步骤　开办农家旅游场所是一个系统工程，一般应有计划地分期、分批、分步实施推进。因此，在总体策划方案中，对开办步骤要有个统筹的谋划。

农家旅游场所的开办步骤，是指对实施开办进行逻辑程序设计。主要包括：前期准备、立项审批、工程分期（含项目分批）、项目启动和示范、追踪完善（含追踪策划、追踪选项、追踪设计等）、试运行、正式开业等。

3. 总体规划，形成开办方案

开办农家旅游场所的总体规划，是把通过总体策划所形成的开办思路，以规划文本和规划图的方式更具体地表达出来。包括功能划分、项目设置、项目组合、项目布局、管线分布、经济分析、风险防范、实施步骤、经营策略、组织方式、投资流量等内容。如果开办选址的方位是在城市规划的范围之内，总体规划则必须与城市总体规划相接轨。

4. 方案论证，形成可行性分析

在根据总体策划完成总体规划并形成开办方案之后，虽然回答了如何开办的问题,但不能仓促上马,还必须委托有关评估单位作方案论证,进行可行性分析,以找出开办方案的利弊,为方案的修订、调整和实施提供科学依据。

可行性分析特别要有市场调研基础和对工程要素的充分了解,才能对开办的风险做出准确的判断和对方案是否可行做出正确的判决。

5.项目设计,形成操作方案

只有当方案经过论证,并认定可行之后,才能进行项目设计,否则就会因走弯路而造成投入的浪费。项目设计是对规划所最终确定的具体项目,通过工程设计形成可操作的方案。项目设计主要是为下一步的项目实施提供施工的文本说明和相应的施工图,并为工程的监理和验收提供依据和标准。

6.项目实施,形成开办成果

项目实施是进入破土动工的阶段,并使开办逐步转入营运时期。

一般是在完成一定的基础设施之后,进入具体项目的实施。项目实施要从总体策划方案中经论证确定的逻辑起点即起步项目着手,必须重视其带动作用、示范作用和试运行的作用,常言道"万事起头难",因此,必须作为开办重点来抓。

7.办理各种手续,依法经营

按照国家有关法规,农家旅游场所必须办理营业执照及相关手续,方可经营。

(1)办理营业执照　开办经营农家旅游场所要先向所在地工商部门提出开业申请,领取登记表,然后到卫生部门办理卫生许可证,办好后,连同其他文件再上交工商行政管理局。

申请企业法人登记应提交如下文件、证件:

①组建负责人签署的登记申请书;

②组织章程;

③资金信用证明、验资证明(注册资金不得少于×万元);

④企业主要负责人的身份证明(包括任职文件和附照片的个人简历);

⑤住所和农家旅游经营场所证明(包括产权证明、房屋租赁协议,房屋租赁协议期限必须在×年以上);

⑥卫生许可证;

⑦其他有关文件、证件。

申请营业登记应提交如下文件、证件:

①登记申请书;

②资金证明;

③负责人任职文件(贴身份证复印件);

④场所使用证明；

⑤卫生许可证；

⑥其他有关文件、证件。

以上文件上交后，工商部门要进行受理、审查、核准。在此阶段，农家乐应接受工商部门的调查核实。

登记机关审核批准后，即给符合条件的独资企业、合伙企业发《营业执照》，给有限责任公司下发《企业法人营业执照》，通知法定代表人或企业负责人领取营业执照，领照时要办理签字手续，缴纳一定数额的登记费。

农户经营。如果所开的农家旅游场所达不到私营企业的条件，属于农户经营的或两个以上合伙人共同经营的，就要办理个体工商户营业执照。

办照的程序是：由申请人向所在地工商所递交申请，填写《个体工商户申请登记表》，填好后连同申请人身份证复印件（外来人口要有暂住证复印件）、照片及卫生许可证一起交给工商所。登记表的主要内容包括：

①字号名称，名称要符合登记管理的规定；

②经营者姓名及住所（填写户籍所在地详细地址和现住址）；

③经营场所（要有产权单位或私人盖章的租赁证明）；

④从业人员（从业人员要有身份证复印件、健康证复印件，外来人口要有暂住证、健康证、就业证等）；

⑤资金数额（指申请开业的注册资金）；

⑥经营范围；

⑦经营方式。

工商部门收到全部文件并核准登记后，发给《营业执照》；不予登记的，书面通知申请人。

办理《营业执照》，要缴纳手续费。领取了营业执照后，就可以从事合法经营了。

(2)办理税务登记　当领到营业执照后，务必在30日内向当地税务机关申请办理税务登记，如实填写税务登记表。税务登记表的主要内容包括：

①单位名称；

②负责人身份证复印件；

③住所、经营地点；

④企业类型、核算方式；

⑤经营范围、经营方式；

⑥注册资金、投资总额、开户银行及账号；

⑦经营期限、从业人数、营业执照号码；

⑧财务负责人、办税人员；

⑨其他有关事项。

填写税务登记表后，要连同下列文件一起交给税务机关：

①营业执照；

②有关章程、财务制度；

③银行账号证明；

④负责人身份证复印件；

⑤其他文件、资料。

税务机关在收到纳税人应交的全部文件资料后，应在收到之日起30日内审核完毕，符合规定的，予以登记并发给税务登记证件。

税务机关还要明确农家旅游应缴税种，根据中华人民共和国税法的规定，农家旅游属于服务业，应缴纳的税种有营业税、企业所得税、城建税、教育附加税、印花税等。投资者及全体员工领取工资、分红时，还应缴纳个人所得税。这几种税都由地方税务机关负责征收。

(3)办理其他手续

①刻章。领取了营业执照后，要在工商局指定的地点刻印章。印章要有专人管理。

②接受当地管片派出所的管理。要了解治安工作有关规定，按规定安排好农家乐的治安保卫工作，按时缴付治安费。

③接受当地乡镇或街道办事处的管理。根据乡镇或街道办事处的要求，安排好门前三包(包治安、包秩序、包卫生)责任区工作。

④外来人口要办“三证”。如雇佣外来人口，要帮他们办理“三证”，即暂住证、培训证、就业证。农家旅游场所的全体员工都要进行体检，办理健康证。

⑤外来人口计划生育的管理。外来人口要进行计划生育的管理，女工要办理婚育证明。

⑥办理代码证书和代码章。为使农家旅游场所接受国家计算机管理，要办理代码证书和代码章，办理地点是技术监督部门。

⑦申请账号、买支票。去银行办理申请账号手续，并购买支票。

⑧环保工作。与环保、市容部门联系，了解有关政策，领取办理污水废气排放许可证。

⑨消防工作。安排好防火的各项事物，接受地区防火部门的检查，取得消防合格证书。

⑩如捕杀野生动物，需林业部门批准；扩大建筑面积，占用土地，需国土部门批准；体育设施、游乐设施运行，要体育主管部门许可；在景区开办农家旅游场所，还要通过当地景区管理会批准等。

8.组织员工培训

要使员工在农家旅游场所各个工作职位上不仅能胜任工作，而且能够做得出色，能赢得游客的好评，就必须加强对员工的培训。

农家旅游场所员工培训是农家乐人力资源管理的重要工作之一，只有充分开办和利用农家乐人力资源，不断提高农家乐的服务与管理水平，才是实现农家旅游场所最佳经济效益的重要手段。农家旅游场所员工的培训，一般包括岗位培训和发展培训两部分。

(1)培训内容

①基础知识培训。根据农家乐的特点，员工的基础知识培训应该包括三个方面：

一是服务知识培训：农家旅游服务知识是农家旅游场所员工为了更好地提供服务而应当知道的各种与服务有关的信息总和。掌握农家旅游服务知识是农家旅游场所各项工作得以开展的最基础性的东西，只有在了解了丰富知识的基础上，才能顺利地向客人提供优质服务。

二是旅游知识培训：地方风情、旅游法规、环境保护等旅游知识的缺乏和不足，势必影响游客对农家乐的整体感受。通过培训，有利于农家旅游场所从业人员更好地了解当前农家旅游发展的形势和趋势，进一步抓好日常管理和经营。

三是本地民俗文化和风土人情方面知识培训：要认真挖掘，认真总结地方民俗文化和风土人情，并加强对农家旅游场所从业人员这方面的培训，使农家乐与当地民俗风情和乡土文化实现有机结合，提高农家乐的文化品位和服务档次。

②从业观念培训。对员工进行从业观念教育，培养员工的服务意识与服务观念，树立“游客至上、优质服务”的观念和企业精神；对员工进行职业道德教育，教育员工热爱祖国、热爱社会主义、热爱家乡、热爱农家旅游场所及所从事的工作，提高员工为游客服务的奉献精神，系统介绍农家旅游有关知识、农家旅游场所的经营宗旨和员工手册，农家旅游场所的规章制度，以及农家旅游场所服务的外事纪律，等等。

③从业能力培训。通过这方面的培训，应该使员工掌握完成本职工作所必备的各种业务知识、技能和服务技巧。

④从业心理培训。通过这方面的培训，应该树立起农家旅游场所与员工之间

的相互信任，培养员工的团队精神和应具备的价值观，增强其作为农家乐一员的归属感和荣誉感。

(2)农家旅游员工培训的方法及步骤

①制订农家旅游培训计划

第一，确定培训目标：阐明在员工培训完成后，受训员工应取得的成效。

第二，设计培训内容：选择最能达到培训目标的培训内容，包括教材、资料、媒体等。

第三，确定培训方式：根据培训目标和培训内容，在条件许可的范围内，确定最可行的培训方式，包括选择培训的具体技术——讲授法、案例研究、行为示范、角色扮演、工作轮换、现场观摩等。

第四，制定控制措施：通过签到登记、流动检查等控制手段，监督培训工作的开展。

②实施农家旅游培训

一是选择培训时间和地点：培训时间和地点的选定，要充分考虑参加培训的员工能否出席，培训设施能否得到充分利用，培训教师能否保证。

二是准备培训资料：包括必要的教学工具和培训课程表、学员名册、考勤登记表、培训成绩考评表等。

三是确定培训教师：为确保培训工作的成功，根据不同的要求，通常下列人员可充当此角色：专职的培训人员、旅游行业专家、科研院校的教师和学者、各部门主管领导、各方面工作的咨询专家等。

③农家旅游培训效果评价。培训效果评价是对前一段培训的效果进行估量，为培训成果的运用提供标准和依据，也是改进和完善下阶段培训工作的重要步骤。培训效果评估可以通过以下几种方式进行：

第一，考试：了解受训者的学习效果，了解受训者在培训前后知识和技能的掌握情况，通常采取考试的办法。

第二，意见反馈：受训人员作为培训的参与者，在培训中和培训后必然会对培训活动形成一些感受、态度和意见，他们的反应可以作为评价培训效果的依据。

第三，受训者行为变化：培训的主要目的是改变培训对象的工作行为，提高员工的实践能力。受训者的行为评估通常在其回到岗位 1～3 个月后进行。评估的内容包括工作积极性、行为规范性、操作熟练性等。

(3)农家旅游员工培训的形式　农家乐员工培训的形式很多，各个农家旅游场所可以结合自己的实际需要，采用适当的形式。

①员工在岗培训:在岗培训是将学习和应用结合起来的一种培训方式,其项目都是和工作相关的。

②脱产定向培训:就是根据农家旅游场所经营服务和管理的需要,对一些专业性强,要求较高的骨干人员,可以选拔基础好,有培养前途的员工,有计划地送大专院校或专门学校,进行全脱产定向培养,以全面提高这些员工的综合素质及能力。

③业余自学:就是鼓励农家旅游场所员工利用业余时间自学成才,这也是目前农家旅游场所多出人才,快出人才的重要途径。农家旅游场所业主可以制定切实可行的鼓励措施,积极支持员工参加各种各样的业余自学,并根据能力的提高,合理地进行调配和使用。

(四)农家旅游开办的法律制度

(1)从事农家旅游经营活动应按国家规定,依法取得营业执照　法律、法规规定需经相关部门许可的,应取得相应的经营许可。

(2)农家旅游用地必须符合乡镇土地利用总体规划,不得改变土地使用性质　农家房屋属农村居民住宅,不因用于旅游服务而改变其性质,因国家建设需要征用土地时,房屋拆迁补偿按有关法律法规的规定执行。

(3)农家旅游服务设施和安全设施以及就餐环境、垃圾处理、污水和油烟排放应当符合卫生、环保、消防、安全等方面的规定和要求。

(4)农家旅游发生突发公共事件时,经营者应当迅速采取有效措施,实施应急处理处置　按照国家有关规定立即如实报告当地公安、安监、卫生、环保、质量、旅游等有关部门。

(5)农家旅游服务从业人员应具备良好的职业道德和专业技能　从事饮食业及其他直接为旅游客服务的人员,应按国家规定取得有效的健康合格证明。

(6)农家旅游在旅游经营活动中应当依法经营、公平竞争、诚实守信、出售商品和服务收费应当明码标价,货真价实。

(7)农家旅游经营者不得采取下列手段从事经营活动

①强行拉客、欺客宰客;

②强迫游客购买商品或接受有偿服务;

③掺杂、掺假。以假充真、以次充好,或生产销售不合格产品;

④欺行霸市,诋毁其他农家乐名誉;

⑤法律、法规、规章禁止的其他行为。

(8)农家乐旅游服务质量等级评定实行自愿申请的原则。

申请质量等级评定的，应当向当地旅游行政主管部门提出申请。

(9)未经服务质量等级评定的农家乐，不得使用服务质量等级标志。

【实训练习】

农家旅游场所的调查

一、实训目的

通过调查当地适度规模的休闲农庄或农家乐等农家旅游场所，了解以休闲农庄或农家乐等为载体的农家旅游的开办时间、场地规模、设计特点、经营项目、年接待人数、经营特色、经营效益等内容。

二、实训准备

1.联系当地休闲农庄或农家乐等农家旅游场所作为调查对象；

2.拟订调查计划；

3.编制农家旅游场所调查表。

三、方法步骤

1.组成调查小组，每个调查小组由3～5名学员组成。

2.按调查计划内容展开实地调查，并填写调查表格。

3.将调查结果填入表2-1中。

表2-1　农家旅游场所调查表

序号	旅游场所名称	开办时间	场所规模（面积）	设计特点	工作人员（人数）	经营项目（个数）	年接待量（人数）	经营效益（万元/年）
1								
2								

四、实训报告

实训结束后，每个学员上交一份调查报告。

知识窗口

中国乡村旅游发展的八种模式

乡村旅游的开发，类型多样，其中关联到的因素很多，涉及主要依托资源及开发主体等方方面面的问题，对于不同的开发主体、不同的资源类型，其开发模式也不尽相同，目前主要从资源利用角度将乡村旅游分为以下 8 种模式。

1. 传统农家乐模式

农家乐是一种乡村休闲形式，是农民向城市现代人提供的一种回归自然从而获得身心放松、愉悦精神的休闲旅游方式。一般来说，农家乐的业主利用当地的农产品进行加工，满足客人的需要，而且农家乐周围一般都是美丽的自然或田园风光，可以满足舒缓现代人的精神。

2. 休闲农庄模式

休闲农庄模式是以休闲农庄作为经营单位的发展一种乡村旅游的模式。休闲农庄是指占地有一定的规模，以农业生产和乡村生活为依托，以农耕文化为核心，利用田园景观为游客提供乡村生产生活休闲体验以及住宿、餐饮等基本服务设施的经营主体。

3. 景区依托模式

景区依托模式是指依托旅游景区（点）开展乡村旅游，把附近旅游景区（点）的部分服务功能分离出来，吸引周边农民参与旅游接待和服务，并融入一些乡情活动，从而促进农民增收致富和周边乡村发展的一种模式。

4. 民俗风情模式

民俗风情模式是指少数民族农村地区，以独特的民族风情为基础，大力改善基础设施和旅游接待设施，引导少数民族农民参与旅游开发，促进乡村旅游发展的一种模式。

5. 品牌餐饮模式

品牌餐饮模式是指某一特定乡村旅游地以品牌化的特色餐饮作为吸引游客的主要手段，从而推动乡村旅游发展的一种模式。游客对旅游地的深层体验，“从味蕾开始”。特色餐饮，是乡村基于饮食传统文化，投入最少，最易于经营的旅游服务。比如生态渔村。

6.乡村酒店模式

乡村酒店是指具有休闲、娱乐、求知、教育功能的综合性旅游住宿单位，是将农业景观、生态景观、田园景观与住宿、餐饮设施进行结合，能够为游客提供乡村休闲体验的经营主体。乡村酒店的档次介于城市酒店和农家住宿之间，让游客能在农村享受到酒店级的服务。乡村酒店模式是以乡村酒店作为主要旅游接待设施，发展乡村旅游的一种模式。

7.古村聚落模式

古村聚落主要是指民国以前建村，保留了较长历史沿革，即建筑环境、建筑风貌、村落地址未有大的变动，具有独特民俗民风，虽历经年代久远，但至今仍为人们服务的村落。古村聚落模式是指以浓厚的古村聚落文化和特色古村聚落建筑为核心吸引物，以保护为主，因势利导开发旅游，促进乡村发展的一种模式。

8.创意产业模式

创意产业是指那些从个人的创造力、技能和天分中获取发展动力的企业，以及那些通过对知识产权的开发可创造潜在财富和就业机会的活动。创意产业模式是指依托乡村地区良好的生态环境和发展创意产业所形成的氛围，开发艺术家社区等具有鲜明创意产业特色的乡村旅游产品，并带动当地乡村。

第三讲　农家旅游基础知识

一、农家旅游的职业道德规范

根据社会主义职业道德基本规范和农家旅游行业职业特点的客观要求，从业人员在职业活动中应遵循以下职业道德规范：爱岗敬业，遵纪守法；热情服务，宾客至上；诚实守信，公私分明；团结协作，顾全大局；一视同仁，不卑不亢。

（一）爱岗敬业，遵纪守法

爱岗敬业，是指热爱自己的本职工作，以恭敬负责的态度对待工作，勤勤恳恳，兢兢业业地履行岗位职责，“专心致志，以事其业”。遵纪守法，是指旅游行业从业人员在职业活动中严格遵守国家的法律、法令和有关政策，自觉遵守各种规章制度、条例、守则等职业纪律。

爱岗敬业、遵纪守法是旅游从业人员做好工作的前提和基础，是提高旅游服务质量的根本保证，是旅游业取得社会、经济效益的源泉。践行这一条规范必须做到以下几点：

1．树立正确的择业观，克服职业偏见

社会有分工，职业无贵贱，职业没有三六九等的划分，旅游业从业人员和各行各业的劳动者一样都是社会主义的劳动者，在平凡的工作岗位上兢兢业业，认认真真地做好自己的本职工作就是为社会做贡献，就是为人民服务。因此旅游从业人员要以服务人民为荣，以主人翁的姿态投入到工作中去，做到“干一行，爱一行，钻一行”，在平凡烦琐的旅游服务中，尽心尽责，以做好本职工作为最大的乐趣，不断钻研业务，提高服务技能。被称为旅游业“策划奇才”的刘世杰就是热爱工作，不断开拓创新的典型。

2．坚守工作岗位，具有高度责任心

坚守工作岗位是工作取得成绩的前提，只有守住自己的岗位，做好一颗螺丝钉，才有可能做出业绩。擅自离岗，见异思迁，是工作的大忌，三心二意的人即使在再好的工作岗位上都是碌碌无为的。

职业责任心是敬业爱岗的重要表现。一个人即使有较高的知识水平和较强的工作能力，如果没有一定的责任心，则不但不能把工作做好，甚至会造成重大的失误；而一个责任心较强的人，即使他目前的知识水平还不高，工作能力也不太强，但他完全有可能通过自己的努力和在同事们的帮助下把工作做好，而且他的知识水平和工作能力也一定会在此基础上不断得到提高和加强。

3. 热爱工作对象，具有职业良心

旅游业属于第三产业，它是一项社会服务行业，服务对象是中外旅游者。热爱服务对象就是要全心全意地为中外游客服务，关心和爱护每一位客人。由于我们面对的服务对象的复杂性，有性别、年龄、民族、职业、宗教信仰、政治态度等的差异，所以我们要从游客的具体情况出发，热爱我们的每一位客人，将客人当亲人，为他们提供一流的服务。

职业良心是旅游从业人员的自我认识，是执行职业道德的工具。没有职业良心，就没有职业道德。游客是旅游从业人员的衣食父母，所谓“乘人之车者，载人之患；衣人之衣者，忧人之忧；食人之食者，死人之事”。我们从业人员应将客人的利益放在首位，保护客人的人身和财产安全，摆正道德和金钱的关系，不为小恩小惠所动，有一颗正常的职业良心。

4. 执行政策法规，抵制不正之风

旅游行业的政策法规、职业纪律是旅游职业活动的出发点、过程和归宿，是确定从业人员的职业责任和职业规范的重要依据。

旅游从业人员一定要自觉遵守相关的法律法规和规章制度，要以遵纪守法为荣，以违法乱纪为耻。旅行社要遵守《旅行社管理条例》《旅行社管理条例实施细则》等法律法规，旅游饭店要遵守《食品卫生法》《餐饮业食品卫生管理办法》《中国旅游饭店行业规范》《餐饮业食品卫生管理办法》等法律法规。旅游从业人员要认真学习和遵守相关法律和法规和各种规章制度。

不正之风与遵纪守法是背道而驰的。旅游业中的行业不正之风有：价格欺诈，胡乱收费，“宰客”现象严重；私收回扣，索要小费，蒙骗和刁难旅游者；不务正业，热衷推销业务之外的旅游商品，降低服务质量；搞不正当竞争和地方保护主义，扰乱旅游市场秩序；参与走私，贩黄、贩毒等严重犯罪活动。不正之风直接损害了旅游者的合法权益，降低了产品质量和服务质量，在行业和企业内部造成了分配不公，影响相互之间的团结协作，更造成了旅游市场的混乱，最终导致旅游行业的衰退。因此，旅游从业人员在严于律己的同时，还要有为国家、为人民牺牲个人利益的奉献精神，敢于与一切违法现象和以权谋私等不正之风做斗争，做到："公"字当头，"责"字在先，守身如玉，不为物惑，不为利诱。如饭店行李员不得向客人收要小费，更不能蒙骗和刁难客人，旅游定点商店不能宰客，旅行社不能违反旅游合同或擅自更改旅行路线和项目。

(二)热情服务，宾客至上

热情服务是指旅游从业人员在工作过程中尊重客人，主动、热情、耐心、周到地关心客人并为他们排忧解难的态度和行为。宾客至上就是视顾客为"上帝"，把宾客的利益放在首位，始终如一的为客人着想，努力满足他们在消费过程中正当、合理的各种需求。

热情服务、宾客至上是我国人民的传统美德，是旅游行业的生存之本，发展之道，是旅游从业人员的待客之道和应具备的基本品德。践行这一条规范，必须做到以下两点。

1. 树立服务观念

作为服务行业的旅游业，服务质量是旅游行业的生命线，是旅游企业的立身之本。因为旅游从业人员正是以服务的形式为社会提供劳动，从而使企业获得经济效益。美国现代酒店之父斯塔特勒有一句名言："人生即服务"，他说："酒店出售的东西只有一个，只有服务。卖劣质服务的酒店就是劣质酒店，卖好服务的酒店就是好酒店。"因此旅游从业人员一定要树立服务观念，做好服务工作，做到微笑服务，文明服务。

俗话说："诚于内形于外"，只要对客人真诚，为客人着想，才会有自然、由衷、亲切的微笑。旅游从业人员在职业活动中做到微笑服务，即做到"微笑服务五部曲"：笑脸相迎，主动招呼；文明用语，礼貌待客；当好参谋，耐心周到；热情送别，善始善终；奉献爱心，一片真诚。

2. 树立客人意识

游客是旅游行业的服务对象，没有了客人就谈不上服务，更谈不上企业的生存、发展。因此旅游从业人员一定要牢固地树立客人意识，一切工作以客人为主，一切工作都是建立在为客人服务的基础上，认识到："客人是我们的上帝，即使他们做错了，也永远是正确的"；"客人并不依靠我们而生存，而我们却要依靠客人而生存"；"客人上门是因为看得起我们，我们为他们服务是理所当然的"；"客人的需要就是我们的工作"。树立客人意识就是"以客人为中心"，把客人的利益放在首位；要尊重客人；想客人所想，急客人所急，提供优质服务。

把客人的利益放在首位要求旅游服务要不断地适应宾客，比如饭店要增加各种便利客人的服务项目，像美国一些饭店为了满足越来越多的人希望不受吸烟危害的要求，专门划出部分楼层客房设为禁烟客房，并对禁烟客房彻底装修，更换全部地毯、墙纸、窗帘及床上用品。

尊重客人，一要尊重客人的人格、信仰以及生活习惯。客人在接受服务的时候不仅在于获得有形的物质享受，更多的是获得精神上的满足。因此，旅游从业人员需要深入了解东西方文化的特点、价值观念的差异和各地区人群在信仰、习俗上的不同，才能在提供服务的过程中充分体现出对客人的尊重。倘若我们无视客人的尊严，触犯客人的隐私，违背客人的禁忌，哪怕你的用意再好，也会适得其反。如佛教徒不吃荤，印度教徒不吃牛肉，伊斯兰教徒不吃猪肉；某些国家不能用左手与他人接触或用左手传递东西；天主教徒忌讳“13”这个数字，遇上这个日子，一般是不举行宴请活动的；各国忌讳的颜色不同等，这些旅游服务人员都要一一了解。

二要注意保护客人的自尊。人往往都有虚荣心，从业人员有时会因经验不足而使客人出“洋相”，这是应当避免的。有虚荣心的客人最忌讳说自己“买不起”、“吃不起”或“住不起”。他们通常都要说些冠冕堂皇的话来掩饰。对此，只能“看穿”却不能“揭穿”。如客人退房时把某件用品顺手带走时，要婉转地提醒客人说房间的某件用品不见了，请协助找一下，而自己得暂时离开，切忌直言不讳地逼客人交出来。这样既完成了工作，又保住了客人的面子。客人也会对你发自内心地感激。

要想客人所想，急客人所急，一要处处方便客人，体贴客人，千方百计为客人排忧解难。二要尽心尽责，竭尽全力，尽善尽美，周到主动服务、细致服务。从业人员要发挥自己的主观能动性、创造性，尽自己最大努力做好分内的事，做到提供的服务比客人预想的好，在服务范围、服务时间、服务项目、服务方式等方面本着满足客人的需要，方便客人的宗旨，完善旅游各项服务，让客人得到最好、最美的享受。

【案例】

旅游服务无小事

客房服务员小李在为客人做夜床时发现鞋篓里有一双沾满泥土的脏皮鞋，她立即用湿布将鞋擦干净，并上好油放回原处。连续几天，这位客人都是从工地回来将脏鞋放在鞋篓里，而每次小李也都耐心地擦干净、上好油。客人心底里非常感动。别看这些细小的服务，这正是优质服务的体现。旅游行业流行这样两句话："旅游服务无小事"，"优质服务＝标准化＋服务艺术"。细致周到的服务也正是服务艺术所在。

3. 文明礼貌服务

旅游从业人员在职业活动中做到文明礼貌服务，就要仪表整洁，举止大方，语言亲切，讲究卫生。

旅游行业的从业人员每天要面对来自四面八方的客人，从业人员的仪容仪表会给客人留下深刻印象，它在一定程度上体现了企业的形象，反映出企业的管理水平和服务水平。

从业人员的仪容仪表要做到：在工作岗位上要穿工作服，衣冠容貌要整洁，头发、胡须、指甲不宜过长，并要修理整齐。

举止大方就是不卑不亢，落落大方，态度和蔼，举止端庄，以礼待人，服务的动作幅度不宜过大，动作要轻，坐立、行走都要有正确的姿势，注意克服易引起客人反感的无意识的小动作，如吸烟、吃零食、掏鼻孔、剔牙齿、挖耳朵、打饱嗝、打哈欠、抓头搔痒、搓汗垢、修指甲、伸懒腰等。

语言文明亲切就是做到"和气""文雅""谦逊"。不讲粗话、脏话，不强词夺理，不恶语伤人。文雅就是文明有礼。使用文雅的语言，去掉粗鄙的语言，才显示出从业人员的修养水平。谦逊就是要尊重客人，多用讨论、商量的口气说话，服务征询时多用"请""您"，决不要盛气凌人，夸夸其谈，哗众取宠。

讲究卫生要求从业人员要严格遵守有关卫生方面的法律、法规，为客人的身体健康提供最大限度的保障，讲究环境卫生、食品卫生以及个人卫生。

（三）诚实守信，公私分明

诚实守信是指旅游从业人员忠诚老实，不说谎话，不弄虚作假，遵守许下的诺言，言行一致，表里如一，做到"言必行，行必果"。公私分明是指旅游业从业人员正确处理和摆正公和私利益关系，以国家利益、集体利益为重，不贪图个人利益，不为了个人利益损害集体、国家利益。

诚实守信、公私分明是旅游行业经营原则的具体体现，是树立企业形象的基础，是创造品牌的灵魂，是旅游从业人员应有的思想品质和行为准则，是高尚情操在职业活动中的重要体现。践行这一条规范要做到以下两点：

1. 诚信服务

农家旅游业的经营方式常常是通过包团、预订的方式来进行的，旅游业要取信于人，重要的一条是能否信守合同。在旅游活动中尽管有一些不确定的因素，但要尽最大的努力，按时保质保量地履行合同，让我们的服务使客人满意，要以诚实守信为荣，以见利忘义为耻。

广告宣传，恰如其分。做好广告宣传，招徕四方客人，这对旅游业来说是相当重要的。但我们的广告宣传一定要实事求是，恰如其分，不得弄虚作假，欺骗和愚弄客人。

实事求是，知错就改。在我们的工作中即使我们力求把服务做得尽善尽美，但失误往往是难以避免，从客人一方来说，也常常会出现一些差错或误解。因此，对于纠纷、争议，我们应本着实事求是的态度来解决。如果确系我们的失误，应主动承担，勇于认错，以诚意赢得客人的谅解；如果是客人的差错，也要设法帮助其解决，使客人感到满意；如果是无法预料的原因，要从主观上多努力，争取对方的谅解和协助。

【案例】

诚实是职业道德的第一表现

小岳是一个农庄中餐厅的服务员。一次开餐，由于客人太多，她不断地说着“对不起，请让一下”的同时，还是不得不侧身将菜送到餐桌上。当她再次返身巡台时，却发现了一位客人搭在椅上的衣服有两块油渍，仔细一看，是菜汁，那儿正是自己上菜的地方。此时客人仍然谈笑举杯，毫无察觉。小岳心里真矛盾：若立即上前主动告之并认错，也许客人会发火影响食欲；不说呢？反正他也没发现，即使走时发现，也可以否认，无凭无据地他有什么办法。

最终小岳决定主动告知客人：“对不起，打扰一下！很抱歉刚才上菜的时候，由于我不小心，将您的衣服洒上了菜汁，对不起，请原谅，我立即帮您清洗。”客人很诧异地望着她，随后拿衣服观看。小岳仍旧在道歉，其他的客人都盯着她，小岳脸涨得通红。过了一会儿，这位客人缓缓地对小岳说：“小姐，你很诚实，你不告诉我，我也不会知道的！”小岳的脸红得更厉害了。那位客人又问道：“你为什么主动告诉我？”小岳暗自羞愧，定了定神说：“对不起，发生这件事很对不起您，影响了您的就餐情绪。我们农庄是五星级农庄，服务员更应注意职业道德，而我认为诚实是职业道德的第一表现。”这位客人执意不肯将衣服给他送去清洗。小岳向领班汇报了此事，又由领班出面向客人道歉，并为此赠送了水果。当客人起身离开时，小岳又再次向他道歉，客人笑笑对小岳说：“你千万别放在心上，每个人都难免犯错误，敢于认错并改正就好。”

2.勇于奉献

一要正确处理个人利益和集体利益的关系。个人是企业的一个有机组成部分,个人的荣辱与企业息息相关。如果企业受到损失,那个人的利益也难以保障,正所谓"皮之不存,毛将焉附?"

正确处理索取和奉献的关系。作为窗口产业,客人对服务人员的要求越来越高,从业人员在工作中要付出大量的体力和精力,有时收入与付出不能成正比,因此从业人员要有更多的奉献精神,多付出,不奢求回报,以集体利益为重,树立为人民服务的思想,全心全意地为客人、为企业和为社会服务。旅游行业学习的典范文花枝在生死关头把生的希望让给游客,把死的威胁留给自己;在被抢救的途中,尽管不时陷入昏迷,但她一直紧紧地将装有3万多元团款的挎包抱在胸前。这种将个人安危置之度外,时刻将集体利益至上,不求索取的精神是我们学习的楷模。

3.谦虚谨慎

旅游行业从业人员做到谦虚谨慎但不要妄自菲薄。谦虚,是谦逊虚心,平等待人,尊重他人;谨慎,是作风严谨细致,工作一丝不苟、精益求精,慎重小心。而妄自菲薄,一般表现为思想上不上进,精神上萎靡不振,行动上畏缩不前,甚至灰心丧气,失去自信心和自尊心。这是过分轻视自己,缺乏实事求是科学态度,没有自尊、自爱、自信的表现。学习先进,但不盲目崇洋;热爱祖国,但不妄自尊大。从业人员要尊重客人的看法和意见。对客人的错误观点不宜直接、正面的驳斥或取笑,而要谨慎、婉转地解释和说明。每个从业人员应该把自己放在一个学习者的角度来担当好自己的角色。多听听客人的意见,并及时给予有效的反馈。而从业人员在处理各种问题和纠纷时,则更加要谨慎细致。只有这样才能给客人带来愉悦感和信任感,从而提高企业的形象,获得客人的尊重。

(四)团结协作,顾全大局

团结协作是指旅游业内部全体从业人员相互之间的团结友爱,各个工作环节和服务部门之间协同奋斗。顾全大局是旅游从业人员的一切言论和行为都要从国家、旅游业、企业的大局出发,要识大体,顾大局,从而保证大局不受损害。

团结协作,顾全大局是生产社会化的客观要求,是建立新型人际关系的需要,是提高旅游服务质量的重要保证。

(五)一视同仁,不卑不亢

一视同仁是指旅游从业人员在职业活动中对客人不分厚薄,一样看待、同等对待。它要求从业人员不论客人的国籍、种族、身份、贫富等都能友好地相待，一样地尊重他们的人格、习惯以及宗教信仰等，满足他们的正当的服务需求；在任何客人面前不分厚薄，维护他们的合法权益，关心他们的切身利益，真诚地为他们服务。不卑不亢指从业人员在工作中要维护自己的人格、国格，坚持自己的信念，要谦虚谨慎，但不要妄自菲薄，为客服务，但不低三下四，热爱祖国，但不妄自尊大，学习先进，但不盲目崇洋。强调不卑不亢，就是要反对民族自卑感，反对金钱拜物教。

【案例】

职业道德的楷模
——全国模范导游员文花枝(图 3-1)

2005 年 8 月 28 日下午，在陕西省延安市洛川县境内 210 国道上，一辆大货车由于雨天路滑，超速超车，突然改道，占用对面车道，与湘潭市新天地旅行社团队乘坐的旅游车迎面相撞，造成 6 人死亡，22 人受伤，其中 14 人重伤。坐前排的文花枝左腿受伤严重，胫骨断裂，骨头外露，腰以下部位被卡在座位里动弹不得。由于两车碰撞得十分严重，每次救援一个游客都需要很长的时间，在等待救援的时候，文花枝多次昏迷，但每次醒来她都忍着疼痛给受困的游客鼓气，给救援人员加油，“加油！加油！大家一定要坚持，等待救援，要活着出去！”

营救人员赶到现场施救时，坐在旅游车前排的司机和西安古城旅行社的当地来接队导游已经罹难，营救人员想先将坐前排的文花枝抢救出来，但她却平静地说：“我是导游，后面都是我的游客，请你们先救游客”。直到下午 4 点多，当最后一名游客被送上救护车，她才接受救援。她伤势严重，左腿 9 处骨折，右腿大

图 3-1　全国模范导游员——文花枝

腿骨折，髋骨 3 处骨折，右胸第 4、5、6、7 根肋骨骨折，由于延误了最佳的抢救时间，伤口已经严重感染。她随时有生命危险，所以院方决定为她做左大腿截肢手术，一位 23 岁的姑娘就这样失去了自己的一条腿。她的主治医生解放军第四军医大学附属西京医院李教授惋惜地说，如果她能及早得到救治的话，就有可能避免截肢。

一位 23 岁的姑娘本该是和自己的恋人花前月下享受美好人生，但是文花枝却只能躺在病床上，与疼痛做斗争，未来的路是曲折的，但是每一个见到她的人却会被她真诚的笑容所征服。当别人问起她当时在想什么，她谦虚地一笑："那时候我觉得我是一名导游，客人的安危是第一位的，别的什么也没有去想。"她对她当天的举动并不后悔。2005 年她当选为湖南省十大新闻人物，被国家旅游局授予全国模范导游员的称号。

二、农家旅游服务心理常识

服务心理是指服务者在工作过程中的心理活动。服务者是否能正确认识自己的工作性质、是否尊重并热爱这份工作、是否愿意为消费者提供服务、是否能精力充沛并满腔热情地工作、工作是否积极主动，当他情绪低落时是否有可能将自己不愉快的心情带给消费者，所有这些都能体现服务者自身的素质。

服务心理的出发点，是为了促进服务员心理与顾客心理的沟通，实现交易，达到双方都满意的目的。也就是在愉快服务心理的驱动下，通过服务员的努力，使双方心向一致，即"心理认同原则"。只有从这一点出发，服务员才会注意了解顾客的心理，理解顾客的心理，乐于为顾客服务，愉快地为顾客服务。否则，就会因顾客问东问西而感到烦躁不安，感到处处受制于人，哪里还会有自我存在的体验？哪里还会有服务愉快的心理呢？"服务"这个词是一个平凡而又崇高的词，服务员所从事的服务，同样也是平凡而又崇高的。

（一）餐饮服务心理

1. 客人在餐厅的一般心理

客人走进餐厅主要是满足"食"的要求。他们在餐厅里的心理活动是有其特点的，这些特点归纳起来大致有以下几个方面：

（1）求食物合口味的心理　客人在餐厅进餐，希望能提供符合自己口味的食物。例如：老年客人希望吃上不太硬、易消化的食物，中青年客人希望吃到香脆的食物，外地客人希望吃到自己习惯、熟悉或具有当地特色的菜式等。在休闲农庄，他们都希望吃到绿色、有机、健康的特色农家菜肴，餐厅能够提供多样菜品以供选择。

(2)求快的心理　客人希望餐厅是高效的，一进餐厅很快就能找到座位，自己订的食品很快就可品尝、餐厅能够按客人的先来后到顺序供应食品。希望有需要时举一下手或做个微小的动作，服务员就会马上来到跟前，并尽快满足自己的要求。如果有什么特殊情况(如需要赶火车、飞机)服务员能给予照顾。希望吃饱饭后，服务员能及时送来账单。

(3)求食品卫生的心理　这是游客的安全需求在餐厅的反映。他们希望在这间餐厅吃到的一切都是新鲜、卫生的，食具经过了严格的消毒。餐厅的环境干净舒适，餐台清洁，不希望到这个餐厅吃饭后身体不适或染上某种疾病。

(4)求知心理　客人到餐厅用餐，希望自己在尝试风味美食的同时，能增加一点饮食方面的知识。比如他们希望了解菜式的特点，每道菜的名称、来历、制作方法、特色、对身体的益处等知识，以满足他们追新猎奇的心理需求，不少客人还喜欢对各种佳肴的生动造型拍照留念。

(5)求尊重的心理　客人希望自己将是一个受欢迎、受尊重的客人，希望服务员热情接待，不希望到餐厅被人冷落、嘲笑。

2.根据客人的心理做好接待工作

(1)满足客人到餐厅一般都有要求食物适合自己口味、吃得愉快的心理要求　我们在接待中，要想方设法满足他们的要求。工作中应当注意总结经验，归纳出客人的饮食习惯。当这些客人来到时，服务员可以主动根据他们的需求，推荐适合他们习惯和口味的菜肴。我们要注意并满足客人对食物烹调的不同要求，比如煎鸡蛋，有的客人要求嫩点，有的客人要求老点。国内客人来自全国各地，我们应掌握他们的饮食习惯，让他们在餐厅能吃上合口味的菜式，如四川来的客人，我们应介绍他们类似“水煮鱼片”之类麻中带辣的菜式；不同民族、不同年龄对饮食的口味也有不同，年纪大的客人由于消化能力弱、食量小，他们喜欢吃软质、黏细、易消化的食物；青年人牙口好，喜欢香脆、酥口的食物；不同职业的客人也有不同的要求，一般从事脑力劳动的科研人员、教师、文艺工作者，多数要求饭菜味道清鲜、精细，从事体力劳动的工人、农民、业余旅行的公差人员，则多以经济实惠、吃热、吃饱为好；不同性别的客人也有不同要求，女性要食品少而精，男性食量大，要求食品量足、吃得饱；有的客人可能过于盲目点菜，一下子点了几个素炒菜，或点几个冷菜，或点的都是汤菜，这样就会吃得不合口味，还会出现退菜的现象。服务员应及时向客人介绍本餐厅的菜式，热情提出建议，为他们当好参谋，为顾客选菜配菜，尽量做到色、香、味具备，冷菜和热菜、荤菜和素菜合理搭配。

(2)满足客人求速度的心理要求　我们应当在客人一进餐厅，就及时安排好他们的座位，并递上菜牌，端上茶或客人需要的饮料。对一些急于就餐的客人可以介绍一些现成的菜品或出品较快的菜。客人点菜后，等菜上桌时，很容易感到不耐烦，这是因为人们对时间的知觉有一条共同的规律：通常，当人们觉得紧张、有趣的时候，时间就好像过得很快，觉得它很短(例如，引人入胜的表演会使人忘却时间的流逝)；反之，当人们感觉无聊、烦躁的时候，会觉得时间过得特别慢，这段时间很长。客人在餐厅点菜后一般坐在那里没什么事干，会觉得很无聊，认为自己等了很久。有些性急的客人甚至会因此而和服务员发生冲突。服务员应当想办法使等菜的客人不觉得很无聊，如客人到来后，可以先端上茶，客人边喝茶边等菜就不会觉得无聊，或者先上饮料、冷菜等，让他们边吃边喝边等上菜。在客人就餐时服务员应当集中精神，注意客人就餐的动态，及时发现客人微小的动作，及时满足客人的需求。如果客人多次招呼，服务员都没有发现，客人会焦急、不满。在客人吃完饭后，最容易使客人恼火的是等账单了，尽管有一些客人在进餐时边吃边聊，花了很长时间，但他们一旦吃好后，就会马上急着走，假如他们为了付账而等待，那么心情就会被破坏，这是我们需要十分注意的。

(3)满足客人求卫生干净的心理要求　服务人员应对餐具实行严格的消毒，服务员的双手、工作服、工作用毛巾等一定要干净，这些都是餐厅卫生水平的代表。服务员送菜、汤上桌时，大拇指不能插入菜或是汤里，而应当翘起；女服务员不要涂红指甲，因为客人如果见到指甲上有缺口，就会怀疑指甲油掉到他的菜或汤里了，这样会使他感觉不舒服；破损的餐具应该停止使用，因为一只有缺口的碟子会影响客人对菜式的整体印象；服务员送酒杯给客人时，注意拿着靠近杯底的部位，手不要触及杯身，送菜上桌前一定要检查一下菜中是否有杂物，如头发丝、小竹片、小虫等；汤盆、菜碟边上如果有污迹应当擦干净才端上桌，否则客人会认为食物不干净。

(4)满足客人希望了解当地饮食特点和习惯的心理要求　这是他们来餐厅的重要内容之一。为了满足客人求知的心理，服务人员应熟练掌握本餐厅的特色和菜式名称的来由、用料、佐料、烹调制作方法、食法以及对身体的益处等知识，以便在为客人点菜或上菜时能流利地向客人介绍。有时还可以请厨师当场表演，将制作菜肴的全过程让客人观赏。由于客人亲眼看到了这种菜的烹调过程，满足了他们求知的欲望，当这盘菜端上台，客人自然心情特别兴奋，吃得格外香甜。

(5)满足客人求尊重的心理要求　我们应当注意以下几点：

①在引领和安排座位时满足客人的自尊心。客人一踏进餐厅，我们就应热情

地引领他们坐到适合的位置上，切忌无目的地带着客人四处找座位，这样做客人会认为自己被怠慢，留下不好的“第一印象”，使他们失去了对餐厅的信任，从而对餐厅食物或服务过分挑剔。当一对夫妇或一对青年情侣来餐厅就餐时，应当把客人引领到餐厅的角落或比较安静的餐桌就餐；有大人小孩的家庭或结伴而来的客人，可以请他们在餐厅中央的位置就座；如果穿戴漂亮时髦的女客人到来，应当把她引领到众多客人都能看到她的显眼地方就座，这样可以使客人感觉受到重视，同时也可以使整个餐厅产生一种华贵的气氛；当生理上有缺陷的客人到餐厅时，应当引领他们到易于隐藏他们缺陷的位置就座，如果没有右臂的客人进来时要把他们领到靠右墙边的座位，使其他客人不易看到他的缺陷，保护他的自尊心；老年客人一般希望坐在离餐厅门口较近的地方，这样就不必多走动。

②接待过程中语言有礼、得体，客人进入餐厅时，服务员应当主动上前问好，如果客人到来后一时找不到座位，一定不能带客人坐到一张未收拾干净的桌子旁边或说“没有位置了”“您的桌子没有准备好”，而应当让他们稍等片刻，说一句“先生，请稍等，我们马上给您安排好”。如果很多客人同时到达，而又无法为他们同时服务时，服务员也应保持热情和微笑，给正在等待的客人以手势示意，这样做的目的是使用他们在等待的时候，不会觉得自己被服务员忽视和怠慢。在不小心弄脏了客人的衣物时应当道歉，并马上帮助客人清理干净。当客人举手呼唤，服务员应立即响应：“先生，我可以帮助你做点什么?”

③在操作时注意尊重客人。服务人员操作好，可以使客人体会到自己是受尊重的，满足他们的自尊心。服务员送食物上台一定要做到轻放，尽量不发出响声，如果“砰”的一声放到桌上，客人就会反感。在宴席上分菜、倒酒时，应当先客人后主人，先老人后青年、先女后男，先小孩后大人。不要给老人、小孩分些带骨头或较硬的食物，上菜时注意不要弄脏客人的衣服。如果还有客人没吃完饭，就不能急着去收拾。要注意尊重客人的生活习惯和忌讳，如在海员就餐时不要将他们正在吃的鱼翻转，因为海员长期漂泊在海上，最担心的事莫过于翻船了，因此在他们中间“翻”是最忌讳的了。

当客人生理上有缺陷或出现生理上差错时更应注意尊重他们。我们对生理缺陷的客人应当特别尊重，热心帮助，使他们吃好饭。在进餐过程中，客人不小心打翻酒杯、打碎餐具是常有的事情，碰到这种情况，服务员应及时出现，马上清理好桌子，帮助客人恢复常态，并说些安慰的话，客人一定会十分感激。在吃点心、水果或者吃白灼虾时，一般会在餐桌上放一个盛着菊花水或茶叶水的洗手钵，供客人食后洗手之用。如果我们看见客人将其错当饮用水喝下去时，千万不能发笑，最好的做法是装作没看见。

(二)客房服务心理

客房是休闲农庄的重要组成部分,也是客人在休闲农庄休息的主要场所。客房部既要确保房屋处于常新、卫生清洁、舒适的状态,又要根据客人在客房生活期间的心理特点,有针对性地提供生动和有效的服务,满足住客需求,使住客满意,去而复返。

1.客人基本需求心理分析

(1)求整洁干净　客人来到客房最先关注的是房间的卫生状况。因为客房内的用品千人使、万人用,所以,每位客人对客房的用品都十分敏感,他们要求客房的用具必须是清洁卫生的。

(2)求舒适　住店客人都希望客房能提供舒适的休息条件,有在家的感觉。

(3)求安全　住进客房的客人十分重视他们的财产及人身安全保障,希望客房是个安全场所,不要受到干扰,不希望自己的个人隐私泄露。

(4)求尊重　住店客人希望自己是受客房服务员欢迎的人,希望见到服务人员热情的笑脸,希望自己受到尊重。客人还希望服务人员能尊重自己对房间的使用权,尊重来访朋友和客人,尊重自己的宗教信仰和风俗习惯。当然,客人亦希望服务人员能够自我尊重,有良好的职业形象。

2.在客房服务中的相应服务行为

为尽可能地满足客人在心理和生理方面的需求,体现一切为客人着想的服务宗旨,应做好以下几个方面的工作以迎合客人的心理。

(1)整洁　清洁卫生的客房环境是宾客最为重视的生理和心理的需求。因此清洁卫生工作应做到全面细致,严格按照规程进行,力求客房内外整齐清洁,创造一个幽雅卫生、安全的客房环境,以满足客人求清洁、求安全的心理。如卫生间清扫后贴上“已消毒”的封条、在清洁消毒过的茶具上蒙上杯套、客房安装烟感报警器等,可增加宾客心理上卫生感和安全感。

(2)宁静　客房环境的宁静是保证宾客休息不受干扰的重要因素。饭店对客房服务员提出“三轻”要求(走路轻、说话轻、动作轻)就是为了创造安静环境所采取的措施,以满足宾客求安静的心理。

(3)亲切　客房是游客在旅途中的“家”,客房服务要使客人有生活在家里的温暖舒适感觉,就是要做到“宾至如归”,客房服务要达到这样的效果,依赖服务人员亲切的服务态度。服务人员的工作态度使宾客感到亲切,可消除宾客的陌生感、疏远感和不安情绪。

(4)细致 游客需要舒适感、安全感、亲切感,这些从何而来?都是通过客房服务人员耐心、细致、辛勤劳动获得的。

(5)机敏 游客经常会有这样那样的要求,希望立即解决。能办还是缓办?它需要大脑立刻做出反应,迅速采取对策。特别是出现了意外时,更需要当机立断,采取积极的措施。

(6)尊重 尊重是极为重要的,有了尊重,才有共同的语言,才有感情的相通。饭店业“顾客至上,服务第一”的服务宗旨就是强调首先要尊重客人。

①对客人要使用尊称和礼貌用语,以满足客人的自尊心。

②要记住客人的姓名,并随时使用姓名去称呼他们。

③尊重客人对客房的使用权。

④尊重客人的喜好、生活习惯、习俗。

⑤尊重有生理缺陷的旅游者。

⑥尊重有过失的客人。

(三)导游服务心理

1.导游服务中的游客心理分析

(1)不同旅游阶段的游客心理

①初期的安全心理和新奇心理。一般来说,人们选择旅游,大多是为了摆脱了日常紧张的生活、烦琐的事务,成为一个无拘无束的自由人,希望自由自在地享受欢乐的旅游生活。因此,游客初到某地,往往都会显得比较兴奋激动,并且会对当地的任何事物感到新奇,什么都想看、想问、想知道,一些当地人司空见惯的平常事在游客眼里可能就是一件新鲜事。这个阶段,他们有强烈的追求新奇、增长知识的心理需求。

②中期的放松心理和求全心理。在一系列的旅游活动过程中,随着游客与导游、其他游客接触的增多,相互之间也越来越熟悉,同时游客在旅游初期阶段由于环境、周围的人和事的陌生等原因而出现的求安全心理和戒备心理也得以逐渐消除,游客感觉到的是轻松、愉快,开始出现一种平缓、悠闲、放松的心态。因此,游客的性格开始逐渐暴露,如各行其是、个性解放、没有时间概念、集体意识差等,在一系列的参观游览活动中自由散漫,比较懒散。在这一阶段,由于游客之间彼此的人生观、价值观以及生活习惯的不同,团队内部成员间的矛盾也会日益显现。

与此同时,大多数游客在这一阶段还会出现一种求全心理,对自己所参加的旅游活动要求过于理想化。认为自己既然是花钱外出,那么旅游活动中的一切都应是理想而美好的,从而产生生活和心理上的过高要求,对旅游服务和旅游产品横加挑剔和指责，一旦其提出的要求得不到满足，就会出现强烈反应，甚至是过分的言行。此外，游客在这一阶段提出的问题范围更广泛，更深刻，甚至还会有一些不友好以及带有挑衅性质的问题。

③后期的忙乱心理和回顾心理。一般来说，在旅游活动的后期阶段，游客的心理是较为复杂的，情绪波动很大，可以说是既兴奋又紧张。兴奋的是在整个旅游过程中自己增长了见识，放松了心情，另外旅游活动结束后，马上就可以回家，见到自己的亲人和朋友，和他们分享自己此次旅游的经历见闻；同时，游客也会出现紧张和忙乱心理，如觉得时间过得太快，还有部分纪念品未买，担心行李超重等，此外有些游客还觉得意犹未尽，对尚未结束的游览恋恋不舍，甚至对当地产生依恋之情。

在旅游活动的后期阶段，导游应留出相对来说较为充分的时间让游客来处理自己的各种事务，本着认真负责的态度，尽力解决游客在这一阶段遇到的困难，满足其要求。

(2)不同类别游客的心理特征

①阶层差异产生的不同心理特征。社会阶层是指由于收入水平、接受教育的程度、职业、身份、地位等综合因素的影响，社会中的个体形成的相对稳定、相对独立的不同层次的社会群体。在一个社会中，社会阶层是按等级次序构成的，同一个阶层的成员具有类似的价值观、兴趣爱好和行为方式。社会阶层的分类，是多种因素共同作用于社会心理的结果。不同的社会时期、不同的国家、甚至不同的学者，对于社会阶层的划分，都有不同的标准和方法。一般来说，人们常用财富、权力作为划分标准，有时候也参照社会经济因素，如通过个人的职业、收入、教育、财产等因素，对人群进行区分。

②年龄差异产生的不同心理特征。青年游客精力充沛，好奇心强，表现欲强，好冲动，情绪化，喜欢与导游员交谈。中年游客比较务实，经常比较包括导游在内的各项旅游服务的优劣，对旅游的收获期望值高。老年游客容易思旧怀古，对当地居民生活感兴趣，乐于与导游交谈，比较随和，但也希望导游重视他们的意见。

③性别差异产生的不同心理特征。一般来说，男性游客在旅游活动过程中较为独立，遇到问题喜欢独立思考，并且能从实际出发，不会带有很强的个人情绪，同时具有较强的自我控制能力。但是男性游客往往考虑问题不够周全，较为粗枝大叶，在一些旅游活动中爱出风头，喜欢表现自己。在旅游活动的选择上，男性游客更偏向于一些带有一定冒险性的、需要消耗较大体力的项目，此外，那些具有较强知识性的旅游项目也更容易得到他们的青睐。

相对于男性游客而言，女性游客在旅游活动过程中表现为依赖性较强，并且感情丰富易受感染。在旅游消费中，女性游客极易因为旅游产品的特色、品位和环境气氛产生消费欲望；在参观游览过程中，她们也会因为导游富有表现力的讲解而情绪起伏。由于心细，女性游客在旅游活动过程中更善于观察，考虑问题也更全面周到，处事也更严密。此外，女性游客和男性游客在体力和意志上也存在一定的差别。因此，女性游客更喜欢参加一些休闲度假或是购物休闲，具有较强观赏性的旅游活动。

2.掌握服务中的心理策略

（1）预测游客的心理　实践证明，导游在接待前预测游客的心理是非常必要的，也是做好迎客服务工作的重要依据。

导游应根据游客的基本情况，如年龄、性别、国籍、民族和职业等，分析游客的一般心理需求和行为特点，接待前的心理预测应尽可能做得细致而全面，从而为制定接待计划和安排导游日程提供有效而重要的参考依据。

（2）激发游客的兴趣　旅游期间，游客往往处于既紧张又兴奋的状态中。紧张感容易使游客疲劳，影响游兴，而兴奋感则促使他们随导游去探新猎奇、寻觅美好的事物。导游应善于调整游客的情绪，学会激发游客的游兴，让游客有不虚此行的感觉。

（3）调节游客的情绪　一般说来，当客观现实符合需要时，人们会产生积极的情绪；反之，人们就会产生忧伤甚至是恐惧等消极的情绪。作为导游来说，应努力成为游客情绪的组织者和调节者，尽可能地满足游客的需要，使每一位游客的情绪都能一直处于积极的状态之中，从而保证旅游活动的顺利进行。

（4）满足游客的需求　尽最大可能地满足游客的需求是导游服务的基本原则，贯穿于导游服务的始终。如果游客提出的个别要求是合理的，并且经过努力是可以办到的，导游就应努力满足游客的要求。

满足游客的各项合理要求是导游服务工作的一个重要方面，为了更好地满足游客的各种需求，导游在为游客提供优质服务时，应随时关心旅游者，了解他们的个别需求，将规范化服务和个性化服务结合起来，做到在“合理而可能”的情况下既满足游客的一般需求，又在此基础上满足其个别要求，以提高游客的整体满意度。

三、农家旅游服务礼仪常识

注重服务礼仪是农家旅游服务员的基本要求，良好的仪容仪表礼节既可以体现农庄的规范化管理水平，又可以展现员工优秀的个人素质，更重要的是可以使宾客感受到农庄的整体精神面貌，并带来视觉、精神上美的享受，使宾客精神愉悦，心情舒畅。

(一)家旅游服务员的个人形象

1.仪容

(1)头发

①保持头发的清洁、定期清洗、保养头发，不可出现头皮屑飘落的现象。

②男员工的发型要求：前不过眉、鬓角不过耳、后不过领，不可染发、留长发或怪异发型。

③男员工的发型基本为平头、寸头、毛寸，可以防止头发过长引起脱落，掉入菜肴中造成投诉。并且要求每日使用头发定型剂，保持发型持久精神焕发。

④女员工留长发者统一将头发向后梳理，不留刘海(以免遮挡视线或脱落)，额前头发偏短的必须用发卡将头发固定；长发盘起后用皮筋扎好，用发网兜固定好。发网兜不能超过衣领。

⑤短发女员工须将头发上定型剂，遵循前不过眉、鬓不过耳、后不盖领的原则梳理成型。

⑥女员工用于夹头发的发夹必须是黑色无装饰发夹，不可染发或梳理怪异发型。

(2)面部

①保持面部的清洁与干爽，经常保养面部肌肤。

②每日彻底清洁眼睛，眼中不可有污物或带有睡意；随时保持在最佳精神状态。

③注意鼻腔卫生，防止鼻毛外漏(每天检查，要用小剪刀修理)。

④保持耳朵卫生，时常清洁耳朵。

⑤男员工不得留胡须，确保每日刮胡子。

⑥女员工上岗前需轻描淡妆，不能不化妆或浓妆艳抹。

⑦在岗时应面带微笑，保持稳定、良好的精神面貌。

⑧上岗后不得面带醉意、倦意和睡意，面部表情自然，不可呆板或过于喜怒形于色。

(3)口腔

①每日早晚清洁口腔，每餐餐后要漱口；确保口腔清洁。

②定期清洁护理牙齿，保持牙齿洁白光亮。

③工作前不可吃有异味的食物或饮酒，如有，请清洁完口中异味后方可上岗。

2. 仪表

(1)着工装

①工作期间必须着制服，着装合理得体；选取时注意尺码是否合适，下班后不可将制服穿出农庄餐厅。

②保持服装干净、整齐、无破损，及时更换和清洗；避免身上有异味，时刻注意制服是否有折线或线头及时清理修补；不允许私自在衣物上加以其他装饰。

③员工不得因任何理由将制服袖口、裤腿卷起，衣扣拉链要扣紧；不可露出内衣，女员工着裙装时要注意裙摆不要歪斜。

④迎宾员着旗袍时要注意行走幅度不可太大，并时刻保持上衣立领直立；着衬衣应将下摆扎入裤、裙中，着领结、领带时要注意不可歪斜。

⑤上班期间必须佩戴工号牌，与上衣口袋上方呈一条直线，不能在公共场所或客人面前整理着装。

(2)鞋袜

①上班期间必须着黑色的皮鞋或布鞋，皮鞋每天上油保持光亮，布鞋要保持无污渍。

②工作用鞋要准备两双交替穿着，以免因穿着时间过长产生异味。穿鞋有鞋带必须把鞋带系好，不可着破损的布鞋或皮鞋。

③男员工统一着黑色的棉质袜子，女员工统一着肉色长筒袜，袜口不得露出裙脚，不得破损抽丝。勤洗勤换，以免产生异味。

(3)双手

①不留长指甲，定期修理指甲；指甲长度为距离手指尖 2 毫米为宜。

②随时保持双手清洁，不可涂抹有色指甲油或装饰指甲。

(4)饰物

不可佩戴项链、耳环、手链、脚链和除结婚戒指以外的装饰物。

3. 仪态

(1)坐姿

①入座时，略轻而缓，但不失朝气地走到座位前，距一步时转身，右脚后退半步，左脚跟上，然后轻稳地坐下。女性穿裙子入座时要用手将裙子向前拢一下。

②入座后上身正直，头正目平，嘴巴微闭，脸带微笑，服务人员一般坐凳子的 2/3 处，两手放两腿上，有扶手时可将双手轻搭于扶手或一搭一放，小腿与地面基本垂直，两脚自然平落地面，两膝之间的距离，男子以松开一拳为宜，女子则不分开为好。

③入座时根据椅面的高低及有无扶手,注意两手两腿两脚的正确摆法。另外,也可以采取“S”形坐姿,即上体与脚同时转向一侧面向对方。

④坐时不允许前俯后仰,摆腿跷足,脚搭在椅子上、沙发扶手上或架在茶几上。不允许跷二郎腿、双膝叉开、脚跟不自然靠拢或抖动腿脚,也不允许半躺半坐。与两侧客人讲话时,不要只转头,应同时侧转上体和脚。

(2)站姿

①站立时,身体要端正,收腹、挺胸、目平视、嘴微闭、面带微笑,双臂在体后交叉,客人来时在体前交叉,右手放在左手上。

②女服务员站立时,脚跟并拢,脚尖打开45度呈V字形,男服务员站立时双脚分开与肩齐宽。

③站立时,不要双手叉在腰间或抱在胸前,身体不能东倒西歪。如疲劳时可将重心偏移到一边腿上,但上体要保持正直,不要背靠他物,更不能单腿独立,将另一只脚踏在其他物品上,不要趴在其他物体上。

④站立时应精神饱满,表情自然,同时留意四周或同事的招呼合作。

(3)走姿

①行走要大方得体、灵活、稳重,行走时,身体重心向前倾3～5度,抬头,肩部放松,上身正直,挺胸收腹,目视前方,面带微笑。手臂伸直、放松,手指自然微曲,双臂自然前后摆动,摆动幅度为35厘米左右,双臂外开不要超过30度。

②行走时,重心落在双脚掌的前部,腹部和臀部要上提,女子行走时,双脚跟成一直线,不迈大步;男子行走时双脚跟成两条直线,但两线尽可能靠近,步履可稍大。

③步速适中,男服务员应为110步/分钟,女服务员为120步/分钟为宜。

④步幅不宜过大,因为步幅过大,人体前倾的角度必然加大。服务员经常手捧物品来往,容易发生意外。因此,男服务员的步幅在40厘米左右,女服务员的步幅在35厘米左右。

⑤行走时,要轻且稳,切忌摇头晃肩,扭身踢脚,遇有急事可加快步伐,不可慌张奔跑。

⑥行走时,一般靠右侧。与客人同行不能抢行(迎客除外),在通道行走若有客人对面走来,要停下来靠边,让客人先通过,但不可把背对着宾客。

⑦遇有急事或手提重物需超越走在前的宾客时,应向客人表示歉意。

⑧行走时,不准边走边大笑、哼唱、打响指、吃东西。两人以上行走,不并排行走,不勾肩搭背、拉手搂腰。

4.微笑

在服务行业中,微笑是一种无声的特殊语言,可以让顾客感受到服务员的热情、真诚和友善(图 3-2)。

图 3-2 微笑服务

①保持乐观、稳定的心理素质,不大喜大悲,遇事沉着冷静。妥善处理工作中的各种问题,特别是自身的工作失误,上岗后及时进入角色,忘掉一切烦恼和不快。

②从内心微笑,不要做作,做作的微笑是皮笑肉不笑,反会把人吓跑。

③微笑时,眼睛也应含着笑意,试想,光露牙齿或抿嘴作微笑而目光不配合多难看。

④将“前”或“C”“茄子”读 50 遍,你会发现发音时嘴形似微笑,多读会有助于你自然地微笑。

⑤微笑与天性有关,但后天的培养也很重要,随时提醒自己保持愉快的心情,保持微笑,空闲时可对着镜子练习,直到你满意、习惯为止。

(二)农家旅游服务员的礼貌修养

礼貌礼节是一个企业员工文明程度的重要标志,是衡量一个人道德水平高低和有无教养的尺度。

1.礼节

旅游服务中常见的礼节有问候礼、称呼礼、应答礼、操作礼、迎送礼、宴会礼、握手礼、鞠躬礼、致意礼等 9 种。

(1)问候礼　问候礼是服务人员对客人进店时的一种接待礼节,以问候、祝贺语言为主，问候礼在日常的使用中又分以下几种不同的问候。

①初次见面的问候。客人刚刚进入农庄时的问候，与客人初次见面，服务员应说“先生（小姐），您好（或欢迎光临），我是××号服务员（我是小×），很高兴能为几位服务”。

②时间性问候礼。与客人见面时，要根据早、午、晚大概时间问候“早上好”“中午好”“下午好”等。

③对不同类型客人的问候。到农庄的客人类型很多，服务人员要根据不同类型的客人进行问候，如：对生日的客人说“祝你生日快乐”，对新婚的客人说“祝您新婚愉快”等。

④节日性问候。节日性问候一般用在节日前或节日后的问候语言，如春节、元旦（新年）、国庆节等，可问候“节日快乐”“新年好”等。

⑤其他问候。客人身体欠安时、客人醉酒、发怒都应对客人表示关心。

（2）称呼礼　是指日常服务中和客人打交道时所用的称谓。称呼要切合实际，如果称呼错了，职务不对、姓名不对，不但会使客人不悦，引起反感，甚至还会产生笑话和引起误会。

①一般习惯称呼：在称呼别人时，一般称男子为“先生”，未婚女子为“小姐”，已婚女子称“女士”，对不了解婚姻状况的女子称“小姐”，对戴结婚戒指和年龄稍大的可称“女士”。

②按职位称呼，知道职位时要称呼其职位，如王局长、李主任等。

（3）应答礼　是指同客人交谈时的礼节。

①解答客人问题时，必须保持良好的站立姿势，背不靠他物，讲话语气温和耐心，双目注视对方，集中精神倾听，以示尊重。

②对宾客的赞扬、批评、指教、抱怨，也都必须有恰当的语言回答，不能置之不理，否则就是一种不礼貌的行为。

③服务员在为客人处理服务上的问题时，语气要婉转，如客人提出的某些问题超越了自己的权限，应及时请示上级及有关部门，禁止说一些否定语，如“不行”“不可以”“不知道”“没有办法”等，应回答：“对不起，我没有权力做主，我去请示一下领导，您看行吗？”

（4）操作礼　指服务人员在日常工作中的礼节。服务员的操作，在很多情况下是与宾客在同一场合、同一时间进行的，服务员要想既做好服务工作、又不失礼，就必须注意：

①服务员在日常工作中要着装整洁，注意仪表，举止大方，态度和蔼，工作时间不准大声喧哗，不准开玩笑，不准哼小曲，保持工作环境安静。进入房间时要敲门，

敲门时，不能猛敲，应曲起手指，用指关节处有节奏地轻敲，然后再进去，开门关门时动作要轻，不要发出太大的响声。

②操作时，如影响到客人，应表示歉意，说："对不起，打扰一下"或"对不起，请让一下好吗？"等。

(5)迎送礼　指服务员迎送客人时的礼节。

①宾客来时，接待人员(服务员)要主动向客人问好，笑脸相迎，在此过程中，要按先主宾后随员，先女宾后男宾的顺序进行，对老弱病残客人，要主动搀扶。

②客人离开农庄时，服务员应向客人逐一道别，使客人带着温馨、满意而归。

迎送礼要求自然大方，热情得体。

(6)宴会礼　宴会本意是以礼为主，以食为辅，因为没有无名目的宴会，宴会都是所为而设立的。不论何种宴席，服务员都要懂得一般的礼貌礼节，还应该在为宴会提供服务过程中，按一套规定的礼节去操作，如斟酒、上菜必须按一定的顺序，菜的摆放要遵循一定规则，席间服务需依据酒宴主题、符合当地的风俗习惯等。

(7)握手礼　是人们交往时最常用的一种礼节。它是大多数国家的人们见面或告别时的礼节，行握手礼时，距受礼者一步远，上身稍向前倾，两足立正，伸出右手，四指并齐，拇指张开朝上，向受礼者握手，礼毕即松开。餐饮服务人员在行握手礼时应注意：

①同客人握手时，必须由客人先主动伸出手，服务人员才伸出手与之相握，不能由于客人是老客户、熟人就不分地点、时间、场合主动与客人握手，这样会打扰客人，造成误会。

②一般情况下，行握手礼时，双方应脱下手套，男人还应摘下帽子，但尊贵客人、身份高贵的女士可戴着手套与别人握手。

③握手时，握住对方四指轻握一下即可，不可用力猛抓住别人的手，也不要只轻轻握住别人的指尖。同性握手时，手适度稍握紧，异性握手时则需轻些。

④行握手礼时，双目要注视对方眼、鼻、口，微笑致意，同时说些问候及祝贺的话，握手时切忌看着第三者，显得心不在焉。

⑤在迎送客人时不要因客人是熟人就图省事而做交叉式握手。

⑥如因手上疾病或手上沾水或较脏其他原因，不便握手可向对方声明，请对方谅解。

(8)鞠躬礼　一般是晚辈对长辈，下级对上级以及初次见面的朋友之间的礼节。行鞠躬礼时必须先摘下帽子，手下垂后，用立正姿势，两眼注视受礼者，身体上部前倾 50°左右，而后恢复原来姿势。

(9)致意礼　点头致意一般情况下是同级或平辈之间的礼节，在日常工作中，同一餐次服务人员与客人多次见面时，在问候客人“您好”的同时，还须点头微笑致意。

2.礼貌修养的内容

(1)注重语言表达　熟练掌握服务工作中的五声、十字。

五声：宾客来店有欢迎声，

宾客离店有告别声，

宾客表扬有致谢声，

宾客欠安有问候声，

服务不周有道歉声。

十字：请、您好、谢谢、对不起、再见。

(2)礼貌的服务用语

①欢迎语：如“欢迎你”“欢迎光临”。

②问候语：餐厅服务员常见的问候语有“你好”“早上好”“多日未见，你身体好吗?”等。

③告别语：如“慢走”“欢迎您再来”“再见”“欢迎下次光临”。

④祝贺语：对过生日的客人说“祝您生日快乐”，对新婚客人说“祝两位新婚愉快、白头偕老”，新年时对客人说“新年好”等。

⑤征询语：如“我能为您做什么?”“你有什么事吗?”“我可以……吗?”

⑥应答语：如“好”“好的”“是”“我马上就去做”等。

⑦道歉语：如“对不起，打扰一下”“麻烦您了”“实在抱歉”等。

⑧推托语：如“谢谢您的好意，但是……”“对不起，我能不能……”等。

⑨餐厅应用语：“请问您需要什么饮料?”“请各位慢用”“请问想吃点什么？这是菜单，请挑选”等。

(3)与客人谈话时应注意以下事项

①与客人谈话时，不要东张西望，要看着对方的“三角区”，即鼻子与双眼之间。

②同客人交谈时，要态度诚恳，声音大小以对方听清为宜，能用语言表达的一般不做手势。即便必须做手势也不宜用过大的动作，尤其不要溅出唾沫、抓头皮、剔牙、挖鼻孔。

③与客人谈话时，可谈衣食住行、天气气候、旅游风景、体育运动等，但不能谈疾病等令人不愉快的事，一般也不要问对方履历，不要打听对方的经济收入、婚姻状况、宗教信仰、年龄及其他涉及个人隐私的事。如对方是女性，对其年龄和婚姻更不能询问。谈话时要注意察言观色，如对方不愿意继续下去，就应及时结束话题。

④客人与自己谈话时，要专心听，多给对方讲话的机会，不要左顾右盼、心不在焉、似听非听、答非所问，或是做伸懒腰、打哈欠、看手表等漫不经心的动作，露出不耐烦的样子；不要随便打断客人的谈话，也不要滔滔不绝、旁若无人地说个不停。

⑤与客人谈话时，要把握分寸，称赞对方不要过分，谦虚也要适度。

⑥如果与客人有不同意见，不要固执己见、蔑视他人，应保持协商的口吻。

⑦不许在背后指手画脚，议论宾客。

⑧同两个以上客人谈话时，不能只和一个谈，而冷落其他人；谈话中不谈只有两个人知道的事，而冷落他人；也不要交头接耳，讥笑他人。别人谈话时，不要趋前旁听，更不要随便插嘴，若有事要与其中某人谈，要等别人讲完。

⑨和客人交谈时，如果旁边有人和你说话，不要把背对着客人，应将脸朝客人；如遇急事要离开，应跟对方打招呼，表示歉意；如对方谈兴正浓，不要无礼地打断对方谈话，而要抓住对方谈话的空隙，立即接过话茬，表示这个问题留在以后再谈，然后起身告辞。

⑩和客人谈话时，要大方有礼、轻声柔和、不大笑、狂笑，更不要故作怪腔，要自然得体。

四、农家旅游营养健康与卫生常识

健康饮食是这个时代的主题，也是一种实在的养生之道。很多人之所以愿意去休闲农庄去消费，一个非常重要的动机是希望能在这里享受到纯天然、健康、营养的饮食。所以，作为休闲农庄的从业者，懂一点健康营养知识是非常必要的。

(一)传统的中国饮食营养思想

中国饮食中的营养思想，历史虽然悠久，并且和现代营养科学还有着或深或浅的联系，但在总体上，它们都是片面的、模糊的，不能自成一种科学体系。对此，我们在继承和发扬时必须保持清醒的认识。

1. 食物结构说

我们的先辈很早就认为，人若想健康长寿，在饮食组成上一定要有一个科学实用的整体结构，也就是说要有一个相对固定合理的饮食习惯。在过去我们的食物结构主要有以下 3 个特点。

(1)谷物和熟食为主　从新石器时代，我国就已经进入农耕社会，人们的饮食开始以谷物为主。春秋战国以后，小麦成为北方的主粮，而稻米则在南方一枝独秀，历经数千年，其主粮地位也一直未变。由于我国古代生产力发达，生活在以中原地区为中心的汉民族一直采用火来烹饪食物，受其影响，我国其他民族也大多以熟食为主，只保留有极少的生食习惯。

（2）素食为主，肉食为辅　《黄帝内经·素问》很早就提出“五谷为养、五果为助、五畜为益、五菜为充”的科学饮食结构，而谷、果、菜均为植物性食物。正是这种以粮食为主，辅以适量的肉食、豆制品、蔬菜、水果等杂食型的食物结构，体现了中国饮食中养生思想的精华。

（3）讲究五味调和　“调味”是中国饮食中的核心之一，注重五味平和而勿使过偏是我国饮食结构的一大特点。《吕览·本味篇》说：“甘而不浓，酸而不酷，咸而不减，辛而不烈”，是从滋味出发，强调调味品应当适量。而忽思慧进一步从健康原则考虑，指出：“五味调和，饮食口嗜，皆不可多也。多者生疾，少者为益。”他说：“多食盐，骨气劳短，肺气折。”所以盐不可多吃。又说：“肝病禁食辛”，就更有意义。

“饮食结构”说，是一种科学合理的养生观念，它从整体上把握和认识了人体健康与饮食习惯的关系，为日常生活中的菜肴制作、筵席设计提供了重要的指导。但由于其模糊综合的特点，缺乏对具体事物的深入分析，阻碍了其向一门系统科学的发展进程。

2. 膳食平衡说

与西方哲学更多地强调矛盾斗争（人与自然、人与社会）不同，中国哲学更多地强调矛盾和谐。在中国传统饮食烹饪文化中，矛盾和谐的思维方式很多，形成了一个带有普遍意义的对偶结构，如调和、搭配、合一、名实、内外等。而平衡膳食说，就是这一文化的集中体现。古人很早就言“饮食有节，身必无灾”，但科学全面地定义平衡膳食的概念，则是现代营养学诞生后的事。中国饮食中的“膳食平衡说”主要包括以下六大平衡关系。

（1）主副食的平衡　主副食比例适当是保证营养平衡的前提。孔子所言的“肉虽多，不使胜食气”，即所食动物性食物不应超过植物性食物。现在有人崇尚西方多食肉，少吃粮食的饮食结构，这一观点极不合理。

（2）食物杂与精的平衡　人体需要的营养是多方面的，从人类进化史看，必须有众多来源的食物才能满足营养的需要。著名的营养学家李瑞芬教授曾谈到，为保持身体健康，每天应吃 25～30 种不同的食物，可谓杂矣。由于微量元素等微量营养素只能从外界摄取，体内不能自身合成产生，因此杂食的重要性不言自明。

（3）膳食的酸碱平衡　食物一般分为酸碱两种，瓜果、蔬菜属碱性食品，富含蛋白质的鸡、鸭、鱼、肉类等属于酸性食品。在日常生活中应掌握好膳食的酸碱平衡，两者不可偏颇，只有平衡方可益补得当。否则，终日饱食膏粱厚味，将引起“轻度酸中毒”，严重影响健康。因此要注意吃一些低脂肪、高蛋白、富含维生素的菜肴与食物，以保证体内酸碱的平衡。

(4)膳食的冷热平衡 “饮食者，热无灼灼，寒无沧沧”，指出了膳食的冷热平衡原则。“食宜暖”，生冷、凉食进食过多会损伤脾胃和肺气，微则为咳、甚则为泄，体虚胃寒的人，特别是老人和儿童，夏日更应慎重。反之，饮食也不可太热，否则易伤胃脘、咽喉。孙思邈在《千金翼方》中论述我们应当借鉴：“热食伤胃、冷食伤肺、热无灼唇、冷无冰齿。”

(5)膳食寒、热、温、凉四性的平衡 食物同中药一样，也有寒、热、温、凉四性之分。如绿豆性寒，清热止渴；羊肉性热，补虚祛寒。西瓜则有“天生白虎汤”之誉，适用于发热、口渴。我国的饮食传统中，也十分重视食性的平衡，吃寒性的食物是必须搭配些热性食物，如螃蟹属寒性，生姜属热性，吃螃蟹时要佐以姜末等。破坏食物的四性平衡自然有损于健康。

(6)膳食五味的平衡 我国烹饪理论主张菜肴的五味要配合得当——五味调和，不可偏嗜。在日常膳食中，五味的平衡，可增进食欲，有益健康，反之则会带来弊端。如酸味可增进食欲、健脾胃，且能增强肝脏功能，提高钙、磷的吸收率，但过食酸味食物会使消化功能紊乱。甜食有补气血、解除肌肉紧张和解毒之功效，但食糖过多则影响食欲。

“膳食平衡说”是一种辩证的饮食理论，体现了我国烹饪博大的特点，且在具体实践中，推动了我国烹饪在原料选择、配菜规律、烹调方法、菜肴创新等多方面的进步。

3.饮食宜忌说

饮食宜忌说体现了中国饮食文化“有所为、有所不为”的大智慧，其最显著的特点是整体认识观和辩证发展观。

整体认识观有两层内涵：第一层指出人是一个完整的有机体，其各个组织器官之间在结构、功能活动、病理变化上是相互影响的。这就要求我们在进行烹饪时必须有大局观，要从多个层次、多个方面思考去设计饮食，应突破传统的色、香、味、形、器的标准，应“以人为本”，根据不同人的不同情况，进行适宜的烹制。

第二层是说人与自然界同为一个整体，人体的内环境时时受到外界自然环境变化的影响，这又叫作“天人相应”观。具体地说，科学饮食应从春、夏、秋、冬四季气候、东南西北地理变化以及生存条件状况、饮食风俗习惯等多因素考虑，因时因地制宜地进行操作。

而辨证发展观，是指进行食物制作时既要了解原料的性能，又要考虑就餐对象的身体状况，从而有针对性地选择烹调方法和口味特点。举例来说，最常见的感冒患者,若属风寒感冒,则宜吃些辛温散寒的生姜、葱白、红糖、紫苏等食物,烹制上应用煮、烩等以水为主要传热介质的技法,而忌用以油为主要传热介质的技法;而属风热感冒时,则适宜吃些绿豆、薄荷、金银花等凉性食品,烹调技法的选择应以保持本味为主。

"饮食宜忌说"大大加深了我们对一些食物原料的认识,对丰富菜肴的制作产生了重大影响。主要表现在以下两个方面。

(1)"以脏补脏"说　唐代医学家兼养生学家孙思邈在长期实践中,创立了"以脏补脏"和"以脏治脏"的理论。例如,肾主骨,他就利用羊骨粥来治疗肾虚怕冷。肝开窍明目,他又发明了以羊肝来治疗夜盲雀目,这些方法都大大增强了中国饮食中菜肴的科学性。发展到现在,"以脏补脏"理论和现代饮食技术的结合面越来越广,越来越深入,已成为菜肴创新的一条重要途径。

(2)"发物"忌口说　这一学说为中国饮食中"用料广泛"这一特点提供了科学的指导,使其在选料中做到了"博中有精、宽中有窄",体现了较强的科学辨证性。所谓"发物",是指动风生痰、发毒助火助邪之品,其容易诱发旧病,加重新病。常见的有鹅肉、鹅蛋、猪头肉、鲤鱼、杏子、李子以及葱蒜之类辛辣刺激性的调味品等。特别是患有疮疡肿毒或慢性湿疹皮炎之类皮肤病人以及过敏性疾病患者,发物忌口更显重要。

但是,饮食的宜与忌也只是相对的,并不是说宜食之物就可以大饱口福,狂饮暴食,也应适当节制。忌食之物,也非点滴不可沾唇,绝对禁止人口,只是少吃或暂缓食用而已。

4. 医食同源说

"医食同源说"的精华是从中医的角度用中医的方法去认识和把握营养学,主要内涵有以下几个方面的内容:

(1)食物的性味　性味是食物性能最重要的部分。性,也称四性,即寒、凉、温、热。实际上是寒热两个方面的性质。确定事物"性"的依据和药物是相似的,是从食物作用与机体所发生的反应中概括出来的,与食物的食用效果是一致的。一般而言,有清热泻火、解毒安神等作用的食物,其性质是寒凉的,如西瓜、苦瓜、萝卜、紫菜等。反之,有温中散寒、助阳补火等作用的食物是湿热的,如姜、葱、蒜、辣椒、羊肉等。食物中过于寒凉或温热的较少。一些食物寒热性质不明显,也可称为平性。

食物中的味也和药物一样,主要有酸、辛、苦、甘、咸五味。《黄帝内经》中说:"五味所入,酸入肝、辛入肺、苦人心、咸入肾、甘入脾,是谓五入。"它们进哪一脏,就对哪一脏发挥作用。一般说来,酸味有敛汗、止泻等作用,如梅子,苦味有清热下火等作用，如苦瓜，甘味有补虚和中的作用，如南瓜、大枣。所以调味理论有“凡和，春多酸、夏多苦、秋多辛、冬多咸，调以滑甘”之说。而醋的酸、香料的辛、盐的咸，也都是不可或缺的调味品，有调滋味、增食欲的作用。

(2)食物的归经　食物的归经是指食物主要对人体某经(脏腑及其经络)或某几经产生明显的作用，而对其他经作用较小或没有作用。它是根据食物被食用后反映出来的效果，并结合人体脏腑经络的生理病理特点概括得来的。

归经和性味一样，只是食物性能的一个侧面，必须把它们相互结合起来看，才能比较完整地表示一种食物的性能。在选择烹饪原料，特别是进行药膳配方时，应特别注意这一点。

(3)食物的配伍　食物的配伍在烹饪中相当于配菜，主要是为了增强食物的食疗效果和可食性。根据食疗的具体情况，可以概括为以下 3 个方面：

①相须相使　即性能基本相同或某一方面性能相似的食物相互配合，能够不同程度地增强原有食疗功效和可食性。如菠菜猪肝汤，菠菜与猪肝均能养肝明目，相互配伍可增强这一功效，长于治疗肝虚目昏和夜盲症。

②相畏相杀　当两种食物同用时，一种食物的毒副作用被另一种食物降低或消除。在这种相互作用的关系中，前者对后者来说是相畏，而后者对前者来说是相杀。这一点在调味过程和配菜过程中应注意。

③相恶　两种食物同用后，由于相互牵制，而使原有功能降低甚至丧失。产生这种配伍关系的食物其性能基本上是相反的。如食羊肉、牛肉、狗肉之类温补气血的食物，再食绿豆、鲜萝卜、西瓜等，前者的温补作用就会相应减弱。当然，在日常饮食中，这类典型不协调的食物，同时出现在食谱里的情况很少，我们在设计套餐和筵席时稍加注意即可。

医食同源说是中国饮食文化与养生文化完美结合的一个典型。它说明了中餐不仅有美味佳肴，还有与中药结合的保健食品，体现了中国饮食的博大精深。现在中国的药膳药饮，越来越多地涌入国际市场，如菊花酒、竹叶酒、枸杞酒、茯苓饼、八珍糕等深受各国人民的喜爱。这些都证明了中国烹饪的勃勃生机。

(二)现代营养常识

1.营养金字塔

在今天这样的快节奏生活环境，由于工作的压力、环境的污染和我们吃的食物营养素降低等，使得我们很难做到均衡充足的营养这一点，来保证身体每天的所需，所以就需要额外补充一些营养素，以对抗压力和环境污染等带给身体的自由基的侵害。

金字塔的底层为植物性食物，包括面包、麦片、米、面食等，意味着主要的营养供应来源于植物性食物，大部分热能取自碳水化合物。在食物指南金字塔中粮食的比例最高，每人每日需6～11份(每份即指面包一片或粮谷类熟食28.35克)；金字塔自下而上第二层中蔬菜、水果平分秋色，蔬菜每日需3～5份(一份指半碗熟白菜、一小碟西兰花或一杯生菜沙拉，或3/4杯菜汁)，水果2～4份(一份指3/4杯果汁、1/2杯罐头水果或一个中等大小的苹果、一根香蕉或一只橘子)，其是维生素和膳食纤维的主要来源，适量摄入蔬菜水果有助于预防癌症和心脏病，摄取量根据高限制定；倒数第三层是鱼、肉、禽、蛋和奶类各一半，后者每日食用2～3份(1份奶类食品指一杯牛奶、一杯酸奶或14克左右的奶酪)；鱼、肉、禽、蛋和核桃、花生、大豆类等食物每日共需2～3份(一份相当于28～36克肉、禽、鱼，或1/2杯已做熟的干豆类，一个鸡蛋或两勺花生酱)；顶层是油、盐、糖，这些食物没有规定摄入量，是为了告诫大家食用它们要有限制，以避免潜在的危害。

其特点如下：

①强调膳食多样化，蔬菜要花色品种多，而且要多吃豆类蔬菜以及深绿色与橙色的蔬菜。

②强调要尽量选食有“全”字的全谷类食物——全麦面包、全麦饼、麦片等，以增加膳食纤维的摄入量。

③强调食物要控制低脂肪，油脂来自鱼、果仁及植物油。限制全脂奶、牛油、奶油、猪油以及冰激凌，对植物油中的椰子油、棕榈油也需要限制。

④强调要将豆类和肉类一起作为蛋白质的来源。

⑤强调要重视水果、食用水果的品种多样化，但是对饮用果汁要节制。

⑥设置了备用热卡——即可以随意支配的热卡，指用于酒、啤酒、饮料、糖果、奶酪、肥肉、甜食等。

2.平衡膳食

科学配餐有以下五项原则：

①确保膳食构成的食物结构合理，各种食物所含营养素种类齐全、数量充足、比例适当，保持营养平衡。三大营养素蛋白质、脂肪、碳水化合物占总热量的百分比应分别是10％～15％、20％～30％、60％～65％。

②一日三餐的能量比例应与工作强度相匹配、避免早餐过少，晚餐过多的弊病。热量分配以早餐占全日总能量的25％～30％、午餐占40％、晚餐占30％～35％较为适宜。

③保证富含优质蛋白质和脂肪的食物的供给量。蛋白质除部分由粮食提供外，总量的1/3～1/2必须由大豆、肉类、蛋类供给。除植物油和食物本身所含的脂

肪外，还应搭配部分动物脂肪、即通过食物中适量搭配肉类来解决。

④蔬菜水果的供给量每人每天需 800 克左右(其中 4/5 为蔬菜、1/5 为水果)。蔬菜中最好有一半是绿色或有色的叶菜，品种应当多样化，不仅包括根、茎、叶、花、果类蔬菜，还要搭配豆类蔬菜、菌类和藻类。

⑤膳食搭配要注意酸碱平衡；主食要做到杂与精、干与稀的平衡；副食调配要做到生熟菜搭配、荤素搭配平衡。在荤菜方面，既要有四条腿的猪、牛、羊(任选其一种)，又要有两条腿的鸡、鸭、鹅，还要有一条腿的鱼和菌类。由于烹调食物原料的品种与食用部位不同，所含营养素的种类和数量也不同，因此，通过科学搭配，就能保证每道菜所含的营养更全面、合理。

3. 人体健康四要素

(1)乐观的心态　时刻保持平和的心态对身心健康非常重要，气大伤肝，除了心脏，肝是人体的命脉。

(2)充足的睡眠　每晚深度睡眠 8 小时，深度睡眠指不做梦，不起夜，一觉睡到大天亮，人体骨造血和小孩大脑发育从晚上 10 点开始，所以晚上 10 点要躺在床上休息。

(3)适量的运动　每天 45 分钟的有氧运动，感觉不累为宜，而不剧烈的过度运动，每天走 10 000 步，走快一点，微微出点汗是最好的有氧运动。心脑血管病人有氧运动 30 分钟，相当于自身产生 200cc 的免疫。

(4)均衡的营养　食物的多样化对身体最重要，人体每天需要 40 种营养素，每天摄入 40 种营养素能保持身体最基本的营养标准。多吃水果、蔬菜、谷类粗粮，选低脂肪、低胆固醇食物，鹌鹑蛋里的坏胆固醇比鸡蛋高，鱿鱼比鹌鹑蛋更高，是胆固醇最高的，而人每天吃一个鸡蛋的胆固醇不会对血管有影响。橄榄油调凉菜对心血管好，但不要加热，心脑血管病人可喝一点橄榄油。

4. 中国居民膳食指南

①食物多样，谷类为主；

②多吃蔬菜、水果和薯类；

③每天吃奶类、豆类或其制品；

④经常吃适量鱼、禽、蛋、瘦肉，少吃肥肉和荤油；

⑤食量与体力活动要平衡，保持适宜体重；

⑥吃清淡少盐膳食；

⑦饮酒要适量；

⑧吃清洁卫生、不变质的食物。

(三)餐饮业食品安全基本常识

1.我国对于餐饮服务食品安全的法律规定

《中华人民共和国食品安全法》及其实施条例、《餐饮服务许可管理办法》《餐饮服务食品安全监督管理办法》等。

2.食品原料采购索证管理及规范要求

我国对食品原料采购实施索证登记制度。采购食品原料及食品相关产品,应从有供货资质的合法渠道并查验产品质量合格证明材料,即查验供货者的许可证件和产品合格证明文件;不得采购或者使用不符合食品安全标准的食品原料及食品相关产品。同时应建立进货查验记录制度,如实记录产品名称、规格、数量、供货者名称及联系方式、进货日期等内容。进货查验记录应当真实,保存期限不得少于二年。

严格的食品原料采购索证验收管理工作,可避免不合格食品及原料流入可能,减少食品安全甚至是刑事追责事件的发生概率。也利于保护经营者自身的权益,避免以合理的价格却购入了不合格的食品及原料,同时也为一旦发生重大食品安全事件时进行责任追究提供依据(责任追究是按照过错大小和情节来确定的)。

餐饮单位不执行采购索证等相关规定,将会被责令改正,给予警告,处以罚款或直至吊销许可证。

3.餐饮食品制作过程中的注意事项

世界卫生组织(WTO)提出食品安全五大要点。

保持清洁;生熟分开;做熟;在安全的温度下保存食物;使用安全的水和食物原料。坚持这几点,餐饮服务食品安全其实也不难做到。

在餐饮食品制作过程中要做到:

一是要确保待加工原料的新鲜和安全,避免使用因采购或保存不当等原因不能保证安全的原料。

二是在口味和安全的选择上,必须注重安全第一,选择合适的加工方法,如热炒相对比凉拌菜更安全些。需要熟制加工的食品应烧熟煮透,确保食物中心温度不低于70℃。

三是全程应有避免交叉污染的意识,如在粗加工环节,需做到肉禽类与水产类及果蔬类分池洗涤,不要混用加工工具如砧板等。

四是加工后食物或剩余食物根据其特点应注意置于10℃以下或60℃以上的温度抑制有害微生物繁殖。控制加工到供应的时间在2小时内。剩余食物再加工时应注意查验其是否变质并确保充分加热。

4.从业人员个人健康管理规定

应当建立并执行从业人员健康管理制度。对所有从业人员必须依法进行身体健康检查并予以登记，执行国家有关食品生产经营从业人员健康管理制度。

不得安排患有痢疾、伤寒、甲型病毒性肝炎、戊型病毒性肝炎等消化道传染病，以及患有活动性肺结核、化脓性或者渗出性皮肤病等有碍食品安全的疾病的人员接触直接入口食品的工作。从事接触直接入口食品工作的人员患有这些疾病时，餐饮服务单位应当立即调换其工作岗位。

餐饮服务从业人员健康实行年检制度。为防止餐饮服务从业人员因其所患疾病污染食品，餐饮服务从业人员都应当每年进行健康检查。餐饮服务从业人员，包括新参加工作或临时从事餐饮服务的人员，在取得健康证明并符合从事餐饮服务要求的状况下，这些人员才能从事餐饮服务工作。

5.禁止生产经营的食品及原料

一是国家明令禁止生产经营的如河豚，织纹螺，亚硝酸盐不符合国家食品安全标准、不能确保产品质量安全的如三无食品，超过保质期限或感官明显异常的食品。二是明显违反法律和社会公德良俗的如掺假掺杂，回收食品重新制作，病死、毒死或者死因不明的水产动物和肉类及其制品等。三是超量超范围使用添加剂甚至违法添加非食用物质的。具体可见《食品安全法》第二十八条及卫生部和国家食品药品监督管理局相关公告。

6.食物中毒常见原因、早期症状及应急处置

(1)微生物性(细菌、病毒、霉菌)食物中毒常见原因

①生熟交叉污染；

②食品贮存不当；

③食品未烧熟煮透；

④从业人员带菌污染食品；

⑤经长时间贮存的食品未彻底再加热；

⑥进食未经加热处理的生食品。

(2)化学性或有毒动植物食物中毒常见原因

①食品原料受到化学性有毒有害物质污染。如蔬菜中农药等；

②食品中含有天然有毒物质，食品加工过程未去除。如豆浆、四季豆未充分煮熟；

③食品在加工过程受到化学性有毒有害物质的污染。如误将亚硝酸盐当作食

盐使用；

④食用有毒有害食品。

7. 常见有毒食物

(1)确定有毒物　有毒蘑菇(神经毒素)、河豚(河豚毒素)、蟾蜍(癞蛤蟆，含蟾酥)、鲜活海蜇(含毒素，处理后基本无毒)、各类果仁(如桃、杏、李等新鲜果仁和银杏果含剧毒的氰化物，大量摄入易中毒)、发芽的马铃薯(即土豆，发芽时含龙葵素)、鲜黄花菜(含秋水仙碱)、红茴香(含花旗松素，形似茴香而误用)、棉籽油(棉酚去除不全)、桐油(多为容器误用污染)、霉变甘蔗(含节菱孢霉菌代谢毒物)、黑斑甘薯(含甘薯酮等)。

(2)条件有毒物　青皮红肉鱼类(如鲐鱼、秋刀鱼、金枪鱼等大量带菌污染时较易产生组氨酸)、动物腺体(如甲状腺、肾上腺含有激素，淋巴被致病菌污染)、腌制不当的蔬菜(含亚硝酸盐，暴腌蔬菜相对高危)、泥螺(有个体差异)、贝类(赤潮等异常环境变化时贝类会含麻痹毒素)、四季豆(未熟煮，含皂素)、豆浆(未熟煮，含生物酶类)。

(3)其他易误用的毒物　亚硝酸盐。

①早期症状：各种原因引起的食物中毒因毒物性质不同会略有差异，一般细菌性食物中毒早期多会出现恶心、呕吐、头晕、腹痛、腹泻等症状，化学毒素及有毒动植物中毒多会出现高热、绞痛、剧烈呕吐和腹泻，甚至迅速出现休克昏迷等。

②立即组织对患病者的救治；保持现场和保存剩余食物并及时报告卫生、食品药品监管部门调查处理。

(四)安全食品知识

安全食品的概念可以有广义和狭义之分，广义的安全食品是指长期正常使用不会对身体产生阶段性或持续性危害的食品，而狭义的安全食品则是指按照一定得规程生产，符合营养、卫生等各方面标准的食品。

1. 安全食品分类

(1)放心菜　这是老百姓针对有毒蔬菜而产生的“口头语”，亦成为多年来蔬菜生产的一个新概念，是蔬菜中剧毒农药在蔬菜上的残留量没有超过规定的标准，吃后不会引起中毒事故发生的蔬菜，是适合现阶段农业生产，尤其是农户小规模蔬菜生产现状的生产技术，是对蔬菜生产的最低要求。目前主要是使用上海生产的“CL-1 残留农药测定仪”，速测这些剧毒农药在蔬菜上的残留量确定被测定的蔬菜是否可以进入市场，供应居民食用。但严格说来这还称不上是真正的安全食品。

（2）无公害农产品　无公害农产品是指生产地的环境、生产过程和产品质量符合一定标准和规范要求，并经过认证合格，获得认证证书，允许使用无公害农产品标志的没有经过加工或者经过初加工的食用农副产品。按照国家规定，无公害农副产品是中国普通农副产品的质量水平。无公害农副产品的质量指标主要包括两个方面，就是产品中重金属含量和农药（兽药）残留量要符合规定的标准。

根据以上要求，无公害农副产品的生产基地选择非常重要。应该选择空气清新，水质纯净，土壤未受污染，具有良好农业生态环境的地方，应尽量避免在繁华的城镇、工业区和交通要道旁的地方选择生产基地。生产基地的土壤、水、空气中有毒有害物质，如有机氯、有机磷、氟化物、硝酸盐、重金属和微生物都有一定标准。另外在生产过程中要有一个生产技术的规程，如限制剧毒农药的使用等。

（3）绿色食品　“绿色食品”是真正的安全食品，就是指无农药残留、无污染、无公害、无激素的安全、优质、营养类食品。比无公害农副产品要求更严、食品安全程度更高，并且是按照特定的生产方式生产，经过专门的认证机构认定、许可使用绿色食品商标标志的安全食品。要认定是否是“绿色食品”，要看这个食品是否有农业部证书、产地认定证书、产品认定证书、监测报告等（2003 年后只有农业部才有权力进行产品认证）。例如，在选购“绿色蔬菜”时，要看标签，如果标签标的是“LB—32—98010137061”，说明是 1998 年通过认证的，而“绿色蔬菜”认证有效期为三年，那么这个标签的有效期已过，是不允许再以“绿色蔬菜”具名出售的。

“绿色食品”是遵循可持续发展原则，从保护和改善农业生态环境入手，在种植、养殖、加工过程中执行规定的技术标准和操作规程，限制或禁止使用化学合成物（如化肥、农药等）及其他有毒有害的生产资料，实施从“农田到餐桌”全过程质量控制，以保护生态环境，保障食品更安全，提高产品质量。绿色食品又分为 A 级和 AA 级两大类。

A 级：生产基地的环境质量符合 NY/T 391 的要求，生产过程严格按照绿色食品的生产准则、限量使用限定的化学肥料和化学农药，产品质量符合 A 级绿色食品的标准。如农业部颁发的 A 级绿色食品行业标准 NY/T 268—95 和 NY/T 292—95，绿色食品标志设计标准 G 87718—94 等。

AA 级：生产地环境与 A 级同，生产过程中不使用化学合成的肥料、农药、兽药，以及政府禁止使用的激素、食品添加剂、饲料添加剂和其他有害环境和人体健康的物质。其产品符合 AA 级绿色食品标准。

（4）有机食品　“有机食品”是安全食品中最高档、最安全、价格最高的安全食品。“有机食品”是根据有机农业原则和有机产品的生产、加工标准生产出来的，经过有机农产品颁证机构颁发证书的一切农产品。有机农业是一种完全不用人工合成的肥料、农药、生长调节剂和饲料添加剂的生产体系。也就是说，有机农业原则是在农业能量的封闭循环状态下生产，全部过程都利用农业资源，而不是利用农业以外的能源影响和改变农业的能量循环。当然也禁止使用基因工程产品，而且在土地转型方面有严格规定，一般需要 2～3 年的转换期。有机食品在数量上亦进行严格控制，要求定地块、定产量进行生产，目前国内生产有机食品的企业非常少，产品主要销往国外。目前，在我国现有条件下，主张先发展 A 级绿色食品，以后逐步向 AA 级过渡，再与国际上推行的有机食品接轨。

2. 安全食品的区别

有机食品与其他食品的区别主要有 3 个方面：第一，有机食品在生产加工过程中绝对禁止使用农药、化肥、激素等人工合成物质，并且不允许使用基因工程技术；其他食品则有限允许使用这些物质，并且不禁止使用基因工程技术。第二，有机食品在土地生产转型方面有严格规定。考虑到某些物质在环境中会残留相当一段时间，土地从生产其他食品和无公害食品则没有转换期的要求。第三，有机食品在数量上进行严格控制，要求定地块、定产量，生产其他食品没有如此严格的要求。

五、农家旅游安全与应急处理基本知识

农家旅游休闲园区是一个提供综合性服务的场所，游客在游览时，不可避免出现一些意外事故，现将日常工作所遇到的几种情况的处理方案规定如下。

(一)治安事故

在旅游活动中，遇到坏人行凶、诈骗、偷窃等行为，导致游客身心和财产受到不同程度的损害，统称为治安事故。在陪同游客参观游览过程中遇到此类治安事故，必须挺身而出保护游客，不能置身事外，更不能临阵脱逃。

1. 治安事故的处理方法

(1)保护好游客的人身安全和财产安全　若歹徒向游客行凶，在场的工作人员必须挺身而出保护游客，立即将游客转移到安全的地点，力争与在场的群众和公安人员缉拿罪犯，追回钱物。如有客人受伤要及时送到医院。

(2)立即报警　治安事故发生后，工作人员要立即通知公安机关，并积极协助破案。报案时要实事求是地介绍情况，提供罪犯的特征、受害者的姓名和伤势等情况。

(3)做好客人的安抚工作　治安事故发生后，要做好客人的安抚工作，稳定客

人的不安情绪，努力安排好后面的参观游览活动。

(4)写出事故报告 要写出详细的事故报告，报告要写明案件的性质、采取的应急措施、侦破情况等内容。

(5)协助领导做好善后工作 要在领导的指挥下，准备好必要的证明、资料等，处理好各项善后工作。

2.治安事故的预防

①提醒游客不要将房间号随便告诉陌生人，不要让陌生人随便进入房间，出入房间要锁好门，尤其是夜间不要随便开门，以防意外事故的发生，不要随便与陌生人兑换外币等。

②进住宾馆，要建议游客将贵重的物品存入宾馆的保险柜，不要随身携带。

③离开旅游车时，要提醒游客不要将贵重物品放在车内，提醒司机要锁好车门。

④要始终和游客在一起，注意观察周围情况。

⑤汽车行驶途中不要让陌生人上车。

(二)火灾事故

入住后首先要仔细察看安全通道的位置以及安全设施等，熟悉高层建筑里的消防安全出口、安全标志和应急灯，会使用消防设备。万一发生火灾，应沉着冷静，一面及时报警，一面尽力扑救。当火势较大无力扑救时，应迅速撤离火灾现场，切勿只顾财物，延误逃生。

1.常见火灾应急救护措施

①发现着火要迅速打火警电话“119”，并讲清楚住处。

②一旦火已经燃到火苗阶段，要迅速用毛毯、被子等物品罩住火焰，再浇水扑打。

③较轻较小物品着火，尽快将它搬到室外灭火。

④救火时门窗要慢开，以防风助火势。

⑤救火时若有可能，要将液化气罐及时转移到安全地点。

⑥发生火灾自行扑灭的也要向公安消防部门报告，以便查明原因，吸取教训。

⑦发生火灾时不能钻到阁楼、床底、大橱柜内。

⑧火势不大时，要披上浸湿的衣服向外冲。

⑨在浓烟中避难逃生要放低身体，最好用湿毛巾捂住口鼻。

⑩若身上已着火不可乱跑，要就地打滚使火熄灭。

⑪生命受威胁时，告诉游客不要盲目跳楼，可用绳或床单撕成条状连接起来，并紧拴在门窗框上滑下。

⑫若逃生之路被火封锁，在无奈的情况下，退回室内，最好在卫生间内关闭门窗，不断向门窗浇水。

⑬充分利用阳台、天窗等进行自救。

⑭在高层被困时，要赶快向室外抛沙发垫、枕头等小物品，夜间则打手电，发出求救信号。

2. 火灾事故的处理方法

①立即报警，拨打“119”。

②迅速通知全体。

③配合工作人员，听从统一指挥，迅速通过安全出口疏散游客。

④引导大家自救。如果情况紧急，千万不要搭乘电梯或随意跳楼，要镇定地判断情况，引导大家自救(根据应急常识)。

⑤协助处理善后事宜。游客得救后，应立即组织抢救受伤者，若有重伤者要迅速送往医院，有人死亡，按有关规定处理，采取各种措施安定游客的情绪，解决因火灾造成的生活困难，设法使旅游活动继续进行，协助处理好善后事宜，写出书面报告。

3. 火灾事故的预防

①应提醒游客不携带易燃、易爆的物品，不乱扔烟头。

②要熟悉宾馆的太平门、安全出口、安全楼梯的位置及安全转移的路线，并告知游客。

③要牢记火警电话，掌握游客的房间号。

(三)食物中毒

游客因食用变质或不干净的东西常会发生食物中毒，其特点是：潜伏期短、发病快，且时常集体发病，如果抢救不及时会有生命危险。

1. 处理食物中毒事故

处理方法是：

①立即催吐，根据不同情况选用不同的催吐方法。

②让食物中毒者多喝水，加速排泄缓解毒性。

③立即将重患者送到医院抢救，请医生开具证明。

④报告主管部门，并追究有关单位责任。

2. 预防食物中毒事故

预防方法是：

①严格执行在定点餐厅用餐的规定。

②提醒游客不要在小摊上购买食物。

③用餐时，若发现食物、饮料不卫生要立即请求更换，并要餐厅负责人出面道歉。

(四)游客证件、财物丢失的处理

在游览参观前，应提醒游客保管好自己的随身物品，到达游客服务中心后，可提醒游客大件行李寄存；下车游览前，应提醒游客将证件、贵重物品随身携带；参观结束后回到游客服务中心应提醒客人取回寄存行李，清点随身物品。若游客的证件、财物丢失，应做到如下几点；

①应主动积极帮助客人寻找。

②问清客人丢失物品的名称、数量、品牌、大小、颜色等基本情况，立即向主管领导汇报。

③可帮助客人回忆，考虑可能丢失的位置，如在本农庄内，可以先在团队内部询问并说明情况，然后征得同意，带领游客寻找。

④如在本农庄区内短时间无法找到，为了不耽误行程，可先进行游览，待回到游览服务中心，再带丢失物品的游客到综合服务组进行登记。

⑤协助播音员做好寻物广播。

⑥安抚游客的情绪，告知客人一旦找到会及时通知，并负责邮寄。

(五)游客在景区走失的处理

在游览参观前，要讲清楚游览线路、游览时间，提醒游客跟团走，并要特别提醒带小孩的游客。

1. 儿童

①若遇到学龄儿童一人玩耍或哭泣的，主动上前提供帮助。

②询问其家长情况，如确定其和家长失散，应将他在固定场所安置，劝阻其独自一人离开农庄。

③立即向主管领导汇报，请示可否启动广播系统寻找失散亲人。

④若 2 小时内联络不到失散的亲人，报当地派出所请求协助。

2. 迷失方向的游客

①遇到状似迷失方向的游客，主动提供帮助。

②若在本农庄内，为游客指示正确的方向，带引游客到达目的地。

③如果是散客，则安排其乘坐浏览车继续浏览；如是团队客人，在安排其乘坐浏览车后，应立即通知导游主管协调处理。

（六）其他意外伤害事故的预防与处理

除了交通、治安等意外事故外，在旅游过程中，还会遇到其他一些伤害事故，如被毒蛇咬伤、溺水、触电等，也要求导游掌握一些基本的处理措施，尽最大可能为游客减轻痛苦，顺利完成旅游活动。

蜂蜇伤

夏秋季节外出野游，如被蜂蜇伤，不要以为没有什么，应引起重视，有时会导致严重的后果。假如蜂毒进入血管，会发生过敏性休克，以致死亡。

1. 急救措施

①被蜂蜇伤后，其毒针会留在皮肤内，必须用消毒针将叮在肉内的断刺剔出，然后用力掐住被蜇伤的部分，用嘴反复吸吮，以吸出毒素。如果身边暂时没有药物，可用肥皂水冲洗患处，然后再涂些食醋或柠檬。

②万一发生休克，在通知急救中心或去医院的途中，要注意保持呼吸畅通，并进行人工呼吸、心脏按压等急救处理。

2. 注意事项

①被黄蜂蜇伤后，往患处涂氨水基本无效，因为蜂毒氨水是中和不了的。

②黄蜂有毒，但蜜蜂没有毒。被蜜蜂蜇伤后，也要先剔出断刺，在处置上与黄蜂不同的是，可在伤口涂些氨水、小苏打水或肥皂水。

③被蜂蜇伤 20 分钟后无症状者，可以放心。

蜈蚣、蝎子蜇伤

1. 蜈蚣咬伤

被蜈蚣咬伤后，局部红肿、疼痛或有红丝出现，严重的可有全身症状，如头痛、头晕、呕吐、发热以及肢体麻木等。

治疗方法是：

(1)将季德胜蛇药片研碎，用冷开水调敷患处。

(2)鱼腥草、蒲公英、桑叶、生扁豆叶 30～60 克，任选一种外敷；取旱烟筒内的烟油涂抹伤处。

2. 蝎子蜇伤

被蝎子蜇伤后，局部灼痛、红肿麻木、出血，严重的则会出现全身中毒症状。

处理方法是：

(1)对于一般的蝎子蜇伤，可立即拔出毒刺，局部冷敷，然后将季德胜蛇药片研碎，用冷开水调成糊状，敷于创口周围，应露出伤口。

(2)可选用以下药物外敷

①明矾，研细末，用米醋调敷。

②雄黄、明矾等份，研细末，用茶水调敷。

③大青叶、马齿苋、薄荷叶捣烂外敷。

严重的蝎子蜇伤，应尽快送医院救治；儿童被刺，也应及时送医院救治。

3. 触电

游玩时，扬钓竿，放风筝，不慎碰上高压电线；旅游过程中使用损坏的电器，均能引起触电。夏天，受到雷电打击而触目惊心的例子也不少。突然猝倒、呼吸及脉搏停止、有灼伤痕迹，是触电受创的特征。

(1)有人触电，马上关断电源。

(2)若不能关断电源，用不导电物(如竹、木之类)拨开电线。

(3)将伤者移到安全地方，检查呼吸及脉搏，施行心肺复苏法。

(4)呼吸和脉搏恢复后，观察灼伤及其他创伤，采用灼伤处理法。

(5)无须特别加温，让触电者原地躺着，然后召唤救护车。触电引起所谓心室颤动的心律不齐，需要作急救治疗，并坚持心肺复苏法。

4. 溺水

溺水者的状态有数种，有的仅是窒息；有的有呼吸，但摸不到脉搏；有的只是短时间昏迷。抢救时先观察生还征象，正确而快速地施行心肺脑复苏法。一边抢救一边通知救护人员，直至送抵医院，以便作周密检查、积极治疗。

(1)症状　呼吸困难，嘴唇和指甲呈蓝色，嘴唇和口鼻四周有泡沫，可能昏迷及呼吸停止。

(2)处理方法

①切勿强使溺水者吐水。马上给溺水者做人工呼吸，先做 1 次看看，然后断续做 4 次。

②5 秒内观察胸腹活动，听其呼气声，感受其气息。若其未能呼吸，再做人工呼吸 4 次，并注意其呼吸及脉搏情况。

③如果脉搏未停,可仅做人工呼吸,以 5 秒 1 次的速率进行。

④若呼吸及脉搏均停止,可施行心肺脑复苏法。

⑤若有吐水,取半俯伏姿势,可防窒息,并及时召唤救护车。

(3)预防方法

①不要在标示禁止戏水之区域游泳。

②不要在有暗流的地方戏水。

③即使很会游泳也不要轻视水上安全。

5. 中暑

(1)高热型中暑　当人体受高温及阳光直接照射,使体温调节机能失常而发生排汗困难,且外界气温太高而身体无法散发,因而体温急剧上升。如长时间暴露于高温日光下,可引起脑膜高度充血而使中枢神经系统失去体温调节作用。

①症状。主要是患者感觉闷热难受,体温升高(往往超过 40℃)。皮肤潮红但干燥无汗,继而意识模糊、头晕虚弱、畏光、恶心呕吐、血压降低、脉搏快而弱,直至昏迷(可于数小时内致死)。

②处理方法。

a. 迅速将患者移往阴凉而通风之处,放低头部。

b. 解除其负荷,松开衣服,全身淋以冷水(或用冰块擦澡),直至患者苏醒为止。

c. 水浴时,同时强力按摩四肢,以防止毛细血管流血滞积,并促使散热加速。

d. 如发现患者呼吸困难,应立即施行人工呼吸。

e. 患者清醒后,应请医生或送至附近医疗机构检查以作进一步治疗。

f. 供给水分(患者意识清醒才可经口给予水分,否则应经点滴给予)。

③预防措施。

a. 适时补充足够的水分。

b. 穿着易散热的服装。

(2)衰竭型中暑　因处于高温环境中,身体为适应散热需要,皮肤毛细血管扩张,因而使血管收缩调节受阻,心搏出量减少,终致影响整个心脏血管系统循环而陷于衰竭。

症状主要表现为:初期有头晕并有心跳加速的感觉,继有恶心、呕吐及晕厥、头痛、烦躁等,皮肤潮湿而寒冷,呼吸浅微,体温低于正常及瞳孔散大。

处理及预防与高热者同。

(3)痉挛型中暑　当游客长时间处于热环境下,身体散发的汗液中所含盐分损耗过多所致。症状主要为各部骨骼肌肉发生疼痛性收缩、皮肤潮湿寒冷、全身抽搐、体温正常或稍增高。处理方法是:

①立即给予适量的盐水。

②不能饮用或意识不清者，可行生理食盐水静脉灌注。

③其他与高热者同。

六、农家旅游土特产导购与商务服务基本知识

购物是外出游玩活动的六大要素之一，也是休闲农庄收入的重要组成部分。但是，在安排游客购物时必须注意到游客的购物心理、购物行为，强迫游客去购物或者勉强为之都是违背购物原则的。

购物作为外出游玩消费中的“无极限消费”，伸缩性是非常大的。它除了与商品、体验项目本身吸引力的大小、商家的经营手段相关外，也与导游等有关人员有着密切的关系。对于导游来说，要想促销得力、富有成效，就必须了解产品的特色、性能、用途，必须了解游客的购物需求、动机，把握游客购物过程中的心理活动。

（一）做好促销

1.知识准备

既然是购物促销，当然就该了解商品的知识和特点。农庄里一个谈起名优土特产就如数家珍、谈吐颇具专业味的导游，其促销效果肯定要比一个只会空口说好的导游强得多。因此，导游在平常应加强学习，掌握一些基本的促销主打商品的业务知识，包括其熟悉程度与鉴别方法。

所谓“实践出真知，斗争长才干”，其实最佳的知识准备就是常去田间地头、生产基地，了解农副产品的生产流程和竞争优势，了解游客的喜好，揣摩游客的购物心理，整理自己的购物促销导游词，做到“言之有物”“言必有物”，以充分满足游客购买旅游商品的需要，同时满足为游客提供相应的知识文化服务的需求。

2.物质准备

提到物质准备，人们就想起那些印制精美的宣传页。但还有另一种更巧妙的做法，例如，为了影响和带动游客，有的导游常当着游客的面喷西瓜霜喷雾剂润喉，在太阳下擦珍珠防晒霜润肤防晒，让游客品尝农庄的一些小吃土菜，这些都是一种物质准备，能够融促销于无形之中。

（二）分析游客购物动机

游客购买某种商品是由一定的购买动机所致的。购买动机是游客购买行为发

生的内在原因，而购买行为则是购买动机的具体表现。了解游客的购买动机是搞好购物服务的前提。由于游客的个体背景千差万别，所以他们的购买动机也就多种多样。根据游客购买动机的共性特点。可以将购买动机分为以下几种类型。

1.求纪念的购买动机

持有这种动机的游客一般喜欢购买那些具有代表性和象征性的商品，以留作曾到某地旅游过的纪念或凭证。一方面是为了纪念，留待日后据此回忆难忘的旅游生活；另一方面是作为一种曾到某地旅游的纪念凭证。比如，在西安买一些兵马俑复制品，到南京的雨花台买雨花石，到江苏宜兴买紫砂壶，到广东肇庆买端砚，游长江三峡买三峡石，有的游客从北京回来后穿上了一件印有"我登上了长城"字样的文化衫，以此来证明自己是一名好汉。

2.求馈赠的购买动机

人们外出游玩时购买的旅游商品，除了上述的留作纪念外，还有一个重要的动机就是为赠送他人。这在人情观念很浓的中国是很普遍的，人们游玩归来后都要送给亲戚、朋友和同事一些在旅游地购买的商品。即使有些商品在本地也能买到，但从旅游地带回来的商品肯定别有一番情趣，它表达了对亲朋好友的感情和礼貌，既可以增进彼此的友谊，也可以提高自己的声望。在其他国家和民族，这种现象也是很常见的。如日本人，他们在外出或旅游归来都有赠送礼品的习俗，如果远游归乡没有礼物赠送，则被认为是没有礼貌的。

3.求实用的购买动机

实用性的要求是人们购买商品的一个普遍性的心理需求。游客在购物时特别注意商品的品牌、质量、功能和实用价值，买的东西不管是自用、收藏抑或是馈赠亲友，首先看它是否有实用的价值，能否在生活上派上用场，或作艺术装饰，或作日常生活之用品，然后再考虑是否要购买。例如，有的日本和东南亚游客到中国旅游，喜欢购买中国的名贵中药，如六神丸、地造丸和人参等，很多人到农庄游玩之后，总爱买一些如湘潭的莲子、浏阳的豆豉、君山的银针、石门的柑橘等，或带一些土鸡、土鸭、土鸡蛋、有机菜之类的，这些都是从实用角度考虑的。

4.求新异的购买动机

这是以注重商品的时尚、奇异、新颖为主要目的购买动机。好奇之心，人皆有之，追新猎奇是许多游客固有的心理。在购物时，追求新奇和与众不同，特别重视商品的外观、造型、款式、装饰等，对落后陈旧、毫无新意的商品不愿问津。买点地方特产，是游客的普遍心理。地方特色商品，不仅具有纪念意义，而且正宗，有价格优势，消费者值得购买，如杭州的龙井茶、海南的椰子、云南的民族服饰、西藏的哈达等，购买后留作纪念或送给亲朋好友。一些外国游客常常对中国的稀奇古玩、工艺美术品感兴趣，喜欢我国农村集贸市场上的竹篮、竹帽、草鞋等。

5. 求审美的购买动机

这是以注重商品的欣赏价值和艺术价值为主要目的购买动机。游客不仅希望看到美丽的风景，而且也希望买到精美的商品。很多游客在购买商品时都要考虑到商品的美观和艺术，重视商品对人体的美化作用、对环境的装饰作用、对精神的陶冶作用。他们非常喜欢具有民族特色、地方特色和审美价值的旅游商品，尤其对那些具有艺术美、色彩美和造型美的商品感兴趣，购买的商品往往是首饰、工艺品、字画、陶瓷、民族服装等。

6. 求珍藏的购买动机

这是游客为了满足个人特殊兴趣、嗜好而形成的购买动机。游客个人嗜好千差万别，如有人收集火柴盒、香烟盒，有人收集各国邮票、旧式手表，有人收藏古玩字画。有的游客不惜高价购买具有保存价值的工艺珍品、名人字画和传世古董等，以作珍藏，这类游客以高级官员、大企业家、高级学者等为多。

以上是游客购物的几种主要动机。在游客的购买行为中，可能同时存在两个或两个以上的具体购买动机，相互交错，相互制约。不同的游客由于具体情况不同，购买动机也各具特点，从而导致了不同的购买行为。在购物服务中，应该注意研究游客的不同购买动机，更好地为游客服务。

（三）了解游客的购物行为

不同的游客在具体的购买活动中所表现出来的行为特点有很大的差异。

1. 青年游客的购物行为

青年主要指年龄在15～30岁之间的人，据统计，这部分人口占人总数的1/5左右。青年人富有朝气，精力充沛，是游客中的庞大人群，也是购物最活跃、数量最多的人群。青年游客的消费心理和行为有如下特点：

(1)追逐新潮时尚　青年人思维活跃，富于幻想，有冒险精神，对事物有很强的敏感性，对新鲜事物有强烈的好奇心，这使得许多青年游客成为新体验项目的最早尝试者和最有力的推广者。

(2)追求个性张扬　自我意识的加强使青年游客非常喜欢那些能体现自我个性的商品，追求明显的消费个性，显示自己的与众不同，以此来满足表现自我的心理要求。一些高科技含量的纪念品和一些DIY (Do it yourself)自己做商品十分受青年游客欢迎。

(3)重情感、易冲动　青年游客的购物决策带有较强的冲动性，容易受环境因素的影响。在理智和感情冲突时，感情作用更大一些，冲动性购买多于计划性购买，往往忽略商品的综合性，片面强调款式和颜色。

2. 老年游客的购物行为

人们一般把60岁以上的人称为老年人。老年人一般具有较高的经济收入，购物的范围极为广泛。老年游客的消费心理和行为特征比较成熟，具有以下特点：

(1)全面评价商品　老年游客见多识广，经验丰富，能对商品做出全面的评价，他们不仅要求商品外形美观，式样新颖，而且讲究货真价实，关注商品的质价比，一般的广告宣传和促销手段很难改变其购买习惯。

(2)讲求实用价值　老年游客一般把商品的实用性作为购买商品的第一目的。他们比较强调商品的实用性、舒适性、安全性。同时，根据自身的生理特点，他们还注重商品的便携性和多功能性。

(3)强调服务质量　老年游客走南闯北，经验比较丰富，对优质服务多有领略，喜欢进行比较。如果服务员的服务态度不好，他们会及时提出批评意见。

(4)带有馈赠动机　大多数老年游客带着馈赠的心理动机购物，他们希望从旅游地购买更多的、别具特色的纪念品，回家后赠送给自己的子女、亲戚、朋友和邻居等。

3. 女性游客的购物行为

女性游客与男性游客在游玩活动中的最明显的差异之一，是她们更愿意借外出游玩之机购买所需要的商品。因此，人们常常可以看到，女性游客归来总是满载而归。女性游客的消费心理和行为特征表现如下：

(1)注重商品的外观和情感效果　女性游客在选购商品时，往往在商品的外观式样以及情感特征等因素的综合影响下产生购买欲望。尤其是当她们为男友、丈夫、子女和父母选购时，上述影响更强烈，容易产生冲动性购买。

(2)讲究商品的实用和具体利益　女性游客除了要求商品的外观美外，还要求商品必须具备一定的实际效用。比如，即食性食品是否含防腐剂和色素，服装是否会缩水和褪色等，这是女性心细的表现。

(3)有较强的自我表现意识　女性游客比较愿意显示自己所购买的旅游商品，渴望得到别人的赞扬和认可，以满足自己的自尊心。

(四)掌握购物服务心理策略

1. 把握游客的购物心理

把握游客的购物心理是做好购物服务工作的前提条件。游客是由不同性格、不同阶层、不同性别、不同文化背景的人组成，因而他们的购物心理也不同。

所以，服务人员必须了解游客的购物心理，有针对性地为他们提供个性化的商品销售服务。例如，针对青年游客“热情、主观、偏激”的心理特点，服务员应该多向他们推荐和介绍反映时代潮流，具有高新技术含量的商品或体验项目，满足他们追求时尚、展示个性、喜欢冲动的心理需求。针对老年游客“自尊、猜疑、固执”的心理特点，推出的商品必须注重内在质量与外在形象的统一，给老年宾客以实实在在的感觉；提高服务员的服务质量，尽量减少老年顾客购物的等候时间；耐心地做好售前的介绍服务工作。对于儿童则以采用好奇、形象和逆反心理的服务手段更为有利，这是由于儿童的心理特点多呈现“依赖、模仿、随意”等特征。针对女性游客比较敏感和自我意识强的心理特点，在其购买过程中，服务员要不失时机和恰当地给予其赞扬和肯定，适当宣传商品独特的优点，积极地调动情感，促进其冲动性购买。

2.提供优质的特色商品

俗话说：“巧妇难为无米之炊。”没有优质的商品，购物服务工作就成为无源之水，无本之木。提供特色突出、品种丰富、包装精美、质优价廉、货真价实的商品是做好购物服务工作的基础。

第一，特色要突出。游客不是因为购物才去游玩，而是因为游玩才购物。所以，旅游商品应该区别于其他商品，应该具有纪念性、艺术性、实用性和地方特色。如果没有特色，游客也就没有必要到外地购买商品；没有特色就没有代表性和象征意义，也就失去了作为馈赠和纪念的价值；没有特色就失去了魅力和吸引力，也就不能引起游客的关注。所以，要使商品富有吸引力，应突出本地的特色。只有具备特色，才会有吸引力。

第二，品种要丰富。由于游客个性、经济条件的差异，对商品的需要也就不同。有的需要高档商品，有的需要低档商品；有的欣赏珍贵的工艺品，有的喜欢廉价的纪念品；有的热衷于实用性商品，有的热衷于珍藏性商品。为此，要提供丰富多样、品种齐全的商品，满足不同层次游客的需要。商品要实现系列化、多样化、配套化生产。要设计和生产花色品种繁多、规格齐全的旅游商品，以满足游客的不同需求。游客绝大部分有购物需求，但高收入、高消费者毕竟只占数，大多数游客者是属于中、低收入阶层。因此，商品要以中、低档为主，尤其是小型纪念品成本低、售价低，又有纪念意义，往往最受游客的欢迎。

第三，包装要精美。常言道：“人靠衣服马靠鞍。”好的包装不仅起到保护商品的作用，而且具有美化商品、宣传商品、推销商品的功能。旅游是一种寻求美、欣赏美的活动。在外出游玩活动中，游客对美的追求特别强烈。现代商品的包装本身就应是艺术品。为此，设计生产者在商品包装上要充分利用美学原理，充分利用心理活动中的联觉与错觉现象。大而沉重的商品用淡颜色包装，能使人觉得较为轻巧；某些化妆品、高级滋补品可用方形容器或厚底容器包装，给人以分量较重的感觉。设计精美的商品不仅能给游客以美的享受，引起对商品的好感，而且能使潜在的购买心态变成现实的购买行动。

3.保持良好的服务态度

服务员的服务态度对游客的购物心理也有重要的影响，这是做好购物服务工作的保证。俗话说："微笑招客，和气生财。"购物服务人员要注意自己的言谈举止、动作表情、服务态度。要以诚挚、善意的微笑和关切、清晰的语言向游客打招呼；要用简单、明快、有效的语言向游客介绍商品；要不厌其烦地向游客出示商品让其挑选；当游客的目光与服务员的目光相遇时，服务员应该愉快地、面带微笑地向游客打招呼，如"您好！""您慢慢挑选……""我能帮您的忙吗"等。特别是对待女性顾客，由于她们情感细腻而丰富，对服务态度比较敏感，服务员更应该注意礼节，尊重对方。

4.抓住恰当的销售时机

抓住恰当的销售时机是做好购物服务工作的关键。一般来说，游客进商店或产品展示台有三种目的：一是想购买商品；二是想了解一下商品的行情；三是浏览参观，没有什么目的，看到合适的就买。因此，服务人员一定要善于观察游客的举止神态，判断游客的心理状态，抓住有利的时机为游客介绍商品，当观察到游客想买商品时，就要热情地上前打招呼，不失时机地为他们介绍商品，诱发游客的购买行为。

5.掌握合适的促销技巧

(1)当顾问，不当推销员　购物是游客出游必不可少的一项活动，游客在异地他乡会以极大的热情设法了解并购买他们喜爱的工艺品或名优土特产品。但由于时间的仓促和缺乏对产品的了解，不少游客购买到的产品并不称心如意。因此，当好游客的购物顾问，无疑是导游一项必不可少的工作。我们强调当顾问，而不是当推销员，就是设身处地为游客着想，维护游客在购物方面的积极权益，本着尽到地主之谊的责任，向游客介绍一些货真价实、值得购买、有地方特色的纪念品和名优土特产品。

涉及民间工艺品和当地的名优土特产品促销时，要讲得深入浅出，注意文化品位及产品的真实性。如我国的民间工艺品，在某种程度上对游客更有吸引力。其作者一般是民间普通艺人，他们的作品具有鲜明的民族性、地方性、装饰性和趣味性，如窗花、灯花、剪纸、泥塑、面塑、风筝等。由于这类产品种类繁多，我们可以向游客提出选购标准，那就是“三性兼备”：即同时具有纪念性、艺术性与实用性。客观地介绍产品的特性，把买卖关系建立在自觉自愿的基础上，当顾问，不当推销员，从而使游客感到没有任何被劝购的压力。

(2)当参谋，不当旁观者　导游在为游客提供优质服务，取得游客的好感和信任，带团进入商店购物时，应用平时掌握的有关商品知识，主动当好顾客的购物参谋，设法将游客的潜在购物需求转化成现时的购物需求。游客在购物时，导游应勤于走动，观察每一位游客的反应，主动当好游客的参谋，帮助游客做出正确的成交选择。

(3)当朋友，不当外人　在购物促销过程中，我们只有始终保持以游客为尊、视游客为友的良好服务心态，才能做好导购工作。视游客为朋友，要真心实意地向游客介绍一些购物的小窍门。比如：

①以地方特色为取舍。因为地方特色产品，既有纪念意义，而且正宗，有价格优势，还可馈赠亲友。

②以小型轻便者为首选。有些商品，体积笨重庞大，随身携带很不方便，除非能代为办理托运，否则不宜购买。

③切忌贪图便宜。总之，在购物促销或体验项目推荐中，以客为尊，为游客提供优质服务，让游客觉得导游诚信可靠，并把游客视为朋友。科学、合理地引导游客消费，要热情友好，有始有终，切忌讲景点马马虎虎，讲购物、推项目眉飞色舞。在购物促销过程中要做到：

优质服务，有始有终；
购物促销，讲解适中；
真假鉴别，决不说空；
进店安排，灵活轻松；
帮助讲价，力争说通；
遇有问题，不装哑聋；
帮助选购，再立新功。

七、农家旅游环境保护与垃圾、污水处理基本知识

农家旅游是凭借城市周边地带的农村自然景观、田园风光和农业资源，将生态环境、农业生产、农业生活三者合为一体面向城市居民开发的，集观赏、考察、学习、参与、娱乐、购物、度假于一体的旅游类型。农家旅游业在短时间内发展迅速，它的最大特点是拥有良好的生态环境、独特的风土人情，以及美丽的自然风光。它的发

展是以环境为物质载体的，其中生态环境始终是一条生命主线，农家旅游业的成败兴衰关键也在于此。良好的生态环境是发展农家旅游的重要物质基础，农家旅游业的健康发展又会对生态环境产生积极的影响，二者是相互促进、辩证统一的。然而随着消费者的不断增多，景点规划不合理，旅游设施的盲目增加，旅游区内的生态环境恶化问题日益凸显，旅游业的发展与生态环境的保护之间的矛盾也日趋尖锐。如何统一、解决这一对看似对立冲突的矛盾，就需要我们认真分析、研究，寻求保护生态环境，促进农家旅游业可持续发展的有效途径。

（一）农家旅游区生态环境现状

1. 新农村建设中生态环境得到改善

随着我国新农村建设的进一步发展，乡村的生态环境、人居环境较以往有了更大的改观。例如：浙江省以“生态省建设”为目标，推进“千村示范、万村整治”工程，重视乡村环境保护基础性工作。淳安县千岛湖地区是著名的旅游风景区，更是浙江省重要的饮用水源保护区，在以保水、护水前提下合理发展“生态渔业”。被誉为“农家乐”发祥地的成都通过城乡统筹，逐步摆脱了传统城乡结合部“脏、乱、差”的面貌，通过利用城、郊两地资源优势，因地制宜进行产业结构调整和公共基础设施建设。成都市锦江区，充分利用区位和资源优势，打造了“花乡农居”“幸福梅林”“江家菜地”“东篱菊园”“荷塘月色”等“五朵金花”，发展以独特川派花艺为特色的乡村旅游业，不仅增加了农民的收入，更是使乡村生态环境走上了可持续发展的轨道。

2. 生态环境破坏问题

伴随着旅游扶贫政策的出台，全国各地纷纷发展农家旅游。有些当地政府在开发旅游资源时，缺乏调查研究、科学论证，忽视环境影响评价与区域规划，一味追求短期经济效益，轻视环境效益。当前农家旅游业中生态环境问题主要存在于以下几个方面：

（1）固体废弃物污染　主要是指生活垃圾。生活垃圾处理一直是困扰各个乡村旅游区的棘手问题。一方面是大量游客进住乡村消费，产生的无机垃圾，包括各类塑料制品及包装物（塑料袋、饮料瓶、快餐饭盒等），还有炉渣、煤灰、废纸、口香糖等；另一方面是旅游区内的饭店、旅馆产生的有机垃圾，包括剩茶剩饭、瓜果皮核、菜根菜叶、人畜禽粪便、动物尸体等。这类垃圾不集中及时处理必定会招惹蚊蝇、滋生细菌、传播疾病、污染环境，直接影响旅游区的生态环境指数。

（2）水体污染　发展旅游的乡村地区一般都有较好的自然环境，区域内或周边拥有河道湖泊等水域，旅游设施又多集中在这些水域附近，游客的生活污水在没有处理设备的情况下会直接排入河道，产生的生活垃圾堆积在河岸边，导致水体污染日益严重，有的已成了臭水沟，严重影响沿岸居民生活环境。

(3)噪声污染　农家旅游吸引了众多城市旅游者，机动车船的马达声、游客们的嘈杂声，以及娱乐场所的噪声、居住场所各种设备运作发出的噪声打破了原本宁静的乡村，不仅影响了村民的正常生活，更影响到动、植物的健康生长。

(4)土壤破坏　当游客纷至沓来欣赏乡村自然美景的时候，对土壤的扰动是巨大的，甚至是致命的。尤其在节假日旅游高峰期，超载拥挤的人群，对土壤和植被不断重复地踩压，出现土壤板结，植物无法生存。一些作为发展农家旅游资本的天然草场因游乐项目不合理和游人无节制的践踏，正在迅速沙化，将成为不毛之地。

(二)农家旅游区中环境保护对策

1.加大环保宣传，提高环保意识

广大游客和当地农民既是农村生态环境保护工作的主力军，更是最大的受益者。加强指导、培训、宣传教育，充分利用各种媒体，开展多层次、多形式的舆论宣传和科普宣传，积极引导游人、农民从自身做起，自觉培养环境忧患意识、增强环保理念，参加环保实践，这是农家旅游中生态环境保护工作开展的基础。

2.制定农家旅游规划，进行环境影响评价和环境监测

制定合理的农家旅游开发规划，开发前期的生态环境影响评价，以及开发、经营过程中的环境监测，不仅是预防资源和环境遭到破坏，更是旅游开发取得成功的重要保障措施。因此，在编制旅游区总体规划时，必须对旅游区的地质环境、生物种群和涉及环境质量的各类因素进行认真的调查分析，旅游区的有关建设必须遵循适度、有序、分层次开发的原则，禁止任何形式损坏生态环境的开发行为。

对每个开发项目都必须进行环境影响评价。环境影响评价的重点主要是农家旅游对自然风景区资源和生态环境的影响评价、生态环境承载力和旅游容量的评价、生态保护和恢复的技术方案及管理措施评价、环境污染治理工程的评价，生态影响的损益评价等。

环境监测的目的是通过反馈信息检验和判断生态环境质量是否符合有关规定，建议决策部门采取防治措施。为此，各农家旅游热点区域应建立环境监测网络，检测手段除化学分析和物理测定外，更重要的是生物监测。监测范围主要包括重要景点保护区，分散游览区等，内容涉及动植物生长繁殖情况，大气、水体及土壤污染的潜在危险及地质灾害等情况。

3. 预测生态环境承载力，实行区域轮休

生态环境系统的平衡与否直接影响农家旅游的质量。每一个旅游区域都有自身的生态环境容量，容量的大小决定旅游承载力的大小。对于任何一个旅游目的地来说，要实现其可持续发展，就要使旅游业的开发规模和旅游接待者、来访者的数量都控制在既能使旅游活动长期可持续地开展，又不会给目的地生态环境造成严重或不可逆恶化的水平之内。从这个意义上说，依据生态环境承载力强化对旅游发展的管理也便成为实现旅游可持续发展的核心。所以农家旅游的管理者应结合本旅游目的地自身的特点测算出该地区的旅游承载力，以达到科学管理的目的。

生态环境在一定程度上都有自我修复的能力，但过度的人为活动会阻碍这种能力的发挥，于是就有专家提出了“轮休制度”。它原指在农业上某一个耕种时期内不种植农作物，使土地空闲以恢复地力。我国拥有丰富的乡村旅游资源，但目前农家旅游产品形式单一且同质程度高，采用平铺式的开发利用只能造成资源的巨大浪费。将轮休制度应用于乡村旅游，可以弱化、屏蔽这一缺陷。发展农家旅游的地区多是生态环境脆弱区，在被开发利用的同时需要适时适度的休养来恢复植被、保持生物多样性，进而全面提升景点生态环境指数，对短期生态旅游环境饱和或超载的生态旅游区应充分重视旅游淡季的休养生息和环境补给，实现生态、旅游可持续发展。

(三)农家旅游垃圾处理

要严格按照政府制定的关于垃圾处理和环保的政策，将所有废弃物分类收集，在指定地点集中、整理后在24小时内运送至指定的地点，并负责向汇报任何可能引起职业健康安全风险的事故，满足绿色、环保的要求。

(1)与餐厨废弃物收集、运输服务企业签订餐厨废弃物收集、运输经营协议。

(2)安排专人负责餐厨废弃物的处置、收运、台账管理工作。

(3)将所有废弃物分为:“有机、无机、可再生利用”进行分类管理，并进行标识。餐厨废弃物分类放置，做到日产日清。

(4)禁止乱堆餐厨废弃物，禁止将餐厨废弃物直接排入公共水域或公共厕所和生活垃圾收集设施。使用“绿色、橙色和灰色”等色彩鲜艳的密闭垃圾箱，并配以图案和文字进行目视分类管理，内置防渗漏可生物降解的塑料垃圾袋。当垃圾盛放达到垃圾袋容积的3/4时，必须及时更换垃圾袋，袋口扎紧。同时对垃圾箱/桶进行清洁与消毒，喷洒无毒驱虫剂，确保垃圾箱/桶周围的环境卫生。所有的垃圾箱/桶进行定时收集、清运。

(5)废弃物应当实行密闭化运输，运输设备和容器应当具有餐厨废弃物标识，整洁完好，运输中不得泄露、撒落。

(6)不将餐厨废弃物交给未经相关部门许可或备案的餐厨废弃物收运、处置单位或个人处理。

(7)不用未经无害化处理的餐厨废弃物喂养畜禽。

(8)建立餐厨废弃物产生、收运、处置台账，详细记录餐厨废弃物的种类、数量、去向、用途等情况，并定期向餐饮监督部门及环保部门报告。

(9)发现违规处置餐厨废弃物的，应第一时间向当地餐饮监督部门及环保部门举报。

(10)负责人应实时监测单位餐厨废弃的处置管理，并对处置行为负责。

(四)农家旅游污水处理

农家旅游场所往往处在环境优美的地方，这些地方往往是一个地方的饮用水的源头，目前这些农家旅游场所营业过程中产生的污水基本上处于直排状态，最多有些只是建了一些化粪池，简单处理后就进入了环境，尽管环境本身具有一定的自净能力，但当进入水体的污染物质远远超过环境的自净能力，那必将会污染水体，在丰水期对环境影响较小，但一旦到枯水期，那将严重影响水体的水质，尤其是处于饮用水源头的农家乐，如果遇到干旱气候，那后果将不堪设想，这些生活污水主要是粪便和洗涤污水，污水中含有大量有机物，也常含有病原菌、病毒和寄生虫卵；无机盐类的氯化物、硫酸盐、磷酸盐、碳酸氢盐和钠、钾、钙、镁等。农家旅游场如果处于饮用水的源头，而自来水处理工艺主要是物化沉淀过滤消毒后送入每户家庭，这种处理工艺不可能有效地去除水中的有机物，而且在消毒的过程可能还会产生一些致癌的化学物质，长期饮用会对健康产生潜在的危害。

这种情况，确实农家旅游的快速发展促进了当地旅游业的发展，致富了当地的老百姓，但同时也带来了生活污水污染水源地的问题。要解决这个问题必须找到一种技术可靠、投资省、运行费用省和运行方便的处理方法，最好方法是把在饮用水源头的生活污水全部接到水厂取水口下游，建集中污水处理厂处理达标后排放。由于农家旅游场所很分散，投资会非常大，无法解决资金的来源问题，因此目前来说最好的办法是根据目前农家乐的地理位置，分散投资建设小型适用的污水处理装置，可以根据每户农家乐的位置因地制宜地采取不同的方法，但每家农家旅游场所必须要在厨房间的出水建隔油池，确保油能够及时地清理掉，房间出水设化粪池，隔油池和化粪池的建设必须要突破现有传统的结构，必须满足效果好，便于清理，没有臭味，这些每家农家旅游场所必须做到，经过预处理后的污水可以根据每家农家乐所处位置的特点相应采取不同的处理方式，但是必须要求每家农家旅游场所排放的生活污水经过处理后达到中水水质要求，才能基本确保不影响水体水质。

主要可以采用以下方法来处理：

单独或两家在一起，水量较小，地处较偏，位置也较高，周边也有较多的山洼地，通过隔油池和化粪池处理的污水接入调节池，调节池全封闭，上面覆土，土中可以种一些常年绿叶植物，池中溢出的臭气可以通过土壤和植物吸收，调节池出水通过特制的射流器使得水和空气中的氧混合，使污水处于好氧状态，在调节池后可以建多级好氧池，好氧池中安装特殊的填料，通过载入特殊的细菌后，在填料上会生成一层厚厚的生物膜，可以大大提高池中生物量，以提高处理效率，为了提高可观赏性，可以在好氧池水面上种一些水生生物，比如荷花之类，经过多级好氧处理后的水中含有一定量的N、P等营养物质，可以通过铺设管子在竹林的土壤中，管子上开4毫米的微孔，一方面可以滴灌竹子，另一方面可以通过土壤系统进一步地去除水中的污染物，整个系统的运行费用几乎为零，只要兼职人员定期去管理一下，如果偏僻的农家乐周边位置没有，但离开一定位置有的话，可以建好调节池后，在池后通过污水泵抽到建有上述处理设施的地方进行同样的处理，运行费用也只是水泵的运行费用，还是非常低的。通过上述的处理完全可以达到优于中水水质，上述处理工艺与目前在很多新农村建有的无动力污水处理装置不同，后者是一种厌氧和兼氧处理工艺，负荷高会导致出水水质超标，且有臭味，前者是兼氧和好氧相结合的处理工艺，充分利用了当地农家旅游场所的位置优势，因为有足够的落差，充分利用位置优势和特殊的技术优势，来达到使污水在整个处理过程中处于好氧状态，在达到预期处理效果的同时，对处理系统设计施工进行优化，本身也是一个特色观赏点，大大提高了农家旅游的档次，设计时还可以融入一定的文化理念，旅游者在休闲度假的过程中也可以很好地得到环保教育，尤其对小孩是一个很好的教育项目。

对于集中了较多农家旅游场所的地方的污水，每家农家旅游场所必须自建化粪池和隔油池后的污水通过管网输入集中污水处理厂，集中污水处理厂宜选址在这些农家旅游场所周边的适当位置，因为具有一定的污水量，建集中污水处理厂，可以体现规模效益，管理也方便。

【实训练习】

服务员“一日四要求”训练

一、训练目的

通过训练体验“热情服务”职业道德规范，从而增强履行微笑服务、文明服务、优质服务的自觉性，把该职业道德内化为员工日常言行中。

二、训练步骤

(1)宣布"一日四要求"的内容，做到人人皆知。

①要求仪表仪容整洁、美观，注重面部、头发、手部等卫生。

②要求服饰穿戴得体，注重佩戴校牌。

③要求体态语言优雅，注重站姿、坐姿、行姿和面部表情。

④语言文明、得体，用礼貌用语。

(2)行为启动后，成立"仪表仪容检查组""服饰穿戴检查组""体态语言检查组""语言文明检查组"，对员工做到"一日四要求"的情况进行检查。

(3)对各小组检查的情况进行检查，对做得好的员工张贴公布，对做得不好的员工进行纠正、帮助。

三、训练考核

表 3-1 考核评分标准表

项目	要求	满分	得分
礼节礼貌	仪容仪表(头发、面容、手、指甲、服饰等)	10	
	行为举止(坐、立、行、手势、礼貌用语等)	10	
角色扮演	书面材料(能完成规定的书面材料)	10	
	配合默契(角色之间配合自然流畅)	10	
	知识运用(能正确运用相关专业知识)	10	
	任务完成(能够完成特定情境下的工作任务)	10	
	学习态度(专心致志)	10	
师生互动	言之有理(针对问题能提出有价值的观点)	10	
	表达准确(口头表达能力)	10	
	参与热情(参与实训的积极性)	10	
总分		100	
个人总结			

知识窗口

优质服务的“六个一样” 和“六个照顾”

高低一样。即对高消费客人和低消费客人一样看待，不能重“高”轻“低”。

内外一样。即对国内客人和境外客人一样看待。

华洋一样。即对华人客人(包括华侨、外籍华人和港、澳、台客人)外国客人一样看待。

东西一样。即对东方国家(指第三世界的发展中国家)西方国家(指发达国家)客人一样看待，不能重“西”轻“东”。

黑白一样。即对黑种人客人和白种人客人一样看待，不能重“白”轻“黑”。

新老一样。即对新来的(第一次来本地旅游者)客人和老(回头客)客人一样看待。

“六个照顾”。照顾先来的客人；照顾外客和华侨、外籍华人和港、澳、台客人；照顾贵宾和高消费客人；照顾黑人和少数民族客人；照顾常住客人和老客人；照顾妇女、儿童和老弱病残客人。

下篇
技能篇

第四讲　农家旅游前厅及前台服务

前厅和前台服务是住宿服务的脸面，其起着计划、组织、指挥、协调职能，负责销售农庄住宿服务，组织接待工作，以及调度业务经营，所以，前厅和前台服务更是重中之重。其工作内容包括办理订房、临时入住登记手续，分配房间，提供准确的房间资料及提高农家旅游场所的入住率和房间收入。

农家旅游场所服务质量和档次的高低，从前厅和前台就可以反映出来，有一位顾客曾说道“每当我们走进一家农庄，不用看它的星级铜牌，也不用问他的业主是谁，凭我们‘四海为家’的经验，通常就可以轻而易举地‘嗅’出这家农庄的大致星级水平……”因此，前厅和前台这张“脸面”是否“漂亮”，不仅取决于其设计、布置、装饰、灯光等硬件设施的豪华程度，更取决于其员工的精神面貌、办事效率、服务态度、服务技巧、礼貌礼节以及组织纪律性。

一、农家旅游前厅及前台岗位职责与要求

接待员、预订员和礼宾员是农庄的前厅及前台岗位重要的工作人员，她们要各司其职，发挥自身优势，也要互相协作与配合，为游客提供最好的服务，以彰显农庄的待客之道。

（一）接待员

1. 工作范围

向游客提供入住、问询及其他服务，做好柜台销售工作（图 4-1）。

2. 职责

①为宾客传递一切信息，包括电话留言、传真、电传、信函及包裹等。

②解决宾客提出的轻微投诉。

③熟练使用前台电脑系统（误差小于 0.5%）。

④了解当地的地理情况和风景名胜。

图 4-1 前厅接待

⑤了解当地的邮政价格和要求。

⑥接听并回答宾客的问询电话。

⑦熟练掌握宾客的入住程序。

⑧为宾客分派客房。

⑨准备每日客房统计资料等报表。

⑩熟练掌握前台预定程序。

⑪检查和控制客房钥匙。

⑫为第二天到店的团队和重要宾客准备餐卡及登记卡。

⑬完成每日报表的分发和保存。

⑭与客房部核对客房状态。

⑮做好每日当班记录。

⑯完成上级交办的各项工作。

3. 考核标准

①工作努力认真，能够按领导要求完成各项业务工作。

②熟练运用电脑等工具进行迅速、准确的服务。

③每日报表准确无误，及时送到各有关部门。

④能够为宾客提供各方面的问询服务。

⑤能够使每位宾客入住满意的房间且使农庄获得最佳的效益。

(二)预订员

1. 职责

①通过电话、电传、信函、面谈等手段取得最大限度的客房预订。

②保证预订单等文件准确无误,并将其保存完好。

③检查客房状态。

④控制客房出租率。

⑤了解预订系统的电脑工作程序。

⑥检查第二天到店的宾客情况,并将有关资料提供给前台。

⑦为有特殊要求的宾客事先预订客房。

⑧了解重要宾客的情况和要求,为前台提供最新信息。

⑨做好每日当班记录。

⑩完成上级交办的各项工作。

2. 考核标准

①坚守岗位,积极工作,采取有效措施提高出租率。

②保证宾客能得到及时、准确、热情的预订服务。

③能够有效地出租客房,使每一位宾客感到满意。

④电脑预订准确、无误(误差率小于 0.5%)。

⑤能够将重要宾客的详细情况及时提供给前台。

(三)礼宾员

1. 工作范围

为游客提供行李搬运,寄存服务,报刊递送,递送各类报表、礼宾接待服务(图 4-2)。

2. 岗位职责

①掌握酒店客房状态,游客情况,以及回答游客的提问。

②礼宾接待。

③寄存行李,收送行李。

④向游客推销酒店服务项目。

⑤解答游客提出的问题,主动帮助游客解决困难。

⑥帮助需要出租车的游客叫车。

⑦按照对客服务标准工作。

图 4-2 礼宾员接待服务

⑧当班结束后与下一班做好交接工作。

⑨准确记录当班期间游客寄存、遗留物品、委托代办等相关事项。

⑩完成上级安排的其他工作。

3. 考核标准

①坚守岗位，尽心尽责，认真完成各项工作。

②能够有效地管理宾客的物品，使之完好无损。

③杜绝偷拿宾客物品，将行李送错房间或寄存行李不符合要求等现象的发生。

④能够有力地协助团队协调员和前台，管理好宾客的行李物品并及时回收客房钥匙。

⑤行李存放符合要求，整齐、安全、清洁。

【案例】

灵活的电话用语

一位先生来到迎宾台前说要找农庄陈总经理，迎宾员 C 有礼貌地问道："好的，先生，请问您是哪个单位的？怎么称呼您？"游客报上了自己的单位与姓名。C 又说："先生请稍等，我为您联系一下。"于是 C 拨通了行政办公室的电话，可没有人接听，接着 C 只好直接拨通陈总办公室电话，正是陈总接听，由于当着游客的面，C 灵活地对陈总说："你好，我是农庄迎宾员，请问陈总在吗？有某单位某某先生找他。”陈总一听，就明白了迎宾员的用意，于是从容地决定是否接见这位游客。

[评析]

迎宾员处理规范，表现灵活，作为农庄的总经理日理万机，是不可能随时接待所有来访游客，一般游客先由行政办公室或涉及相关职能部门来接待，还有些游客由于某些原因，总经理不便于接待，所以本例中迎宾员灵活的处理让访客和总经理都能较好接受，不致尴尬。

二、农家旅游客房预订服务

客房预订是指游客在入住前与酒店达成的租住协议。从游客方面考虑，客房预订是方便游客，免遭客满的风险（尤其是在旺季），也是为游客提供满意的客房的举措；从酒店方面考虑，一方面，以便事先做好迎接游客入住的准备工作（人员安排、设施设备的更新改造、低值易耗品与食品饮料的采购）；另一方面，以便进行订房管理控制工作（预测客源，推销客房），有利于客房达到理想的出租率。

（一）预订的方式

游客预定客房的方式多种多样，各有不同特点，主要有以下几种方式。

1. 电话预订

游客通过电话与酒店订房的方式，不但方便、快捷，而且便于游客与酒店之间的有效沟通，特别是预订的时间较短，这种方式最为有效，一方面，游客可以及时了解酒店是否有自己满意的客房；另一方面，酒店可以根据游客的实际需求，运用相应的销售技巧推销客房。

酒店预定员在接受电话预定时，要注意做到亲切、耐心、细致，充分体现工作效率。要认真听清游客的要求，并详细记录，之后向游客复述一遍，得到游客的确认即可。

2. 口头订房

口头订房是指游客直接来到酒店，当面预定客房及服务。预订员要详细了解游客的要求，根据游客的喜好，把握游客的心理，运用销售技巧灵活地推销客房和其他产品。

3. 互联网预订

随着互联网的推广普及，越来越多的游客开始采用这种方便、快捷、先进而又廉价的方式进行客房预订。目前，酒店越来越注重其网站主页的设计，以增强吸引力，且大部分酒店已自设网站，实行全方位在线订房。

4. 传真订房

传真订房手续非常简单，只要把传真预定的信息输入计算机，然后再给对方回复一个确认函，预定就算完成了。其操作方便，传递迅速，即发即收，内容详尽，并可以传递发送者的真迹，如签名、印章等，还可以传递图表。传递的资料还可以成为游客档案，供酒店对客源市场作研究。

5. 合同订房

酒店与旅行社或者商务公司之间通过签订订房合同，达到长期出租客房的目的。订房合同的样式与内容要依据酒店的不同而有所变化。

（二）预定服务程序

1. 工作前的准备

（1）检查仪表仪容　按酒店规定着装，服装熨烫平整、洁净无污渍，纽扣齐全，鞋袜洁净。

左胸佩戴服务牌端正，面容清洁，发型美观大方。不戴戒指、项链、手镯、耳环等饰物（结婚戒指除外）。

身上及口腔无异味，手部清洁，不留长指甲，不涂有色指甲油。亲切地微笑，表情自然，举止得体、优雅。

前厅服务员一般穿黑色皮鞋，男员工袜子一般为黑色，女员工袜子应与肤色相近，袜口不外露；上岗前不吃葱、蒜、韭菜等有异味的食品。

（2）做好交接班　接班时查看上一个班次的预订情况，问清情况，掌握需要处理的优先等待的、列为后备的、未收定金的等不准确的预订名单及其他事宜。

（3）整理环境　按岗位职责、卫生制度及卫生责任区的划分进行整理、清扫，确保验钞机、保管箱、宣传架、客房状况显示架等办公用品表面无尘。检查、调试及使用计算机，酒店确保其能正常运行。计算机运行时不要挪动，不要击打机壳。

（4）备好报表、表格、收据　按岗位工作任务及班次的区分，将所需要的各种报表、表格、收据等分门别类，整齐有序地摆放在规定的位置。

（5）掌握房价，熟悉房型　熟悉酒店不同类型的客房价格、配置、床位数量、所在楼层位置等情况，以及“房价折扣表”上的各种优惠价格，如折扣价、团队价、免费价等，在游客询问时能够快速回应。

2. 客房预订的程序

（1）接受预订　订房员在接受客房预订时首先应查阅客房信息，如有空房，则立即填写订房单，须询问以下事项：

①游客的姓名、性别、国籍；

②抵店日期、时间、交通工具及班次；

③所需房间的种类、房价及数量；

④询问订房人姓名、单位、联系电话；

⑤说明所订房间的保留时间；

⑥询问游客是否需要接车、机服务并说明费用；

⑦复述上述内容，请游客确认；

⑧对游客订房表示感谢；

⑨跟踪预订并做好记录——确认预订；

⑩（与游客的核对）为了提高预想的准确性和酒店的开房率，并做好接待准备，在游客到店前（尤其是在旅游旺季），预订人员要通过传真或电话等方式在游客预订到店前与进行预订核对（reconfirming，即再确认），问清游客是否能够如期抵店，以及住宿人数、时间和要求等是否有变化。

（2）预订资料记录储存　预订资料包括客房预订单、确认书、预付订金收据、预订变更单、预订取消单、客史档案卡及宾客原始预订凭证等。资料存储顺序：

①按宾客所订抵店日期顺序储存；

②按宾客姓氏字母顺序储存。

（3）预订的核对

第一次：在游客抵店前一个月时进行，每天核对下月同一天抵店或订房的游客。

第二次：游客抵店前一周时进行。

第三次：游客抵店前一天进行。如发现游客取消或变更订房时，及时修改预订单并将情况告知总台接待处，以便将客房卖给散客。

（4）修改预订（预订变更）　预订的变更（amendment）是指游客在抵达之前临时改变预计的日期、人数、要求、期限、姓名和交通工具等。

修改预订操作程序：

①了解游客预订变更要求；

②看房态（如果房态不允许，游客同意就列入 waiting list；如果是担保型预订要根据担保协议来处理）；

③在预订单上记录好并同时向游客复述核对订房变更细节；

④及时将电脑预订资料更新向各相关部门发出更改信息。

（5）预订取消　由于各种缘故，游客可能在抵店之前取消订房（cancellation）。

接受订房的取消时，不能在电话里表露出不愉快，而应使游客明白，他今后随时都可光临本酒店，并受到欢迎。正确处理订房的取消，对于酒店巩固自己的客源市场具有重要意义。

预订取消操作程序：

①了解游客预订取消要求；

②对照预订资料进行确认，如果是担保型预订要根据担保协议来处理；

③在预订单上记录好，同时谢谢游客通知；

④及时将电脑预订取消向各相关部门收回并取消订单。

（三）电话预订的操作程序

1.接听电话

①铃响3声或10秒以内拿起电话；

②另一只手拿起圆珠笔，笔落在预订单（记录簿）上。

2.问候通报

问候游客“您好！”或“早上/下午/晚上好！”

3.聆听需求

①问清游客姓名（中英文及拼写）、预订日期、预订房间数、房型及有无特殊要求，边听边在预订单上做相关记录，并将游客的订房内容向游客复述一遍，以确保无误。

②查看电脑及客房预订板（预订控制簿）。

4.介绍房型与价格

①介绍房间种类和房价（口头上可向游客介绍2～3种房间类型及特点、价格），尽量从高价向低价进行介绍。

②询问游客公司（单位）名称。

③查询电脑，确认是否属于合同单位，以便确定优惠价。

5.询问付款方式

①询问游客付款方式，在预订单上注明。

②公司（单位）或旅行社承担费用者，要求在游客抵达前电传书面信函，做付款担保。

6.询问抵达情况

①询问游客抵达航班（车/船）次及时间。

②向游客说明预订房保留时间，或建议游客做担保预订。

③向游客致谢，并告知酒店将会立即为之订房。

事后提醒：如果不能及时地满足游客的订房要求，应该向游客致歉，同时请游客留下联系方式，告知游客，一旦有条件时马上与之取得联系，并大致确定下次通话时间。

三、农家旅游入住接待服务

游客经过长时间的旅行，当他们到达酒店时可能已经很困倦和很不耐烦了。抵店时，他们都希望接待员提供热情周到、高效率的入住登记服务，尽快得到自己满意的客房，进房休息。接待员必须熟悉酒店客房的基本情况，按照酒店掌握制订的接待程序，准确、快捷地为游客办理入住登记手续。

（一）入住登记基本步骤

1. 识别游客有无预订

已办理预订手续的游客和未经预订而直接抵店的游客办理入住登记手续是有所区别的。

2. 填好入住登记记录并验证

接待员应在保证质量的前提下，千方百计地为游客减少办理入住登记手续的时间，提高效率。

3. 排房、定价

接待员应根据游客的住宿要求，着手排房、定价。通常，排房要讲究一定的顺序以及艺术。

（1）排房的顺序

① 团体游客；

②重要游客和常客；

③已付订金的预订游客；

④要求延期离店的游客；

⑤普通预订游客，并有准确航班号或抵达时间；

⑥无预订的散客。

（2）排房的方法　以提高酒店入住率和游客满意程度为出发点，排房应注重下列艺术：

①要给 VIP 游客、商务游客分配豪华套间或其他高档次的房间;给新婚夫妇安排较安静的房间;老、弱、病、残及带小孩的游客要尽量安排在较低的楼层和接近服务台与电梯的房间;对其他特殊要求的游客,排房时要尽量考虑其要求。例如,需要加床的游客,排房时应注意房间是否合适加床,不能安排“异形房间”(有拐角的房间)。

②对团体游客要尽量相对集中地安排,最好是在同一楼层,以便于团队游客内部的联系和管理,又便于酒店在该团队离店后把空余房间安排给下一个团队。

③内宾和外宾要尽量安排在不同的楼层;敌对国家的游客尽量不要安排在同一楼层或接近的房间。

④注意不同国家、不同地区、不同民族、不同宗教信仰的游客对楼层和房号数字的忌讳。如西方游客忌讳“13”,港澳游客忌讳“4”。还要注意他们的生活习惯与观念。

⑤对常客、国内外旅行社的经理或领队、签约单位的领导等,应给予良好的接待和照顾。

⑥应该学会判断游客的身份和消费能力,分析和掌握游客的心理,在满足游客需求的前提下尽量将高价客房出租。

⑦旺季时,要注意离店游客与到店游客在房间使用上的衔接。

(3)确定付款方式　不同的付款方式所给予的信用限额是不同的。

①使用现金结账。对于采用现金付账的游客,接待员应根据酒店制定的预订款政策,判断游客是否需要预先付款,并根据游客支付的预付款数额,决定给予游客的信用额度。

②使用转账方式结账。游客必须在入住登记之前,获得酒店批准方可采用这种结账方式。这是确保收款而必须采用的必要措施。对以转账方式结账的游客,接待员应向游客说明属于转账款项的赊账或其他收费服务范围。

③使用信用卡结账。接待员在接待以这种方式结账的游客时,应首先验证游客的持信用卡是否属于酒店规定的可接受的信用卡,然后检查有效期,并将卡号与银行发来的“黑名单”核对,无问题后方可受理。

④使用支票结账。通常国内企业、公司等用支票支付,国外游客使用旅行支票支付费用。在实际操作要注意以上几方面的情况:拒收字迹不清、过时失效的支票;核查支票持有者的有效证件并登记;对于有背书的二手支票,应请游客再次背书(背书是指在票据背面或者粘单上记载有关事项并签章的票据行为);对有疑惑之处,接待员或收银员应该当面问清楚,并立即向财务主管负责人汇报或向银行查询。

⑤完成入住登记手续。游客只需在准备好的房卡上签名，就可以得到客房钥匙。若含早餐的还应提供免费餐券。酒店为游客事前保存的邮件、留言等也应在办理入住时交给游客，还要提醒游客将贵重物品寄存在酒店免费提供的保管箱内。在游客离开总台时，接待员应向客指明电梯的方向并祝游客入住愉快。游客离开总台后，接待员应把游客入住的消息及时通知房务中心及总机，及时将资料输出电脑存档，并上传至有关部门。

(二)接待预订散客程序及步骤

1.接待预订散客

①游客抵达时，首先表示欢迎，有礼貌地问明游客的姓名并作称呼；

②游客到达前台但你在忙碌时，应向游客示意，表示他将不会等很久(如游客已等候多时，应首先向游客致歉)；

③根据游客提供的信息查找订房；

④在办理入店手续时，查看游客有无留言及电脑中所注明的特殊要求和注意事项。

2.为游客办理入店手续

①请游客在登记卡上填写所需的各项内容，问清付款方式，并请游客在登记卡上签字；

②核对一切有关文件，如护照、身份证、签证有效期、信用卡签字的真实性等；

③按规定收取押金；

④为游客分配一间适合其需要的房间，并与其确认房价和离店日期，书写订房卡，将钥匙交给游客。

3.提供其他帮助

①入住手续完毕后，询问游客是否需要行李员帮忙；

②告之游客电梯的方位；

③祝游客住店愉快。

4.信息储存

①接待游客完毕后，立即将有关信息输入电脑；

②检查信息的正确性并输入游客的档案中；

③登记卡要存放进游客入住档案栏中，以便随时查询。

(三)接待 VIP 游客入住的程序及步骤

1. 接待 VIP 游客的准备工作

①填 VIP 申请单,上报总经理审批签字认可;

②VIP 房分配力求选择同类房中方位、视野、景致、环境、房间保养方面处于最佳状态的客房;

③在游客到达酒店前要将装有房卡、钥匙等的欢迎信封及登记卡放至大堂经理处;

④大堂经理在游客到达前检查房间,确保房间状态正常;

⑤礼品发送准确无误。

2. 办理入住

①准确掌握当天预抵 VIP 客姓名;

②以游客姓名称呼游客,及时通知大堂经理,由大堂经理亲自迎接;

③大堂经理向游客介绍酒店设施,并亲自将游客送至房间。

3. 信息储存

①复核有关 VIP 游客资料,并准确输入电脑;

②在电脑中注明“VIP”以提示其他各部门或人员注意;

③为 VIP 游客建立游客档案,并注明身份,以备查询。

(四)接待未预订游客入住的程序及步骤

1. 接到游客入住要求

①游客到店,询问游客是否有预订;若酒店出租率较高,需根据当时情况决定是否可接纳无预订游客入住;

②确认游客未曾预订,酒店仍可接纳时,表示欢迎游客到来;

③为游客选房;

④检查游客在酒店是否有特殊价或公司价;

⑤用最短时间为游客办理完入住手续。

2. 确认房费和付款方式

①办理入住时确认房费;

②按规定收取押金。

3. 信息储存

①接待游客完毕后，立即将所有有关信息输入电脑系统，包括游客姓名的正确拼写、地址、付款方式、国籍、护照号码、离店日期等；

②检查信息的正确性，并输入客史档案中；

③登记卡要存放至游客入住档案栏中，以便随时查询。

(五)住店游客换房的程序及步骤

1. 接到游客要求

①接到游客换房的要求时，问清原因，并表示道歉；

②根据游客要求，选择适当房间。

2. 办理换房手续

(1)填写房卡，并填写换房单，输入电脑

(2)换房单要及时分发各有关部门，并予以通知

①客房部　将游客的原住房房态改为结账房；

②礼宾部　及时协助游客拿行李转房；

③洗衣房　正确掌握游客的新房间号码，以便及时将游客的洗衣送到新的房间；

④收银处　将换房信息输入电脑。

(3)更换游客的档案栏(更改房间号码)，将登记卡及有关文件放入新房间的档案中。

(六)续住的工作程序及步骤

1. 接到游客要求

①问清游客姓名、房号，续住时间；

②了解当日和近日客房状态。

2. 旅行社凭单结账或已付房费房间的续住处理

①向游客重申付款方式、房价，如不能享受原优惠房价，向游客说明，必要时请示上级处理；

②根据电脑资料填写游客登记表，注明续住时间和付款方式；

③请游客重新交预付金，并通知收银处做账务处理；

④用电脑续住功能修改游客离店日期并输入新房价，办理续住手续；

⑤办理方式与新开房程序相同。

3. 交预付金或已预刷卡房间的续住处理

①了解房间是否已结账；

②根据电脑资料填写(续住登记表)；

③对交预付金的游客，请游客到收银处重交预付金；对预刷卡已结账的游客，重新预刷卡；

④用电脑续住功能办理续住手续；

⑤电话通知客房服务中心续住情况。

4. 换人续住房间的处理

①了解房间是否已结账；

②征得原住客同意，并做好新入住游客的登记，注明换人续住；

③确认新游客的付款方式；

④按规定办理入住手续；

⑤在原游客“登记表”上注明已退房及退房日期；

⑥将新游客资料输入电脑。

(七)查询服务的程序及步骤

1. 接到查询要求仔细聆听，给予答复

2. 查询住客服务

①根据游客提供的信息，通过电脑迅速查寻；

②询问访客姓名；

③将电话转入住客房间，征询住客意见是否接听后，或将电话转入房间，或婉言回拒；

④若查不到相关信息，向查询者解释或提供其他线索，帮助查找。

3. 查询酒店或地方资料

①对熟悉的情况，随问随答；

②对不清楚的问题，请游客稍等，查询后给予答复；

③对不清楚、又一时查不到的信息，向游客说明，请予谅解，或转交大堂经理处理，或记下游客姓名、房号及询问内容，待查询后回复游客；

④经查询后仍无法解答的问题，回复游客并向游客道歉。

4.收集信息资料，随时收集游客感兴趣经常查询的信息资料列入知识手册

四、农家旅游迎宾、送宾服务

（一）迎送服务礼仪

前厅和前台的员工直接面对游客提供服务，他们的服务质量直接影响游客的满意程度，因而前厅及前台服务人员应该拥有端庄大方、自然的精神面貌，以及符合农庄规定的体态举止和规范的礼仪。

作为前厅和前台服务者，在游客到达后，是否热情礼貌地迎接游客，直接影响到游客对农庄的第一印象，影响农庄的形象与声誉。迎接游客是争取游客的第一步。送客是接待服务的最后一个环节，是加深游客对农庄印象的一项重要服务工作。

前台接待人员在工作中应保持仪表整洁、服饰挺括、仪容端庄、仪态规范、精神饱满、精力集中、尊重游客，做到客来有迎声，客走有送声。

1.迎客礼仪

①见到游客光临，应面带微笑，热情欢迎，主动问候游客。

②当游客较集中到达时，要尽可能让每一位宾客都能看到热情的笑容和听到亲切的问候声。

③如果游客乘车抵达时，应立即主动迎上，引导车辆停妥，为游客拉开车门。

④重要游客到来时，要组织人员到门口恭候，迎接游客的到来。

⑤主动向游客介绍本店的情况，包括服务项目、服务设施、住宿条件和价位等。由游客自由选择是否消费，切忌强行、强迫游客。

⑥引领游客入座或入住。引领游客时，要走在游客左前方二三步处，随着游客的步子行进。遇拐弯处，要微笑向游客示意。

⑦对老人、儿童、残疾游客，征得同意后予以必要的扶助，以示关心。

2.送客礼仪

应与游客热情话别。包括向游客征求对服务接待的意见和建议；致亲切得体的告别语，如“旅途愉快”“一路平安”“欢迎再次光临”“再见”等，然后目送游客离

去，以表示对游客的尊重。

（二）迎送服务礼仪的基本要求

1. 与游客交谈的体态要求

①注意面向游客，面带微笑。目光停留在游客的眼鼻三角区，不能与游客的双眼对视，也不能左顾右盼，心不在焉。

②应与游客相距 1 米左右，垂手恭立，不能依靠他物。

③态度和蔼，适当使用手势。

④讲话完毕后，先向后退一步再转身离开。

2. 基本用语

①迎接游客时，面带微笑，真挚地说“欢迎”或“欢迎您”。

②游客为你的工作带来方便时，用感激的心情说“谢谢您”。

③游客吩咐时，认真有信心地说“明白了”或“听清了”。

④打扰或给游客带来不便时，诚挚而有礼貌地说“对不起”。

⑤游客离开时，真诚地说“再见”或“欢迎请再次光临”。

⑥杜绝使用蔑视语、烦躁语、否定语、斗气语。

3. 语言应用原则

①音调婉转，音量适中。

②尽量不要使用方言，要用普通话，但避免用俗语。

③语言和蔼，发自内心。

④对游客用语一视同仁。

⑤语言表达准确，清晰，具有幽默感。

⑥善于倾听对方的讲话。

⑦合适地附和及应答对方。

⑧在游客交谈时，不要打断游客。

4. 接打电话服务礼仪

①接打电话时，发音清晰，语速适中，音量适宜，能够通过声音传递愿意为游客服务的信息。

②应当合理设定和使用铃声，铃声应与工作身份相匹配，音量适宜，内容健康向上。

③电话铃响10秒内应当及时接听电话。

④接电话第一句说“你好”，并报农庄名称。

⑤问清对方的姓名和单位名称。

⑥听清对方电话内容。

⑦简要复述。

⑧结束通话时应当向游客真诚致谢。

⑨确认游客已完成通话后再轻轻挂断电话。

5.接待服务，做到“十心”

①环境要讲究美，让游客感到舒心；

②住的房间要清洁，让游客感到温馨；

③入口的食品要卫生，让游客感到放心；

④接待人员要衣着整洁，让游客感到贴心；

⑤游客身体不舒服，多给予关照，让游客感到有爱心；

⑥赠送游客刚刚采摘来的新鲜水果、蔬菜，让游客感到开心；

⑦照顾老年人要耐心；

⑧照顾儿童要耐心；

⑨对不好意思开口的游客要关心；

⑩对游客要热心。

（三）游客退房的服务流程与规范

1.服务流程

①问候与招呼；

②核查游客账户；

③结账；

④清结账户；

⑤建立游客档案。

2.服务规范

①当游客来到前台，前台接待应主动向游客问候，例如：“您好，先生/小姐，请问有什么能够帮您？”

②当游客提出退房需求后，前台接待应立即做出回应，例如：“好的，马上为您办理。”

③前厅收银员根据游客报出的房号取出游客的总账单和所有附件，如优惠卡凭单、信用可签单等并核对该房号游客的姓名。

④收取游客的房卡并通知客房服务员查房。

⑤询问游客是否有最新消费，如长途电话、房内小酒吧酒水等，在电脑上查阅，确保所有消费账目都已入账。

⑥如房间内有遗留物品要告知游客，询问是否需要送下来。如果遗留物品游客不需要立即通知客房。

⑦前厅收银员打印出游客综合消费账单并请游客检查核对。

⑧如游客有任何疑问，应耐心向其解释，并且及时同有关部门联系确认，切不可含糊其辞或小耐烦催促游客。

⑨游客核对无误后，询问游客付款方式，按其要求办理结账手续。

⑩对于团队结账，由领队或陪同结清住宿费用；有些费用（如长途电话、洗衣、小型酒吧的酒水）由游客自付。

⑪前厅收银员在电脑中根据系统和财务规定做平账处理，并将房间状态改为“已退房”。

⑫将发票及明细账单一起交给游客，并感谢游客入住。

⑬前厅接待要将身份证信息退出公安系统。

⑭前厅收银员将游客档案放入“当日退房”档案资料中。

⑮将入住登记表归档，但应注意归档时不要让其他游客等候。

（四）游客提前离店服务流程与规范

1.服务流程

①问候游客。

②游客提前离店。

③结账。

④与游客道别。

⑤整理单据。

2.服务规范

（1）当游客来到前台时，所有的游客都必须在30秒内得到帮助，员工应面带微笑，和游客保持目光接触

(2)游客要求提前离店

①友好的询问游客名字和房间号码,并与电脑系统核对。再次根据电脑原始离店的日期与游客确认。礼貌的询问游客的提早离店的原因。

②永远仔细倾听游客,确保你已经理解游客为何不高兴,或对我们的哪些服务不满意。

③询问游客是用现金还是用信用卡结账,迅速有效的为游客办理退房手续。

④与游客道别,期待游客的下次入住。

⑤将所有资料规整。

【案例】

游客离店被阻

某农家旅游场所一位四十来岁的游客陈先生提着旅行包从212房间匆匆走出,走到楼层中间拐弯处服务台前,将房间钥匙放到服务台上,对值班服务员说:“小姐,这把钥匙交给您,我这就下楼去总台结账。”却不料服务员小余不冷不热地告诉他:“先生,请您稍等,等查完您的房后再走。”一面即拨电话召唤同伴。李先生顿时很尴尬,心里很不高兴,只得无可奈何地说:“那就请便吧。”这时,另一位服务员小赵从工作间出来,走到陈先生跟前,将他上下打量一番,又扫视一下那只旅行包,陈先生觉得受到了侮辱,气得脸色都变了,大声嚷道:“你们太不尊重人了!”

小赵也不搭理,拿了钥匙,径直往212号房间走去。她打开房门,走进去不紧不慢地搜点:从床上用品到立柜内的衣架,从衣箱里的食品到盥洗室的毛巾,一一清查,还打开电控柜的电视机开关看看屏幕。然后,他离房回到服务台前,对陈先生说:“先生,您现在可以走了。”陈先生早就等得不耐烦了,听到了她放行的“关照”,更觉恼火,待要发作,或投诉,又想到要去赶火车,只得作罢,带着一肚子怨气离开宾馆。

[评析]

服务员在游客离店前检查客房的设备、用品是否受损或遭窃,以保护农家旅游场所的财产安全,这本来是无可非议的,也是服务员应尽的职责。然而,本例中服务员小余、小赵的处理方法是错误的。在任何情况下都不能对游客说“不”,这是酒店服务员对待游客一项基本准则。游客要离房去总台结账,这完全是正常的行为,服务员无权也没有理由限制游客算账,阻拦游客离去。随便阻拦游客,对游客投以不信任的目光，这是对游客的不礼貌，甚至是一种侮辱。

正确的做法应该是：

第一，楼层值台服务员应收下游客钥匙，让他下楼结账，并立即打电话通知总服务台，×号房间游客马上就要来结账。总台服务员则应心领神会，与游客结账时有意稍稍拖延时间，或与游客多聊几句，如："先生，这几天下榻宾馆感觉如何？欢迎您提出批评。""欢迎您下次光临！"或查电脑资料放慢节奏，如与旁边同事交谈几句，似乎在打听有关情况；或有电话主动接听，侃侃而谈，等等。

第二，客户服务员也应积极配合，提高工作效率，迅速清点客房设备、用品，重点检查易携带、供消费的用品，如浴巾、冰箱内的饮料、食品等，随即将结果告诉楼层服务台，值班服务员则应立即打电话转告楼下总台。

第三，总台服务员得到楼上服务台"平安无事"的信息，即可与游客了结离店手续。

【实训练习】

前台散客登记服务

一、实训目的

熟练掌握办理散客入住登记手续的完整程序。

二、实训条件

硬件：前台接待台、电脑、客房磁卡钥匙、钥匙制卡机、房卡、入住登记单(内、外宾)、银联收银机、收据、笔。

软件：前台预订接待系统、总台入住登记教学片。

地点：实训教室。

三、方法步骤

1. 模拟散客办理登记入住场景，教师现场示范。

2. 将学员每6～8人划分成一个团队，每队中两人形成一个训练小组。

3. 每小组自行设计出模拟散客办理入住登记手续的情景对话。

4. 每小组组员分别模拟游客和前台接待员进行散客接待的程序练习，练习完一次后模拟角色进行互换。

四、实训考核

表 4-1　考核方式、成绩评定标准表

程序	操作要求	配分	得分
迎接游客	3 米内问候、声音洪亮	10	
	面带微笑	10	
识别有无预订	有预订，确认预订内容	20	
	（无预订推销客房）	（20）	
办理登记手续	填写散客登记表	10	
	按游客要求排房	10	
	打印房卡、制作客房磁卡钥匙，开餐券	10	
	收取客房押金	10	
指引游客去客房	告之客房方位	10	
	向游客致谢	10	

知识窗口

客房销售服务技巧

1. 不管从你的声音还是你的面容上，以微笑迎接游客，保持愉悦。记住：你在销售农庄客房及其服务的同时也在销售自己。

2. 与游客保持延伸的接触。

3. 找出游客的名字，在对话中至少称呼游客三次。经常使用礼貌用语，如以先生、小姐称呼游客，用游客的姓，不要直接称呼游客的名字。

4. 试图识别出游客的需要，因为这些需要可能在订房过程中没有被识别出来结合游客的这些需要使之与可提供的房间等相匹配。

5. 尽可能在游客提出的客房的基础上升档客房销售。首先通过指出房间的特征和优惠，提供一间升级的房间，然后告知房价。如果游客有订房，描述他们的房间和你所说的升级的房间之间的不同之处，如果有两种不同类型的房间提供，说出他们的特征、优惠和两种房间的价格，不要只说出高价钱的房间而失去顾客。

6. 快速完成登记程序。

7. 感谢游客，祝愿他们居住愉快。前台员工在游客选择客房后，一般要求游客完成登记表格，这时，前台员工可以通过介绍客房特殊特征来强化游客的选择，当登记进入尾声的时候，前台员工应该告诉游客关于饭店营业场所、服务项目和其他设施，大多数游客欣赏这种做法。在游客离开总台前，前台员工应该感谢游客选择农庄客房和表达祝游客居住愉快的个人意愿。有些农庄规定在游客登记完客房不久，前台员工就致电游客询问游客对房间的满意程度。

第五讲　农家旅游客房服务

住宿不仅是影响游客滞留时间的重要因素，也直接彰显了农家旅游场所的风格和特色。自然、舒适的住宿环境能进一步增添游客的兴致，更愿意选择前来消费。然而，客房的清洁卫生是否到位，装饰布置是否美观宜人，设备与物品是否齐全完好，服务人员的服务态度是否热情周到，服务项目是否周全丰富等，游客都会有最敏锐的感受，客房服务质量的高低是游客衡量"价"与"值"相符与否的主要依据。因此，客房服务尤为重要。

客房服务员负责农家旅游场所所有客房的清洁和保养工作，有时还负责整个公共区域的清洁和保养工作，配备各种设备，供应各种生活用品，并且提供多样的服务项目，方便住店游客，为游客创造一个理想住宿环境。客房服务员并不频繁地接触游客，而是用整洁、舒适、安全和具有魅力的客房，使游客感到舒服和愿意久住。为此，她们常被誉为饭店服务的幕后英雄，是非常重要的工作人员，受游客尊重。

一、农家旅游客房服务岗位职责与要求

客房服务员是在饭店、宾馆、旅游客船等场所清洁和整理客房，并提供游客迎送、住宿等服务的人员，包括房间服务员和公共区服务员，他们在客房主管和客房领班的直接领导下开展各项工作。

(一)服务员岗位职责

1.房间服务员岗位职责

岗位职责：负责清扫整理客房和楼层公共区域，为游客提供干净的客房和环境以及优质的服务。

工作内容：

①按照工作流程和操作标准，清理好客房补充物品。提供优质服务，做好各项定期安排的工作。

②认真如实填写工作报表，发现特殊情况要及时反映给主管，并在报表备注上注明。

③按照操作标准和消毒要求，清洁消毒茶具、杯具。

④检查退房，按规范处理游客遗留物品，及时报告上级和前台。

⑤熟悉农家旅游场所医疗服务程序，遇生病游客给予积极、适当的关心和帮助，并立即报告上级。

⑥清扫客房和楼层公共区域时发现设施设备的故障和损坏，立即报告上级。

⑦有接收和安抚游客投诉的义务，超过自己职权范围，将游客的要求和投诉及时报告上级。

⑧保持客房区域安静。注意安全，发现可疑的人和事，立即报告上级。

⑨领取的客房、楼层总钥匙，并做好保管和交接。

⑩中班要按要求提供好夜间服务。做好楼层定期的清洁工作。

⑪根据前台的通知，及时执行指令，满足游客要求，并将执行情况反馈前台。对游客直接提出的服务要求，尽可能给予满足，超过自己服务范围，及时向上级报告。

⑫每天根据制度实施布草的收发、盘点、运送及补充，对工作车、工作工具、通信工具正确使用和保养。

⑬完成上级指派的其他任务。

2.公共区服务员的职责

(1)岗位职责　负责农家旅游场所公共区域的清洁，为游客提供整洁、幽雅的环境。

(2)工作内容

①每天按工作流程、操作标准完成大堂、公共卫生间、电梯、办公室、餐厅、娱乐场所、外部环境、非见客地区的清洁，按要求提供规范服务。随时确保公共区域的卫生状况达到——窗明几净，地面墙面无污迹，洁具无污迹、无异味，环境清洁。

②按照标准实施农家旅游场所绿化的清洁和准确定位。

③做好定期的各项清洁工作。

④每天做完工作后，做好机器与工具的保养工作。

⑤工作中遇到困难或问题，及时报告上级。

⑥遵守各项规章制度，遇到游客要有礼貌。

⑦完成上级指派的其他任务。

(二)对客房服务员的要求与规范

1.对客房服务员的要求

(1)对客房服务员的基本要求

①微笑服务。微笑服务是客房员工为游客提供服务时所要求的基本礼貌,是优质服务的最为直接具体的体现。它不仅是客房部服务员代表酒店所做出的友好表示,而且是满足游客的基本情感需要,能给游客带来宾至如归的亲切感与安全感。

②礼貌待客。礼貌礼节是客房服务质量的重要组成部分,因而也是对客房部服务人员的基本要求。具体来说,客房服务员在语言上要文明、艺术,注意语气音调;在举止上要彬彬有礼,讲究正确的姿态。

③讲究效率。在客房的对客服务中,往往会因为缺乏效率而引起顾客的不满甚至投诉,所以,提供快速准确的服务是非常必要的,一些国际上著名的酒店对客房的各项服务往往都有明确的时间限制。著名的希尔顿酒店就要求客房服务员在25分钟之内将一间客房整理成符合卫生标准的房间。

④真诚待客。真诚服务,也就是强调要实行对游客的感情投资,不是单纯的完成任务,而是要发自内心,真正为游客着想,关心游客,热情、主动、耐心、细致,使游客感到温暖。如果做到了这一点,也就是抓住了最佳服务的实质。

(2)对客房服务员岗位职责的要求

①热爱本职工作,敬业,爱业,自觉遵守本店的各项规章制度。

②接听电话,答复住客咨询或要求。

③及时记录住房、查房、退房时间、送水、维修等情况,并与前厅校对报表、房状。

④协助游客入住,当班员工应在楼梯口迎候游客,引领进房,简介房内设施(热水、空调、网线、电话等)。

⑤客房内各项物品卫生整洁、摆放整齐。严格按卫生防疫部门要求(一冲、二洗、三消毒、四保洁),对客房水杯、卫生洁具等进行消毒。及时补充游客所需的各类物品。

⑥负责工作钥匙的收发、保管,做好钥匙领用记录,严格执行借出和归还制度。

⑦了解客情,当班期间不定期楼面巡查,注意门、锁、会客情况,做好巡查记录。

⑧随时做好楼面(走廊、扶梯、外窗玻璃、窗槽等)的公共卫生,保持楼层整洁.

⑨做好设备报修工作。服务员首先到现场了解损坏情况,后报修。维修人员进入客房修理应有服务员在场。

⑩做好设施的使用和日常保养。正确掌握各类电器的使用方法，并根据天气情况做好照明、空调等设备的开关和调节。

⑪每天对辖区范围内的设备运转、电源开关、照明工具、地毯使用、墙壁清洁等情况进行了解，发现异常及时申报维护和修理。

⑫负责游客遗留物品的登记、保管和上缴，不得私自扣留，违者严处。

⑬工作人员夜间不得私自留宿他人，使用客房，发现者按挂牌价扣罚，并调离岗位。

⑭做好交接班工作。交清钥匙，交清房态，交清交班记录。

⑮认真听取宾客的意见，并将游客的信息及建议及时反馈给客房经理。

⑯爱惜客栈财产，力行节约，按质按量的完成交办的各项事宜。努力学习业务知识，不断提高服务技能及服务水平。

(3)对客房服务员的特别要求　客房部的服务员在言谈举止、礼貌礼节方面都应遵守酒店对服务员的总体规定，这些在前面的章节中都已进行了详细说明。在遵守这些共同的原则之外，客房部服务员还有一些额外需要注意的事项：

①在工作中不能失态，要表现得有耐心，有教养，善于控制自己的情绪，不能与游客发生争执。

②尊重游客的隐私权。客房部服务员经常进入游客房间，可能会了解到游客比较多的情况，在无意之中听到、看到一些游客的私人资料，就要格外注意尊重游客的隐私权，不得向外人透露，尤其是关于一些演艺界名人、财界或政界要人等容易成为评论对象的游客，他们的隐私就更不能随便向外人说起。不能让游客签名，或是向游客要照片等。一般酒店都会接待一些演艺界或是其他领域的名人，客房部服务员往往有机会接触到这些游客，那么，服务员就不能借机要游客签名，更不能随便向游客索要照片。

③应注意保持楼层的安静。不能在楼层或是其他工作场所大声喧哗、聚众聊天、开玩笑等。答应游客的招呼时不能大声，如果因距离较远听不见，可以点头或是用手势来领会、示意；如果是游客在开会或是座谈而又需要叫游客接听电话，应到游客身边轻声告知，或是请其出场，向其指示电话所在。

④上下班及工作时，只能乘员工专用电梯，而不能使用客用电梯。

⑤因工作需要进入游客房间时，要先敲门，得到游客许可后方可进入。一般来说要敲3次，每次敲3下，每两次之间要间隔几秒钟。在敲门时，还要向游客通报自己的身份，说明自己是客房的服务员，如果敲3次之后游客仍无回应，可以用钥匙轻轻将门打开。在退出游客房间之前，要站在门边向游客点头微笑致意，而后再离开，并轻轻把门关上。

⑥接听服务台的电话时，应先通报“这里是客房服务，有什么需要帮忙的吗？”在与游客通话时，应注意措辞和语气，如果游客有要紧事情，应适当地做记录，并进行复述。

⑦要注意保管好客房钥匙，将钥匙随身携带，不能到处摆放。在领取或交出钥匙时，要做好交接记录。

⑧在游客的房间里，不能随便坐下，即使游客邀请，一般也不要坐下或停留；不得在酒店和客房内与自己的亲友会面交谈；不要轻易接受游客的馈赠，假如游客执意要送礼物，则必须请游客留言说明是真心赠送，并请游客写上他的姓名和房间号码。如果没有这些证明，客房部服务员就不能随便把礼物带出酒店。

⑨要掌握拒绝的技巧与艺术。在服务过程中，会碰到游客提出的要求无法予以满足，必须要给以拒绝，向游客说“不”。那么，这时客房服务员就要掌握和运用拒绝的艺术，不能直接、生硬地回绝游客，而应该向游客说明实际情况，用委婉的语言向游客表示拒绝，如果必要的话，还可以向游客作更详细的解释，取得游客的理解和原谅。

⑩当发生以下情况时，客房服务员应向部门经理报告：

a. 发现游客的房间有凶器，或是麻醉剂一类的物品；

b. 原来一人登记住宿的房间却住了两个人；

c. 游客将自己的宠物带入了房间；

d. 外来人员出入客房的人数或是频率过多；

e. 在工作时无意中损坏了游客的行李物品；

f. 发现客房内的设备如家具、电器等有缺损或是出了故障；

g. 发现游客患了严重的疾病；

h. 发现游客遗忘了某些物品；

i. 在走廊或是其他地方发现了可疑的人及物品。

另外，对于游客对客房服务的评价、称赞或是批评，也都应向经理汇报。

2. 客房服务员的规范

客房服务员要绝对地服从并遵守以下规范：

①不可用手搭住游客的肩膀；

②对游客的询问，如不清楚或不知道时，勿随便说“不知道”，只可说“对不起，我不清楚，但我可以马上去问明白再回复您”；

③游客有吩咐时，应即记录，以免忘记，无法处理时须马上报告主管；

④严禁在工作区域抽烟、吃零食或看书报；

⑤切记绝对不可有任何冒犯游客的言行举止，严禁在楼层与同事谈论游客

是非；

⑥严禁使用客用品或将客用品携带出农家旅游场所；

⑦严禁故意破坏、抛弃或浪费农家旅游场所财物；

⑧严禁使用客房电话、卫生间、收看电视，凡是客房内游客的东西一概不准使用；

⑨严禁将游客的遗留物品占为己有；

⑩必须遵守上下班时间，不可迟到、早退；

⑪严禁向游客索取小费。

(三)客房服务员注意事项

1.考勤制度

①上下班到指定处签到，不准代签；

②上下班时间指在岗时间，否则按迟到、早退处理；

③签到、出穿制服，佩戴工号牌和微笑徽章；

④事假需预先申请，病假需事先通知主管同意，否则做旷工处理。

2.纪律制度

①工作期间不做其他事；

②严禁在工作区域抽烟、吃零食；

③做房时不得打开电视机(在检查电视后)和音响收看和收听、不得使用客用设施；

④不能在走廊上大声喧哗；

⑤不能在员工食堂外吃东西；

⑥未经批准工作时间不能离开农家旅游场所和串岗；

⑦不能拿取农家旅游场所和游客财物，不能损坏公物。

3.需向主管报告的事项

①游客生病且较为严重时；

②发现房内有凶器或麻醉剂等物品；

③没有行李或行李少；

④将宠物带入客房内；

⑤无意中损坏了游客的物品；

⑥发现房内设备、家具、物品、墙壁等有缺损或出故障；

⑦发现了遗留物品；

⑧在走廊或其他地方发现可疑的人或物；

⑨游客的抱怨、称赞。

4. 客房特别事项处理

①如果遗留的贵重物品中可以找到游客的联络方式，尽快与游客进行联系，有可能的话，将物品送至游客手中，这样的行为有助于提高农家旅游场所的美誉度和游客的忠诚度。

②如有服务员拾物不交的行为，一旦查实农家旅游场所管理层必须严肃处理。

③如下物品视为贵重物品：珠宝首饰、相机、手机、手表、现金、信用卡或支票、身份证、护照或价值超过100元以上的物品等。

④如下物品视为非贵重物品：日常用品、杂物、已开启的食物、饮料及药物等。

⑤不要自以为无用而扔掉任何一件物品。

5. 请勿打扰(DND)房处理标准

①原则上游客挂DND任何人不得擅自敲门或进入房间，如果是游客打电话要求提供服务时发现上述情况为了避免搞错房号，应立即用电话和前台确认，确认无误后方可敲门。

②如果到了下午2:30仍挂着DND且该房今日尚未清理，楼层服务员要通知主管，由主管打电话与游客联系。

③如有游客接听则礼貌地询问何时方便打扫，如没人接听则应会同保安一同进房查看，如果房内没有游客但有行李或游客正在睡觉，马上退出将“游客通知”单从门下放入房间并做好记录。与值班经理交接清楚，提醒中班员工随时注意该房，以防发生意外。

④如果房内游客不在且没有行李，立即联系游客查明情况，以防逃账。

6. 不需要打扫(NNS)处理标准

①游客NNS时，需立即退出房间。

②NNS房间有关员工，在方便的情况下问清何时方便打扫，以避免再次打扰游客。

③NNS 2天的房间要报告值班经理，以防发生意外。

【案例】

客房服务员的满意服务

一天，楼层服务员马淑桂在打扫客房时发现游客放在写字台上的眼镜架有一部分脱落了，于是在桌子周围仔细找了好几遍，终于在烟缸内发现了一个断掉的小螺丝。马淑桂立即意识到："准是游客的眼镜坏了，那出去工作的时候肯定不方便！"她立即记下了螺丝的尺寸，又查了一下报表，得知这位游客姓张，会在酒店住很多天。于是当天一下班，小马就去了眼镜店买了几种型号的螺丝。第二天上班时，她自己带着工具把游客的眼镜给修好了，还给游客留了一张便条："尊敬的张先生，您好，昨日在整理您的房间时，发现您的眼镜架坏了，现在已经帮您修好了，希望您住店愉快，如您还有其他需要，请您随时联系我们楼层服务员。"张先生在会议结束后回到房间，看到字条后马上来到了楼层工作间，感谢了这位细心的服务员："这真是星级酒店的服务啊！我要的就是这种感觉！"

［评析］

相信这则案例对大家一定会有所触动，案例中游客的惊喜反应说明了客房服务在第一时间触及了他的内心最柔软处。我们常说要让游客满意，而满意是什么？满意是一种感觉，一种微妙但会在瞬间迸发的感觉。在心理学上，感觉是人们对客观事物的第一认识，它是一切复杂心理活动的基础，所有的依赖性行为都是从感觉开始。游客对服务的认识同样是从感觉开始，它激发着游客给予情感的回应以及形成二次消费的可能。

二、农家旅游客房设备设施介绍

客房设备设施是为游客提供客房服务的最基本的物质条件和物质基础。客房设备及用品管理的好与坏不仅关系到能否保证酒店整体的服务水准和服务质量，同时也具体体现了酒店管理水平的高低。

（一）客房设备

1.客房设备分类

（1）家具　客房使用的家具主要有：卧床、床头柜、写字台、软座椅、小圆桌、沙发、行李架、衣柜等。

（2）电器设备　照明灯具（包括门灯、顶灯、地灯、台灯、床头灯等）、电视机、空调、音响、电冰箱、电话。

（3）卫生设备　卫生间的设备主要有：洗脸台、浴缸、坐厕、毛巾架、镜子、灯具、垃圾桶等组成。

(4)安全装置　为了确保游客安全,客房内一般都装有烟雾感应器,门上装有窥视镜和安全链,门后张贴安全指示图,标明游客现在的位置及安全通道的方向。楼道装有电视监控器、自动灭火器。安全门上装有昼夜照明指示灯。

(二)房间介绍程序

①准备好茶点在将要入住的房间门口迎候游客,如游客已进房则按敲门程序进入房间。

②见到游客主动微笑问好:“欢迎您入住迎祥文化酒店,这是我们为您免费提供的欢迎茶点,请慢用。”根据游客所处位置将欢迎茶点摆放整齐。

③为游客介绍房间之前应提示游客:“我给您介绍一下房间的设备设施好吗?”

④在介绍空调开关及风挡调节时应对游客说:“这是空调开关及风速调节按钮。”根据实际情况为游客演示。

⑤介绍防火疏散图。游客所处房间位置及逃生路线图时应对游客说:“这是您楼层的火灾疏散图,红颜色标注的是您所在的房间和消防通道的位置。”

⑥卫生间 24 小时提供冷热水。“我们的卫生间 24 小时为您提供冷热水。”

⑦介绍迷你吧台免费提供的茶和矿泉水,以及收费酒水的价格单。“这边是迷你吧台,茶叶和矿泉水是我们每天免费为您提供的,其他收费酒水和小食品的价格单在这里,根据您的需要我们可以随时为您补充,费用我们将会自动帮您计入房账。”

⑧介绍衣柜内所提供的保险柜及浴袍、拖鞋和洗衣单摆放位置,可根据游客需要使用。“我们的衣柜里有浴袍、拖鞋,您如果有贵重物品我们这里还为您提供了保险箱,如果您有衣服需要清洗我们这里有洗衣单和洗衣袋。”

⑨文件夹内的信封、信纸及宽带网接口 24 小时免费上网向游客进行介绍。“我们的文件夹里为您提供了信纸和信封,我们的宽带网是 24 小时免费服务,您如果需要上网我们可以为您提供网线。”

⑩电话使用功能向游客进行介绍:“我们的电话具有一键通功能,您可以根据电话上的图标提示进行拨打。”并为游客进行演示。

⑪房间介绍完毕询问游客还有其他需要吗?“请问您还需要什么吗?”若游客没有需要向游客告别。“您如果有什么需要请拨打客房服务中心电话 8811,我们将随时为您服务,祝您居住愉快或祝您晚安!”

⑫后退至门口,面对着房门将房门轻轻锁好。

【案例】

客房设施介绍流程

您好，欢迎来到我们农庄，这里是我们的客房区，我们每层楼设有18个标准间，共36个床位，我们的房间都是按照星级农庄设置的。

这个是多功能电动床，它有三折的功能，我来给大家演示……床头抬起方便游客依靠，床尾抬起可以促进腿部血液循环，游客劳累一天可以抬高双脚减缓疲劳，除此之外，这个多功能床还可以整体抬高，方便游客们根据自己的需求来调节。

大家请看墙上这幅画，每个房间内都有两幅不同意义的油画，这幅画的意义是一帆风顺，那在这里我也借着这幅画，祝大家旅游，体验都一帆风顺！

这是卫生间，卫生间有三大特点，第一个特点是多功能马桶，这个坐垫是感应式的，它具有加热、冲洗、烘干、消毒的功能。第二个特点就是防滑椅，是为了方便年纪偏大的游客洗澡而准备的。第三个特点是热水系统，一个是太阳能供热，当天气不好时，为了保证游客热水需求，会自动采用热水器供热。

OK，看完我们的房间介绍，相信大家都对房间内的设施有所了解，希望大家在这里住的这段时间能够住得舒适，玩得开心，有事可以与服务台联系，我们会竭诚为您服务！

三、农家旅游房间、卫生间整理与清洁

客房的清洁程度是游客入住农家旅游场所最关心的问题之一，同时也是游客选择农家旅游场所住宿的标准之一。清洁卫生工作是客房服务员的一项重要任务，是每个服务员每天必做的工作之一，要保证房间干净整洁，备品，消费品齐全，设施设备可正常使用。

(一)日常客房整理与清洁

1.客房清扫的基本方法

从上到下：如在擦洗卫生间和用抹布擦拭物品的灰尘时，应采取从上到下的方法进行。

从里到外：地毯吸尘和擦拭卫生间的地面时，应采取从里到外的方法进行。

环形清理：即在擦拭和检查卫生间、卧室的设备用品时，应按照从左到右或从右到左，亦即按顺时针或逆时针的路线进行，以避免遗漏死角，并节省体力。

干湿分开:擦拭不同的家具设备及物品的抹布,应严格区别使用。例如,房间的灯具、电视机屏幕、床头板等只能使用干抹布,以避免污染墙纸和发生危险。

先卧室后卫生间:即住客房应先做卧室然后再做卫生间的清洁卫生,这是因为游客随时都有可能回来,甚至带亲友或访客回来。先将客房的卧室整理好,游客回来后就有了安身之处,卧室外观也整洁,游客当着访客的面也不会觉得尴尬。对于服务员来说,即使这时留下来做卫生间也不会有干扰之嫌。整理走客房则可以按照先卫生间后卧室的清扫顺序,一方面可以让弹簧床垫和毛毯等透气,达到保养的目的;另一方面又无须担忧会有游客突然闯进来。

注意墙角:墙角往往是蜘蛛结网和尘土积存之处,也是游客重视的地方,需要留意打扫。

2.准备工作

清洁用具的准备:清洁篮、洗刷用具(面盆刷、马桶刷、牙刷、百洁布、板刷)、橡胶手套、清洁剂、消毒药、抹布等。

3.预备进行清洁

(1)敲门,等候房里面回应,然后才进入房间(请参考开门入房的程序)。

(2)将造房车泊靠近房口处。

(3)熄灭多余的灯光,留意灯泡及各电器有无损坏。

(4)拉开房内所有的窗帘,让光透进来。

(5)开启或调高冷气,打开厕所和流水浴室的门,让室内的空气流通。

(6)检查及报告迷你吧饮用情况。

(7)收集杯子及宴会缸,清理烟灰缸,然后置于浴室内洗手盘备洗。

(8)收集房内垃圾,倒进房务工作车的垃圾袋中,清洁垃圾箱。

(9)收掉所有食用完的餐盘及餐具,暂放于房口处或先收回工作间去。

(10)收拾妥及挂起住客的衣服、鞋袜。

(11)收拾睡过的床铺,将床单等布草放进房务工作车的布草袋中(参考铺床的整理)。

(12)重新整理所有的床铺(参考铺床的整理)。

(13)清理浴室和厕所,将用后毛巾放回布草袋中(参考浴室及厕所的清洁)。

(14)重新铺回毛巾及浴室的供应品。

(15)房内家私抹尘及打蜡,留意哪里有损坏及缺少用品。

(16)补充房间各种用品,迷你吧、更换水壶。

(17)吸地毯。

(18)关闭窗帘。

(19)再观察房间一遍,留意有否留下及漏补用品,家具、床铺是否房好,门空是否关好。

(20)冷气调到原来的温度。

(21)关掉所有灯。

(22)关闭房门,然后离走。

4.住客走后房间的清洁

住客走后房间的清洁程序基本上和处理日常客房的清洁一样,除了有几个方面要注意:

①拉开房内所有窗帘;

②将冷气调高;

③马上逐一检查内处,如柜桶、衣柜、床底、浴室等;如有游客遗下失物,要立即通知楼层领班或电告写字楼;

④检查家具各设备有否被破坏或拿走,如有要立即通知楼层领班或电告写字楼;

⑤立刻报告大堂收银处,迷你吧有无被游客饮过;

⑥住客剩下的垃圾,可先收回工作间;

⑦清洁方面要做得更加彻底,特别留意家具后的隐蔽处;

⑧多身体接触的地方需加以消毒;

⑨补充足够的房间应有物品;

⑩房间如发觉有气味存在,应先将用空气清新剂及将冷气维持低温,待气味散后才转到标准位。

5.空房的清洁

(1)敲门,等待里面回应,当确定没有住客在内方可进入。

(2)进入房间后,将房务工作车停在门口。

(3)铺床整理,如昨晚开了床,则须把被单整理好,盖上床罩。

(4)抹尘,包括各种家具及摆设。

(5)冲洗坐厕,浴室洁具须抹尘。

(6)检查房间一切物品是否齐全,应放回早餐牌,收回送给游客的巧克力等东西,如有生果在房中,则通知送餐部收回,如有鲜花,则收回工作间,并且要通知楼层领班。

(7)重新更换水壶的清水。

(8)记下及报告任何损坏的物品。

(9)如有需要,应重新洗尘。

6.为住客提供再次服务

住客由于经常在房间开会或派对,他们会知服务员再次清洁房间:

(1)先将房内的餐车、餐具等,全收出房外,送回工作间去。

(2)进入房间后,将房务工作车停在门口。

(3)铺床整理,如昨晚开了床,则须把被单整理好,盖上床罩。

(4)抹尘,包括各种家具及摆设。

(5)冲洗坐厕,浴室洁具须抹尘。

(6)检查房间一切物品是否齐全,应放回早餐牌,收回送给游客的巧克力等东西,如有生果在房中,则通知送餐部收回;如有鲜花,则收回工作间,并且要通知楼层领班。

(7)重新更换水壶的清水。

(8)记下及报告任何损坏的物品。

(9)如有需要,应重新洗尘。

7.房务工作车(做房车)的准备

(1)将一部做房车取空,放置在楼层的工作间内。

(2)以半湿毛巾将全车内外清洁干净。

(3)将垃圾袋及布草袋分别挂在车身两端的挂钩上。

(4)放布草于架内,须先解开所有的捆绳,重物在下,轻物在上以方便工作,具体方法有如下几种。

①先将床单,枕头套放进最底层架。

②把较重的浴巾类放在中间层,如浴巾,脚垫。

③把手巾、面巾、工作布放在上层架。

(5)将房间及浴室供应品放在前,较贵重的物品勿存放于当眼易取之处,不要放置过贵重物品。

(6)放置适当清洁用品于清洁桶,须检查各类清洁用品是否齐全,并保持桶及各种用品清洁,放在垃圾袋下。

(7)冰壶应加上冰块,放在布草袋下。

(8)做房车用完后,要补回布草或供应品,每天下班前都要将做房车锁上。

8.房务工作车运作

(1)在走廊上应慢慢地直线推进房务工作车,眼看前方,谨防碰到任何住客或物品。

(2)当推着做房车转角时,要先留意有无游客。

(3)推车时,手应紧紧握住车的扶手。

(4)不要在前面拉动车子,因为这样容易导致肌肉拉伤。

(5)做房车应停靠在房门前,车的正面就应正对着大门口,使人不易进入房间,当服务员在房内或洗手间工作时,可提高警惕。

(二)日常客房清洁程序

1.敲门进入客房的程序

凡进入客房前,先要在外敲门,并报“客房服务员”,其原因为:

第一,保障住客的私隐;

第二,防止窘迫事情发生。

其程序如下:

(1)以手指背在门上轻敲三下,并用适当的声音说:“客房服务员,请问可不可以进”,以引起游客的注意。

(2)站在门前适当位置,面对防盗眼约5秒,等待住客的回应。

(3)如没有回应,则用同样方法再次敲门并报原因。

(4)如仍没回应,则有四种可能性发生,当我们开门后发生以下情况。

①发现游客仍在熟睡中,或正在浴室中,这时,应轻声关门然后离开;

②如发现游客刚睡醒,未及更换衣物,应说:“先生/小姐,对不起”,然后离去;

③如游客已醒并换好衣服,则应说明理由:“先生/小姐,对不起,请问现在可否清洁房间?”;

④如房间内没有游客,则可立即清洁房间;

(5)如果游客有回应,则应说:“先生/女士:请问可否现在清洁房间?”。

(6)如你当时正在检查房间,则应说:“先生/女士:对不起,房间检查”。

(7)如果门上整天挂着“请勿打扰”牌或有双锁之标志,房务员应报告给楼层领班或当值管家,不可随意敲门。

(8)从防盗眼可以留意有否人影走动,用耳朵细听是否有人声或水声,对象移动的声音。

(9)开门时要用手按住门锁手柄,锁匙轻轻动门锁,慢慢推开门,留意防盗链是否扣上,关门时亦要手按门柄,轻轻关上。

2.开门和关门

(1)在楼层中应谨慎地开门关门,不要弄出刺耳的声响。

(2)敲门时应用手指轻声在门背上敲三下,待游客答应才开门。

(3)应站在防盗眼正前方,以便住客可以看见。

(4)若房门挂有“请勿打扰”或锁上双重门锁,请勿开门。

(5)当推开门时应肯定游客不在里面。

(6)门锁开启后,不要大力推开房门,应留意是否扣上防盗链。

(7)以门柄来开门和关门,当你开门时,肯定手指已离开了门框。

3.客房卧室清理的十字诀

(1)开:开门、开窗帘、开玻璃窗。

(2)清:清理烟灰缸、垃圾桶(包括地面的大垃圾)。

(3)撤:撤出用过的茶具、玻璃杯、脏布草、脏布件。如果有游客用过的餐具也一并撤出。

(4)做:做床。

(5)擦:擦家具设备及用品,从上到下,从里到外环形擦拭。

(6)查:查看家具用品有无损坏,配备物品有无短缺,是否有游客遗留物品。边擦边检查。

(7)添:添加房间客用品、宣传用品及经过洗涤的茶水具(此项工作后进行卫生间的清理)。

(8)吸:地毯吸尘由里向外,同时对清理完毕的卫生间进行吸尘。

(9)关(观):观察房间清洁整理的整体效果;关灯、关门。

(10)登:在服务员工作日报表上做好登记。

4.铺床的程序(图 5-1)

(1)收拾床铺前,先将床移离墙身。

(2)先将床罩整齐地卸下,放在适当位置。如行李架或衣柜里。

(3)卸下枕袋,放在椅上,枕头则另放。

(4)卸下毛毯,放在另一张椅上或有空的家具上。

(5)卸下床罩,放在椅子上,留意有否夹住游客之衣物及床单被铺有所损坏。

(6)将卸下的布草一起放进布草袋中,如布草袋已经堆积太多,会导致外观不雅,则应清理一下,送回工作间去。

(7)将床褥垫用手把四角拉平,注意床褥是否凹凸不平,是否清洁卫生床角的翻床,记号是否符合要求。

(8)将第一张床单铺在床上,利用床单的中间痕来做中界,注意:床单正面向上,底面向下,用右手将左面垂下,床单拿起,呈 45 度角,左手将余下的部分床单放进床褥与床架夹缝间，放掉右手的床单，左手将垂下的床单全部放床褥与床架的夹缝间用同样包信封的手法将其余的三个角包好，角度以 90 度为标准。

(9)将第二张床单铺在床上，用相同的方法，但床单之底面向上，而正面向下，床单头应仅及床褥与床架间的位置。

(10)将毛毯放在床上，毛毯头与床褥平行，把第二张床单翻口与毛毯提起再向后翻离床头 24 厘米左右，再将两旁余下之毛毯与床单推入床褥与床架之间，在床尾双手将毛毯尾入床褥与床架之间，用包信封手法去将床尾两个角包好。

(11)将枕头放置于枕头袋中，留意枕头袋有否。

(12)将两个枕头放置于床头之中央位置，袋口离开住客视线，双人床用大枕头，袋口向窗。

(13)将床罩置于床中间位置，顺痕把床置由尾铺上，再站到床头位置，双手将床罩在枕头上面，把剩余部分插置于上下两个枕头中间，最后将床罩面顺及摆平。

(14)将推回原位。

图 5-1　客房床铺标准化

5.床罩卸下程序

(1)先将床罩顶部拉至床尾边沿位置。

(2)站在床尾处伸开双手，拿紧床尾及床头一角，然后抽起床罩一串，成为一张长形条子，横放床上。

(3)再将床罩对中央各一，最后再复叠起，放在空椅上，如是晚间开床服务，则须放置适当位置，勿放近夜灯处。

6. 入枕头袋的程序

(1)以双手之手指张开枕头袋，将枕头袋用微力一拍。

(2)将枕头袋放在床上。

(3)以右手拿头号枕头袋之前方，左手张开枕头袋，将枕头插入至枕头袋之尽头。

(4)拿着枕头前方之右手需放手，并将枕头之两角推到枕头袋之尽头。

(5)伸出右手，并以双手拿着枕头袋尾处向下一抽。

(6)将枕头摆正在床上。

7. 房间抹尘工作

(1)抹尘最好使用半湿的工作巾，可以减少一次抹干程序。

(2)拭抹家具表面时，留意有没有碎片或玻璃在家具上面。

(3)抹灯泡前首先灭掉灯和待灯泡冷却。

(4)抹装饰物上灰尘应小心。

(5)试抹高处地方，要安放妥当梯子。

(6)用干布去抹电擎！

(7)当蹲下清洁时，小心碰头！

(8)要顺着方向抹尘，以免浪费时间。

(9)抹尘时要留意家具是否损坏，有无污渍，用品需否补充。

(10)抹尘布可多次利用，待污秽后要清洗干净或更换新的。

8. 门的清洁

(1)用湿布抹掉门的表面和门框及顶部的灰尘。

(2)门底部的鞋渍，可加清洁剂抹去。

(3)门的防盗眼要抹干净。

(4)防盗锁，门亦要抹尘。

9. 灯罩的清洁

(1)纤维灯罩。

①关掉灯；

②用吸尘器加上擦头去吸灯罩上的灰尘；

③检查灯光。

(2)玻璃灯罩。

①关掉灯；

②从墙上取下灯罩；

③用清洁剂和水清洁灯罩；

④小面积的地方用牙擦去清洁它；

⑤抹干整个灯罩；

⑥安装回灯罩；

⑦检查灯光。

10.保养木制家具的光亮程序

(1)准备清洁用的工作巾。

(2)把布块对折两次呈正方形，平放于手掌上。

(3)喷少量清洁剂在毛巾周围。

(4)开始由左至右地抹木制家具。

(5)检查家具的光洁程度。

(6)抹其他地方家具，须重复以上步骤。

11.玻璃杯的清洁

(1)洗手盆储备热水，加入少量清洁剂。

(2)把玻璃杯浸在热水中。

(3)用百洁布洗刷玻璃杯内侧。

(4)然后用热水冲净玻璃杯。

(5)用杯布抹净杯的内外及周围。

(6)拿起杯底，在灯光下察看杯身是否有污渍或崩裂。

12.玻璃和镜子的清洁

(1)从服务房取两块抹玻璃的布和镜窗清洁剂。

(2)玻璃布折成正方形状平放在右手上。

(3)用左手拿着清洁剂。

(4)喷一至两下清洁剂在清洁布面上。

(5)开始由下而上，由左至右，全面抹镜面。

(6)用第二块清洁布从上而下，从右至左，把镜抹干。

(7)查看镜面如需要可重复第四、五及六的步骤。

13.电话的清洁

(1)喷清洁剂在湿布上。

(2)拿起电话，抹干净听筒和对讲的部位。

(3)用一支原子笔插入布块，清洁电话拨号盘中(如电话是按键的那种，要清洁号码之间的空隙)。

(4)移动电话的周围和清洁电话线。

(5)用干布擦亮电话和安放电话原先正确的位置。

(6)用消毒液消毒及清除，听筒和对讲部位的气味。

(三)客房清扫注意事项

(1)进房要规范。

(2)问清游客要求。

(3)游客物品整理。

(4)更换开水。

(四)卫生间的清洁

1.卫生间工作程序(图 5-2)

(1)准备工作。清洁篮、清洁剂、马桶刷、百洁布、抹布、手套、小牙刷。

抹布分为四种：杯布、擦尘布、马桶布、地面抹布。

(2)进入浴室　先将灯打开，把清洁篮放到浴室的地面上。

(3)防滑垫　放些水将防滑垫浸泡在浴缸里，倒入少量的清洁剂。

(4)座厕　放少量的清洁剂在座厕内，以备刷洗浸泡黄污渍(注意：避免各种化学物品破坏台面和大理石地面)。

(5)清洁台面洗手盆　先用冷水把洗手盆冲洗干净，然后将房间内收拾出的杯子清洗干净；用面盆刷蘸清洁剂与冷水洗面盆，用干布擦干擦亮；用抹布擦洗耳恭听台面、镜面及毛巾架，无污渍、光亮。(注意：注意杯子和烟缸需分开清洗，以免烟灰缸污染水杯)。

(6)清洁浴缸　用板刷把浴缸内浸泡的防滑垫擦洗干净，放于报废的地巾中吸进水放于卫生间门口晾干，用浴缸刷将浴缸的水龙头上下，出水口和周围的浴缸边缘进行清洁，用干布擦干擦亮；将防滑垫擦干后卷曲放在浴缸上边角处。

(7)清洁座厕　在整个清洁三缸中，最后清洁座厕；使用座厕刷将座厕内壁四周和出水口刷洗；使用百洁布、清洁剂擦洗座洗座厕缸体、外部、四周和底部；使用清洁剂和抹布将地面从最里角开始抹尘；使用抹布将垃圾筒和人体称擦干净(注意清洁座厕的坐盖和坐板及坐座厕的后面)。

(8)清洁地面　抹地时注意：座厕后面、洗手盆下面、浴室门后的地面(注意：同时将周围的墙面擦干净)。

(9)补充棉制品和游客用品　按标准数量补充客用品；棉制品按标准折叠，按标准数量摆放；按标准折叠卫生纸；再次检查浴室内是否有遗漏或忘记补充的客用品或棉制品（给游客一种清洁、舒适的感觉）。

（10）离开浴室　关闭浴室内灯开关，关好浴室门，按标准留 30 厘米，以方便游客进出。

2. 卫生间清扫的十字诀（图 5-2）

（1）开　开灯、开换气扇。

（2）冲　放冲水马桶，滴入洁厕剂。

（3）收　收走游客用过的毛巾、洗刷用品以及垃圾。

（4）洗　清洁浴缸、墙面、面盆和马桶。

（5）擦　擦干净卫生间各部位进行消毒。

（6）消　对卫生间各部位进行消毒。

（7）添　添补卫生间的棉织品和消耗用品。

（8）刷　刷洗卫生间的地面。

（9）吸　用吸尘器对地面吸尘。

（10）关（观）　观察和检查卫生间工作无误后即关灯并把门虚掩。将待修项目记下来上报。

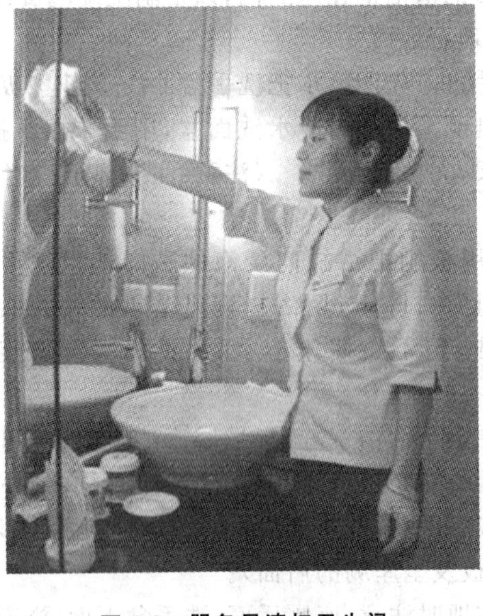

图 5-2　服务员清扫卫生间

(五)房务员填写每日工作报表概要

(1)首先填上所属楼层、日期、房务员姓名、组别于表上。
(2)由小到大，填写房间号码于表上。
(3)根据住客名单填上客房住游客数。
(4)用简号记录各房间的状况。
(5)清洁时间——记录进入和离开时间。
(6)住客离房时间——如知道必须记录下来。
(7)新住客入住时间——如知道必须记录下来。
(8)其他——维修记录，特别工作，借物记录须准确填写，交代下一班服务员。
(9)如有特别事项，则填写在备注栏。
(10)每天做房要开一张新表，下班前报告并交回表格给楼层领班。

(六)服务员一般工作程序

1.早班服务员

(1)向管家部办公室报到上班。
(2)在办公室领取楼层总匙及服务员工作日报表。
(3)检查及打扫空置的客房，整理已被安排的客房。
(4)根据迁出预报的房间号码检查小型食物的消耗量。
(5)第一批午膳后继续房间清洁工作。
(6)第二批午膳。
(7)继续房间清洁工作。
(8)补充被耗用的客房小型食。
(9)清理及妥善安置清洁用的器材。
(10)交回楼层总匙给办公室。
(11)下班。

2.中班服务员

(1)向管家部办公室报到签名上班，执行由领班安排的工作。
(2)盘点脏布草送往洗衣房，整理楼层储物室及执行已安排的定期清洁工作。
(3)晚餐。
(4)从办公室领取楼层锁匙，然后上楼预备工作。
(5)开始晚间客房服务。

(6)整理已退的客房。

(7)盘点脏布草。

(8)整理楼层工作间。

(9)整理房务工作车。

(10)在所属的段落来回巡视。

(11)交回楼层总匙到办公室。

(12)下班。

3.夜班服务员

(1)向管家部办公室报到签名上班,执行由夜领班所安排的工作,如听电话,楼层巡视。

(2)办公室。

①整理档案,如团体编房表,团体住客名单;

②分派杂志,旅游指南,农家旅游场所电视节目表等定期性刊物;

③统计住客每周的房间用品消耗表;

④准备各楼层早班房间报表。

(3)楼层任务。

①轮流上各楼层巡视,须佩戴一套楼层锁匙;

②应住客的特别要求,如加毯,加床,加水等服务;

③执行特别任务,如准备洗洁剂上楼;

④执行任务,如检查及填报迷人酒吧的消耗,应付游客的要求;

⑤分派报纸给早班;

⑥记录特别事项,如住客借用及退还用品,填报迷你酒吧事项,走单情况;

⑦交班给夜班领班,并退房匙;

⑧下班。

四、农家旅游客房公共区域的清洁

(一)公众地方——走廊

1.每天的工作

(1)吸地毯。

(2)抹尘——墙壁装饰品,指示牌等。

2.每周及定期性的工作

(1)清洁地毯边及污渍。

(2)用湿布抹地角线。

(3)用湿布抹冷气风口,走火牌。

(4)用吸尘器或干布加清洁剂清洁墙纸。

(5)清洁消防喉及救火箱。

(6)清洁墙角及天花板。

(二)公众地方——紧急信道及走火楼梯

1.每天的工作

(1)抹尘——防烟门,楼梯扶手。

(2)打扫及拖抹楼梯。

2.每周及定期性的工作

(1)清洗楼梯。

(2)打扫楼梯墙角与天花板尘网。

(3)清洁消防信道。

(三)工作间

1.每天的工作

(1)扫地及抹地。

(2)用湿布抹储存物。

(3)摆放整齐客房供应品,布草等。

(4)摆放妥清洁工具及用品。

(5)锁好布草门。

(6)清理用过的布草。

(7)收游客要洗的衣服。

2.每周及定期性的工作

(1)刷洗地板。

(2)清洁门及墙壁,天花板。

(3)清理杂物。

(四)楼层公共地方及工作间的检查表

每天早上清洁房间前,楼层领班要先分配好当天的工作给楼层员工,除房间外,服务员执行清洁被分派的公共卫生,楼层公众地方及工作间等地方会被例行检查,要注意的地方如下:

1. 楼梯信道(前后楼梯)

(1)信道必须保持畅通,不可有家具或垃圾堵塞楼梯。

(2)楼梯间及扶手要清洁。

2. 走廊

(1)信道的壁灯是否熄灭。

(2)每天要吸尘二次,地毯污渍要局部清洗。

(3)灯罩及其他廊间的物品要保持清洁光亮。

(4)走廊将放置的餐车,餐盘及其他物品,要搬回工作间。

3. 防烟门

(1)必须可以随时打开及关闭。

(2)没有对象阻碍信道。

4. 员工场所

(1)地板要打扫干净。

(2)座厕内外清洁。

(3)洗手盆、废纸篓、镜子必须清洁。

(4)清洁用具要妥放。

5. 信道喇叭

(1)没有尘、网渍。

(2)音乐和音量要适中。

6. 储物室/工作间

(1)文具和其他游客供应品,应放在架上适当的位置。

(2)储物柜应该锁好。

(3)地面和墙壁要整齐和清洁。

(4)游客洗衣要收回洗衣部。

(5)失物要交回写字楼。

7. 升降机，员工梯

(1)地面墙壁及门要清洁。

(2)每天要早、午、晚共清洁三次。

(五)公共区域的卫生的基本要求及质量检查标准

室外公共区域的卫生要求及质量检查标准

1. 地面

门前地面实行分片卫生管理，无痰迹、无纸屑、无烟头。建筑物之间的信道清洁、无堆。

积物、停车画线鲜明，场内无油渍、烟头、废纸、垃圾等。

2. 设施

(1)栏杆无积尘，定期油漆、宣传栏布置得体，字迹、图片鲜明、路标指示明确，垃圾箱内。

(2)垃圾不外溢，及时清理，表面干净无污渍。

3. 绿化

(1)门前要摆放花木、花卉、有条件的门前种植草，道路两旁要种植花木，定期浇水，定期喷洒。

(2)防虫剂　道路两旁的树墙要定期修剪，保持整齐美观

室内公共区域的卫生要求及质量检查标准。

①大厅：要摆放鲜花盆景，艺术品陈列台表面清洁，吊灯美观、华丽、无尘，壁画光鲜，悬挂端正；地面干净无渣物，地毯边角无积尘、无污渍(油漆、茶渍、咖啡渍)，表面花纹清晰鲜明、无烧烤痕迹，要求干净平整。大厅四壁无灰尘，玻璃明亮无痕，沙发、椅子、服务台、广告牌等陈设整齐无尘土、各处镜子、金属门扶手要保持光亮。

②客房部门的楼层环境：服务台、楼梯、楼道及各角落、物品陈设整齐无尘土，地毯无渣物，暖气、空调机、墙壁无灰尘，玻璃、各种照明设备、楼道及楼梯地面光洁明亮。

③会议室及休息室：台布清洁干净、无污迹、无破洞、地毯保持平整松软无污物，无地毯的地面光亮无灰尘，椅子、沙发、花架、台板等布局合理、整洁。

④值班室、职工休息室、更衣室的卫生要保持如同客房一样的水平。

⑤客流量大的公共场所，如各厅、室等要充分利用客流量少的时间把卫生搞干净，如白天作一般表面上的清洁、夜晚彻底全面清理。白天客流量大，人多的时候随脏随清，特别是沙发、茶几、烟缸等，都要随时要清洁整理，保持公共场所各部位

的干净、整齐。夜晚客流量少时，做较彻底的大扫除。

⑥公共洗手间的卫生要做到每日清扫消毒，随时保持清洁、空所清新无异味。

⑦四壁瓷砖光洁，下水通畅，无污物堵塞；穿水镜明净光亮，手纸、香皂、毛巾保证供应。

⑧便桶、便盆、水箱等调和损坏或发生故障要及时修理。整个公共卫生间内卫生质量要求是：便桶、便池无尿碱、尿迹、无异味，地面无脏迹、纸篓及时清理，洗手池、烘手器设备完好，保证使用。

(六)公众区紧急情形处理

1. 滞留电梯

(1)立即知会工程部、保安部及大堂经理。

(2)安慰被滞留电梯内的游客，待工程师傅到场救人。

(3)做好有关记录，被困人数、姓名、到场人数、被困时间、电梯何时恢复正常运行。

2. 水浸、漏水

(1)立即到场，视察情况，并立即通知工程部抢修。

(2)立即安排人手控制积水，浸水的蔓延，保护好财物以及吸水工作。

(3)情况严重的，应立即报告农家旅游场所高层当局到场。

(4)若财物受损毁，向上级及会计部提供资料申报保险。

3. 停电

(1)立即到现场了解停电范围，通知工程部、保安部抢修。

(2)打开能开的门空采光及使用预备的光源。

(3)安慰游客，控制好情况避免慌乱。

(4)安排服务员做好安全防范工作。

(5)检查应急灯，电梯间是否正常运行。

(6)供电恢复后，检查所有电器是否否正常。

(7)做好有关记录。

(8)如有财物损毁，写《意外报告》知会上司。

4. 游客急病，意外受伤

(1)立即到场慰问游客，并知会大堂副经理。

(2)有可能的话知会游客的亲友到来。

(3)不能答应任何形式的赔偿和许诺保险。

5.爆锁

(1)若情况紧急应通知工程部,保安部立即到场。

(2)做好记录、人员、地点、事由。

五、农家旅游客房查房与退房服务

查房是每个服务员在工作过程中必须掌握的一项基本技能,必须要做到细心,有责任心,对房间内的设施设备及物品有详细的了解和爱护的心理。

(一)查房服务程序

首先,查看房间内设施设备是否齐全,有无损坏;

其次,检查房间内有无游客遗留物品,无论大小一律及时通知前台告知游客处理;

再次,检查游客房间是否有消费及时与前台联系告知;

最后,检查客房单被是否污染或损坏。

查房报退时,全部无缺可用对讲机报退:"前台收到请讲。""×××房间无缺,正常退房,谢谢。"除无缺情况以外,一律用房间电话报退:"你好,×××房间游客消费……游客遗留了……在房间,请通知游客,其他无缺,谢谢。"

(二)检查房间应注意的事项

1.客房

(1)房门　留意防盗眼是否妥善;门锁转动是否灵活;开门时是否有响声;大门可否停在全开之状态;大门可否自动关闭;门框是否清洁;防盗链是否安全挂牢。

(2)大门　大门双重锁是否操作正常;大门后是否有火警逃生图;大门后之"请勿打扰"是否存在及完好;大门表面是否清洁,有否裂。

(3)天花板　是否有裂缝,漏水或有小水泡之现象,墙角是否有蜘蛛网。

(4)墙壁　墙纸和墙边是否有灰尘或破裂脱灰,类擎是否有指印或污渍。

(5)窗帘　窗帘是否清洁或悬挂美观;窗帘绳是否可操作正常。

(6)窗子的玻璃是否光亮或无破损;窗锁是否关闭安全。

(7)空调　温度是否适中,风口是否发出声音或有灰尘。

(8)电器　电视机,收音机,电灯等是否操作正常,电视机及机架是否清洁。

(9)电话　电话是否操作正常,电话及电话线是否清洁卫生。

(10)床　床铺是否铺折完美,保持平滑,床罩是否清洁卫生且无破损。

(11)家具　所有柜,椅是否破损及光洁。

(12)灯罩　检查接缝处是否放在后部,灯泡是否藏有灰尘,灯罩是否清洁。

(13)衣柜　柜内之自动开关电灯是否操作正常,衣架及挂衣架上是否有灰尘,柜内之柜桶是否清洁。

(14)垃圾桶　是否有垃圾存在,垃圾桶内外是否清洁。

(15)房间用品　文具等用品是否齐全,烟灰缸是否清洁。

(16)金属　是否清洁光亮,柜子内外是否藏尘。

(17)地毯　有否破坏,清洁程度如何,地毯边是否藏尘,是否有顽劣污渍,如咖啡等。

2. 浴室

(1)浴室门　门锁转动是否灵活,开门时是否有响动,门的表面是否有破损,弯曲想象及污渍,门柜是否藏尘,双重内锁是否操作正常,门后挂衣架是否松脱。

(2)镜子　是否藏尘及有污渍,是否有破裂或水银剥落现象。

(3)天花板　是否藏尘,风口是否清洁。

(4)座厕　水箱是否清洁,盖板及座板是否清洁,去水系统是否操作正常,座厕内壁是否清洁,座厕外壁是否清洁,按手水厕是否太紧或太松及操作正常。

(5)洗手盆及浴缸　所有水喉材料,如水喉头、水制等是否保持光洁瓷盆内壁是否有水珠或肥皂渍,冷热水喉是否操作正常,去水系统是否正常,盆内去水塞是否藏有丢发,肥皂碟是否积聚碎肥皂或余渍,浴缸垫是否清洁。

(6)去石台　是否清洁明亮,是否被磨花或腐蚀。

(7)浴室用品,浴帽、漱口杯、洗衣粉、针线包、肥皂、厕纸、卫生袋、牙膏、面巾纸、毛巾等是否齐备。

(8)气味　是否清新。

(9)地台　是否平坦完美无缺。

(10)垃圾桶　是否有垃圾存在,垃圾桶内外是否清洁。

房内如在需要修理之物品,不论是电工,木工或其他应填写维修单,送交工程部,修理后必须加以检查;当设备及任何财物受到损失或破坏时,应立即向大堂副理报告以便处理。

(三)退房时检查服务流程与规范

1. 接受指令

①客房服务员接到退房信息后(前台或游客);查看交班记录本,是否有游客外

借物品末还和其他交班事项；

②要清楚地重复一遍房号，确认后迅速查房。

2.敲门进房

按敲门时的程序敲门，敲门3次，每次3下，时间相隔为2～3秒，自报“客房服务”；倾听房内无动静时，用房卡开启门锁，先把门轻轻推开15厘米的缝隙，再报一次“客房服务”确定无人时进入房间。

3.迅速检查

①如房内有游客应等游客离房后，才可进房检查并及时通知收银员查房时间控制在3分钟之内。

②客房服务员检查酒水消费时应将其品名及数量通知收银员。

③检查抽屉、衣柜、床铺、卫生间是否有游客遗留物品，如有应及时归还游客；同时报告主管并登记。

④检查房间设备、设施是否运转正常，如有损坏应及时通知前台进行赔偿；同时报告主管并登记。

4.报告登记

①客房服务员将查房结果迅速通知收银员并记录其工号；

②查报退房后在工作本上做好记录并更改房态，并尽快打扫。

(四)清洁退房服务流程与规范

1.准备工作

①整理仪容仪表，领取对讲机、耳机、房卡，查看交班记录事项；

②检查房口车上客用物品及清洁用具是否齐全；

③ 向主管了解房态及时更新，并根据缓急安排打扫房间顺序。

淡季：VIP—挂牌房—走房—住客房—长住房—空房。

旺季：空房— VIP—走房—挂牌房—住客房—长住房。

2.一进

① 敲门3次，每次3下，时间相隔为2～3秒，自报“客房服务”；(两次后)

②倾听房内无动静时，用房卡开启门锁，先把门轻轻推开15厘米的缝隙，再报一次“客房服务”确定无人时轻轻把门打开进入房间；

③共敲3次门报3次“客房服务”房口车靠近门口(如对面无房门也可放置对面靠墙一侧，要方便其他游客通行，摆放整齐)；

④在客房服务员工作表上填写进房时间，将备用卡插进取电插座，挂上正在打扫牌，在卫生间门口铺上小垫毯；

⑤清洁篮放于卫生间门里右侧，同时带入两湿两干抹布；

⑥将窗帘全部打开，让光线射进房内，并检查窗帘有无破损污迹，拉关是否顺畅。关闭房间所有灯具并检查是否损坏；

⑦打开窗户或开大空调，同时检查空调及开关是否正常。工作完毕要及时锁好或关闭。

3. 二撤

①先撤房内布草和卫生间巾类，撤时要仔细检查不要夹带游客或宾馆物品；

②按房内顺时针或逆时针方向清理房间垃圾杂物；

③将游客用过的皂头、浴液、发液瓶和其他杂物用垃圾桶收走并倒入房口车的垃圾袋中，(注意回收物品要装统一袋中)同时要查看垃圾桶内和其他地方，是否有一些价值的物品，如有要及时上交部门处理；

④清倒烟缸时查看烟头是否熄灭；

⑤将茶杯和烟缸撤到卫生间冲洗干净，茶杯要消毒处理(红外线消毒)。

4. 三铺

按用过的床数带齐床单、被套、枕套。颜色统一。

①拉床　服务员弯腰下蹲双手将床垫慢慢拉出，离床头约30厘米，床垫与床架要两侧对齐，整理保护垫发现污渍要及时更换。

②铺床单　抖单，站在床尾，将叠好的床单打开，使其正面向上，以平衡力向对面抛出，床单中线居中，四边自然下垂，平整不褶皱，将床垫缓缓推向原位。

③包角　将四周垂下的部分塞进床架与床垫之间，绷紧床垫，包角要求内角45度，外角90度，铺单时，检查是否有污迹或破损，如有要及时更换，操作时做到快、简、巧、准。

④套被套　套被套要求一步到位，掌握动作要领，注意被子的正反，面及前后方面，将被子平铺在床头上，被边与床头平齐，四角拉平并折回40厘米。

⑤套枕芯　将枕袋平放在床上，枕套芯套入枕袋内四角充实，封好枕袋口，将枕头摆放床头正中，枕口与床头柜相反，若是双人床，枕头开口方向应相对。

⑥铺床尾巾时床尾巾平整美观，两边留出距离匀等。

5. 四抹

①从门铃开关开始抹起顺时针或逆时针方向，先上后下，先里后外，抹一圈；

②灯泡、镜面、电视机、插座要用干布擦抹；

③湿抹布要经常清洗，以免越抹越脏，抹时动作不要重复一次到位，以免耽误时间；

④抹的过程中默记待补充的备品，发现有损坏的要及时报修；

⑤擦抹完房间物品和家具后要按标准复位；

⑥擦拭房间内所有镜子、玻璃、电视屏幕后，侧面面对着光亮再查视一遍。

6. 五洗

①客房服务员打开卫生间灯以及换气扇；

②用清洁剂喷洒面盆、马桶、玻璃四壁刷洗并用清水冲洗干净，面盆要留意下水口处是否有毛发等污物，查看各设施是否完好正常使用，并用专用干布擦抹干净水箱、马桶座沿、盖子的内外及马桶外壁、五金器等清洁干净；

③用抹布擦拭卫生间顺序由面盆、五金、镜面、玻璃面、马桶由外至内清洁；

④从里到外抹地面，特别注意对地漏处清洁，不要有毛发留在地漏口上，最后擦干地面，保证无污渍、无毛发、无水渍；

⑤抹的过程中要注意地面湿滑，以免发生危险；

⑥清洁篮放在房口车时要摆放整齐和稳固，以免清洁剂洒到地毯上。

7. 六补

①按照规定用品的品种、数量及摆放位置补充用品。注意检查用品的包装是否破损，摆放要整齐美观；

②卫生纸按要求折角定位，不得少于 1/3；

③补充巾类按标准折叠定位，摆放整齐无污渍，无破损；

④卫生间门要开 30 度角，玻璃门要开着；

⑤补充游客消耗的酒水。

8. 七吸与拖

①用专用抹布将地面清洁干净，先从里往外倒退抹至房门处，地毯要按顺毛吸尘如有硬物要先拾起再吸尘保证地面无杂物无污渍水迹；

②抹的过程中不要撞坏家具和地脚线，不要弄脏窗帘窗纱；

③发现地板或地毯有污渍、烫伤要及时处理。

9. 八检

①检查电话、电视、灯具、空调等设施是否运转正常；

②检查窗帘、窗纱、床单、枕头是否整齐、美观、干净；

③地面是否有杂物，有无遗留清洁用品等工具在房内，检查时认真细致，保证无差错；

④将空调调到规定位置,喷空气清新剂,取回正在打扫牌,取电卡,房内灯只留廊灯或床头灯,收小垫毯,轻轻关房门并确保房门锁好,填写出房时间表;

⑤报主管检查房间转房态。

六、农家旅游客房服务质量管理

"质量是企业的生命"这一观念已经成为当代企业的基本共识,对于饭店管理也是如此。在市场竞争条件下,饭店经营成败的关键在于服务质量。客房服务是饭店服务的重要组成部分,其质量高低直接影响饭店服务质量和客房出租率。要加强客房服务质量管理,提高客房的服务质量水平,必须认识客房服务质量及其管理内容。

(一)客房服务质量的构成

服务质量是指以设备或产品为依托的劳务适合和满足宾客物质和精神需求的程度。适合和满足的程度越高,服务质量就越好。客房服务质量是由以下三方面内容构成的:

1. 客房设备设施用品质量

包括客房家具、电器设备、卫生间设备、防火防盗设施、客房备用品和客房供应品的质量。这些是客房服务提供的物质基础,其舒适完好程度如何,直接影响到整个客房服务的质量。

2. 客房环境质量

主要是指客房设施设备的布局和装饰美化、客房的采光、照明、通风、温湿度的适宜程度等。良好的客房环境能使游客感到舒适惬意,产生美的享受。

3. 劳务质量

劳务质量是客房部一线服务人员对游客提供的服务本身的质量。它包括服务态度、服务语言、服务的礼节礼貌、服务方法、服务技能技巧、服务效率等。在这三方面中,设备设施用品和环境的质量是有形的,劳务质量是无形的,却又是服务质量的最终表现形式。二者的有机结合,便构成了客房服务质量。客房管理的目的,就是促使客房服务质量得到全面提高,满足游客物质需求和精神需求,从而创造经济和社会两个效益。

(二)客房服务质量标准的建立

1.客房服务质量标准设计的依据

客房服务质量标准的设计主要应该考虑三个方面的因素：

(1)适应性　设备设施的质量标准必须与档次相适应。因此，客房服务设施的标准就有不同的层次。

(2)合理性　服务质量的标准必须和产品价值相吻合。客房服务质量的标准体现的是客房产品的价值含量的高低。与其他产品一样，客房产品也应该符合物有所值的要求，服务质量的标准包括有形价值和无形价值两部分。由于它关系到消费者和旅游场所双方的利益，制定标准应该准确合理。

(3)针对性　服务质量的标准必须以游客的需求为出发点。服务质量中人的劳务质量体现在服务态度、服务技巧、礼节礼貌等各个方面，其质量高低主要取决于游客的心理感受，因此，任何脱离游客需求的服务标准都是没有生命力的。

2.客房服务质量标准的内容

根据客房服务质量标准的设计所要考虑的因素，客房服务质量的标准应包括10个方面的内容。

(1)服务工作标准　主要指饭店为保证客房服务质量水平对服务工作所提出的具体要求。服务工作标准不对服务效果做出明确的要求，只对服务工作本身提出具体要求。例如，客房床单应每日更换一次；大堂地面必须每天定时推尘。

(2)服务程序标准　指将服务环节根据时间顺序进行有序排列，既要求做到服务工作的有序性，又要求保证服务内容的完整性。例如客房接待服务有四个环节，即游客到店前的准备工作、游客到店时的迎接工作、游客住店期间的服务工作、游客离店时的结束检查工作，其中每个环节又进一步细分出很多具体的步骤和要求，如果这个环节中有一个步骤出现问题，都会使客房服务质量受到很大影响。确定客房服务程序标准是保证服务质量的重要举措。

(3)服务效率标准　指在对客服务中建立的服务的时效标准，以保证游客得到快捷、有效的服务。例如，客房服务中心接到游客要求服务的电话，3 分钟内必须为游客提供服务；游客交付洗烫的衣物必须在 24 小时以内交还游客等。

(4)服务设施用品标准　指饭店对游客直接使用的各种设施和用品的质量和数量做出严格的规定。设施和用品是饭店服务产品的硬件部分，其使用标准制定的高低直接影响到客房产品质量水平的一致性。如果客房中的一次性牙刷和牙膏质量低劣,游客就往往会在使用这些劣质用品时对饭店整体的质量水平产生怀疑和不满。

(5)服务状态标准　指针对给游客所创造的环境状态、设施使用保养水平提出的标准。例如,客房设施应保持完好无损,所有电器可以正常使用,卫生间24小时供应热水,地毯无灰尘和无霉变。

(6)服务态度标准　指对服务员提供面对面的服务时所应表现出的态度和举止礼仪做出的规定。如服务员须实行站立服务,接待游客时应面带自然微笑,站立时不得前倾后靠和双手叉腰以及搔头挖耳,当着游客面不得高声喧哗、吐痰、嚼口香糖等。

(7)服务技能标准　指客房服务员所应具备的服务素质和应达到的服务等级水平以及语言能力,规定服务人员所应具有的服务经验和所应掌握的服务知识,规定特定岗位上的服务人员能够熟练运用的操作技能。如一名客房清扫员应能在30分钟左右完成一间标准客房的清扫工作。

(8)服务语言标准　指规定的待客服务中所必须使用的标准化语言。饭店在欢迎、欢送、问候、致谢、道歉等各种场合下要求员工使用标准语言。如规定服务中使用的敬语口诀:"请"字当头,"谢谢"不断,见面"您好",离别"再见",得罪游客"对不起",游客谢谢"没关系"等;同时也应明确规定服务忌语,如规定在任何时候不能回答游客说"不知道"。使用标准化语言可以提高服务质量,确保服务语言的准确性。

(9)服务规格标准　指对各类游客提供服务所应达到的礼遇标准。例如:规定对入住若干次以上的常客提供服务时必须称呼游客姓名;对入住豪华套房的游客提供印有游客烫金姓名的信纸信封;对VIP游客的房间要放置鲜花、果篮。

(10)服务质量检查和事故处理标准　这是对前述服务标准的贯彻执行所制定的标准,也是饭店服务质量的必要构成部分。发生服务质量事故,饭店一方面要有对员工的处罚标准,另一方面也要有事故处理的程序和对客补偿、挽回影响的具体措施。

(三)客房服务质量控制的主要环节

1.准备过程的质量控制

在游客到来之前,各岗位做好充分准备工作,加强质量管理,是保证服务质量的物质基础和前提条件,直接关系到整个服务过程的质量。

(1)精神准备　要求每个服务人员必须精神饱满,思想集中,着装整洁,规范上岗。必要时要事先了解游客的身份、生活习惯等,以便有针对性地提供服务。

(2)物质准备　包括前厅、客房、安全保卫等各方面的准备工作。保证宾客一进店,就能提供满意的服务。例如,客房部要检查房间的设备是否齐全完好,房间是否整洁,布置是否美观、舒适,用品配备如何等,以确保客房质量标准。

2.接待服务过程的质量控制

接待服务过程是客房服务全过程中的关键环节,其质量是客房服务质量最直接、最具体的体现。接待服务质量的高低,直接影响到宾客的满意程度和饭店的声誉。接待服务过程的质量控制主要有以下两方面内容:

(1)严格执行接待服务规范,加强服务质量检查　游客到来入住后,服务人员必须严格按规范的标准方法和程序进行操作,为宾客提供优质服务。各级管理人员要以服务质量标准为依据,加强对服务质量的监督和检查,如发现质量问题要及时纠正,加强控制。特别是对接待服务的关键部门、岗位或薄弱环节要实行重点的有效控制。

(2)搜集质量信息,分析产生质量问题的原因,尽快研究改进

3.结束过程的质量控制

接待服务结束工作的质量控制,是客房全过程质量控制的最后一个环节。主要内容有:

(1)游客离开前的工作

①服务人员要主动、诚恳地征求意见,对服务质量不足之处要表示歉意。对一些未尽事宜或宾客提出的要求和投诉,要尽可能给予补救和答复解决;

②掌握宾客离店时间,认真核对宾客账单,保证准确、及时结账,防止漏账;

③游客离开时,主动告别,并表示感谢,欢迎下次光临。

(2)宾客离店后的工作　正确处理游客遗留、遗弃物品。做好新一轮的服务接待准备工作,以迎接下一批游客的到来。

【实训练习】

客房卫生服务

一、实训目的

通过对客方卫生服实践操作,使学员熟悉客房卫生服的房间整理、铺床的三线

对齐、四角相同、床面紧绷、枕线分明、床罩均匀下垂直等基本要求和房间与卫生间清洁卫生的处理方法。

二、实训准备

1. 床上用品床单一条、被套一条、被芯一条、枕袋两条、枕芯两个、床尾旗一个。

2. 清洁卫生工具。

三、实训内容

1. 按照规定的进入客房的规范开门进房，将房门完全打开（可用门吸把门固定好），直到该客房清扫完毕；

2. 观察室内情况；

3. 拉开窗帘、开窗、开空调；

4. 检查所有灯具；

5. 检查小酒吧；

6. 撤走房内用餐的餐车、餐具；

7. 撤走用过的茶杯、烟灰缸，清理垃圾；

8. 撤走脏的布草；

9. 做床。

撤床与做床的步骤与要求见表 5-1。

表 5-1　撤床与做床的程序与要求表

步骤	操作规范	要求
1. 撤床	(1)先在床尾处将床单全部拉出，然后撤毛毯，从床尾处向后把毛毯拉出并放于圈椅上；(2)撤床单；(3)撤枕套：双手握住其尾部，开口处向下，提起使枕套与枕芯分开，然后将枕芯放于圈椅上	床单要一张一张撤，仔细检查是否夹带有游客物品；脏床单要卷好放在布草袋里，不要放在地下；切忌将脏床单和干净的床单混放，以免沾染细菌
2. 带入干净床单、枕套	把所需的干净床单、枕套等物品带入房间	在带铺所需要的干净布草时，注意不要夹带脏物品
3. 拉车	服务员自然地站在床头前的中间位置，双手把床位开，使之距床头板 50 厘米处，并检查和整理好床垫和保护垫	铺床前应注意检查床垫和保护垫，发现有弄脏的要及时更换并清洗；注意，每一个细小动作都会影响卫生的质量好坏

续表 5-1

<table>
<tr><th>步骤</th><th>操作规范</th><th>要求</th></tr>
<tr><td>4. 铺第一层单</td><td>1. 甩单、定位：一次到位，床单毛边向下，床单中线不偏离床的中心线。
2. 包角：可包直角，也可包 45 度角，但四个角的式样与角度需一致，角缝要平整、紧密。床角两侧塞进床垫部分约 15 厘米，平整无波纹，床头床尾塞进床垫部分约 15 厘米，要求平整无波纹</td><td rowspan="4">操作要求。
(1)操作时间：3 分，超每 1 秒，加或扣 0.1 分。
(2)铺床过程中，选手不能跑动，每违例一次扣 2 分。
(3)铺床过程中，选手不能跪床，每违例一次扣 2 分。
(4)操作轻松、潇洒、有节奏、不忙乱、不重复</td></tr>
<tr><td>5. 套棉被</td><td>被套一次抛开，正面向上，开口在床尾；
将被芯压入被套开口中，从开口处将两手伸进被套内，用被套外角抓住被芯的两角，用力向内抖动两下，把棉被芯装进被套 2/3，顺势将被面正面朝上把装好部分抛向床头方向，然后把剩下的 1/3 装进被套，固定好两角，然后用力将棉被整体向上抖动两下，使棉被芯在被套里完全展开；
把封口绳结头朝内打结，不露绳头。
被形。调整棉被位置，使棉被床头部分与床垫床头部分空余 10 厘米，将棉被床头部分翻折 30 厘米，棉被与床头的距离是 40 厘米。
床尾式样、角度一致、美观，包不包角均可</td></tr>
<tr><td>6. 套枕头</td><td>1. 四角饱满，枕芯不外露，枕头外形平整、挺括。
2. 放枕头：枕头居中，枕头边与床两侧距离相等，枕头开口处与床头柜方向相反</td></tr>
<tr><td>7. 铺床尾垫</td><td>中缝对齐，两边下垂相等，床尾下垂约 1 厘米</td></tr>
<tr><td>8. 将床复位</td><td>双手轻轻托起床尾，对正床头板的位置慢慢地把床推回原处，最后再查看一下</td><td>床头与床头板对称，注意床头要摆在床头板的中间位置</td></tr>
</table>

10. 抹尘、检查设备。
11. 补充房间用品。
12. 清洁卫生间。
13. 离开客房之间自我检查和回顾一遍。
14. 关掉空调和总电开关，然后将房门锁好。
15. 填写“楼层服务员做房日报表”。

四、方法步骤

1. 分组：每 4～5 人为一组。

2. 由教师进行示范，然后按组每人分别进行实际操作。

五、实训考核

1. 要求整个操作 5 分钟内完成。

2. 由教师对学员操作质量进行评价考核。

知识窗口

客房服务员安全知识

一、消防安全

1. 必须参加通过消防培训。
2. 物品不能堵塞消防通道。
3. 严禁在禁烟区内吸烟。
4. 发现火情需停止工作，及时报警。
5. 倒烟缸时需确信无未灭烟蒂。
6. 不能将布草放在灯罩上。
7. 不能摆弄消防设施。
8. 不能违章使用化学药剂（药剂不能太浓）。
9. 不准擅自摆弄电器。
10. 遵守消防要求和程序。

二、楼层安全

1. 不得将钥匙交给无关人员。

2. 其他部门的员工如要进房须由服务员开门，并陪同一起进去，然后登记在报表上。

3. 有游客要求开门，必须确认是该房游客，如不能确认要礼貌地向游客解释清楚。（例：为了您的安全，请到前台办理手续。）

4. 发现楼层有可疑人和事，要及时报告主管，通知保安。

5. 礼貌地及时问讯陌生游客的房号。

三、房间安全

1.按操作程序工作。

2.不能擅自摆弄电器，有故障及时报修。

3.发现游客私用大功率电器，需及时阻止和劝告并马上报告。

4.家具蜡严禁用在地坪上。

5.及时收好机器，电线不能拖得太长，防止绊脚。

6.游客衣物放在灯具上，需拿下来。

四、人员安全

1.机器设备正确方法使用。

2 不要在工作区域奔跑，避免摔跤或跌倒。

3.清洁地面时，必须使用“小心地滑”牌。减少潜在的危险。

4.注意正确着装与首饰正确的佩戴。

5.必须选择具备防滑功能的工作鞋。

6.员工搬运载物品必须使用合理方法。

7.碎玻璃或游客使用过的剃须刀片等必须在单独的袋子中(或用废报纸包裹)，并及时处理。

五、客房服务员安全守则

1.使用清洁剂前，必须充分了解性能。

2.使用喷壶时，喷嘴必须避开脸部。

3.规范着装，不可佩戴宽松饰物而妨碍工作。

4.保养清洁高处时，应做好防范措施，一避免摔倒受伤。

5.工作车上的不得堆积太高布草，以防发生不必要的意外；推车速度不应太快，以免撞到游客及墙面。

6.在客房内清洁时，如有游客回房，必须请其出示钥匙或钥匙卡，查验无误方可让游客进房。

7.清洁完毕离开房间，不可将其他物品遗留在房内，以免让游客对农家旅游场所的安全产生怀疑。

8.若发现房间门半开或钥匙插在门上，应立即查看；如无人，需及时报告主管和安保。

9.必须特别注意防火安全，保持各紧急逃生指示灯的照明正常，发生故障随时报修。

第六讲　农家旅游餐饮服务

一、农家旅游场所餐饮服务岗位职责与要求

古人讲民以食为天,现代人对吃的欲望更甚,城市居民利用闲暇时间来到休闲农庄或农家旅游场所等放松心情、享受自然美景和呼吸新鲜空气的同时吃当地的农家土菜更是一大趣味。不同主题和不同大小规模的农家旅游场所餐饮部有各异的岗位设置和服务特色。

(一)餐厅

餐厅是为游客提供食品、饮料和良好服务的公共场所。餐厅必须具备三个基本条件,即有着固定场所;提供食品、饮料和服务;以盈利为经营目的。其中,食品、饮料是基础,优质服务是保证。

餐厅的主要职能包括以下几个方面:

(1)按照规定的标准和规格程序,用娴熟的服务技能、热情细致的服务态度,为客人提供餐饮服务　不同主题风格的餐厅可以有各具特色的服务。例如,以蝴蝶为主题的农家旅游场所目前在全国不少于40家,这类农家旅游场所的餐厅服务就别具一格,服务员穿着两片蝴蝶翅膀、迈着轻盈的步伐轻轻地像是在飞一样来到游客身边给游客服务,所以说,这类主题的餐厅服务的时候讲究“轻盈”。此外,在全国还有各式各样主题的农家旅游场所中,这些不同风格的农家旅游场所在服务的时候应当根据自身的特色向客人展现出不同的服务风格。

(2)扩大宣传推销,强化全员促销观念,提供建议性销售服务,保证餐厅的经济效益　在宣传推销中应该主推该农家旅游场所的特色菜肴和酒水,特别是酒水大部分地方都是清一色的农家米酒,但是笔者建议一定要在米酒上下文章才更具特色,才会有更多的游客为其买单。例如,可以在酿酒的时候加入当季一些特有的花,或者加入一些当地特有的有特定疗效的中草药,这样在功效方面就会令游客蠢蠢欲动;另外,还可以在酒的名字和包装上下足功夫,取名一定要有吸引力、有艺术性,包装也要突出当地的民俗和乡土风味。

(3)加强对餐厅财产和物品的管理　控制费用开支，降低成本，即使检查餐厅设备的使用状况，做好维修保养工作，加强餐厅设备管理。

(二)厨房

厨房是餐饮部的主要生产部门，负责整个农家旅游场所的早中晚以及特色小吃的烹饪，负责厨师的培训、菜点的创新、食品原料采购计划的制定以及餐饮部成本控制等工作。

1. 厨师长

(1)协助制定中厨房管理制度、服务标准、操作规程、各岗位职责，布置每日任务，合理安排工作岗位，确保厨房工作的正常运作。

(2)熟悉原材料种类、产地、特点、价格，熟悉时令品种，对原材料质量严格把关。

(3)拟定符合农家旅游场所特色的宴会菜单、散点菜单和特色菜菜单，负责成本核算和毛利率控制工作。

(4)检查餐前准备工作，掌握原材料的消耗情况，确定紧急补单追加采购计划的申请。

(5)检查厨房每日的卫生，检查厨房的出品质量，把好食品卫生安全质量关。

(6)检查督促下属员工的岗位培训与业务进修，亲自负责培训工作，提高厨师的技艺，保持酒店的餐饮特色。

(7)完成餐饮部经理布置的其他工作。

2. 厨师

(1)在厨师长的指导和安排下烹制美味的菜肴。

(2)制作各式各样的面点。

(3)制作各式各样的凉菜。

(4)制作农家旅游场所特色菜。

3. 洗碗工

(1)服从餐饮部工作安排，负责指定区域的洗碗工作。

(2)熟悉操作规范、工作标准和服务要求，熟悉各种消毒剂的使用，掌握各种用具、餐具、酒具的清洁卫生操作。

(3)保持清洁消毒间的清洁卫生，做到地面干爽无积水、餐具堆放齐整无歪斜、器皿分类无混杂、垃圾桶加盖无异味、水台洁净无死角。

(4)负责收拾泡洗脏炉具、厨具、用具，清理工作台、工作柜，打扫厨房地面卫生。

(5)及时清理运送厨房和餐厅的垃圾,确保无积压。

4.清洁工

(1)服从管事工作安排,负责指定区域的洗涤清洁工作。

(2)按操作规程对厨房设备设施清洗,坚持先高后低,先上后下,先表后里,先墙面、台面后地面、地沟,先扫后冲,炉头和台面冲水后,要立即抹干水,地面冲水后要立即拖干水,清洗时,注意水压大小,确保不损坏餐具炉具。

(三)传菜员

(1)做好开餐前的传菜准备工作。

(2)负责将厨房烹制好的菜肴食品准确及时地送给餐厅值台服务员。

(3)负责将点菜员开出的并经吧台收银员盖章的点菜单传送到后厨。

(4)严格执行传送菜点服务规范,确保准确迅速。

(5)与值台服务员和后厨保持完好的联系,做好信息沟通。

(四)点菜员

(1)掌握一定的服务知识,善于向客人推销菜品。

(2)熟悉每日的菜品及面点,简单了解其制作工艺及时间。

(3)为客人介绍餐厅特色菜品及烹制方法。

(4)努力学习菜的知识,提高自己专业水平。

(5)做好与后厨的信息沟通,将客人的要求及时反馈到厨房。

(五)预订部

(1)接待游客的来访来电,并做好记录,并统计每天预定人数、单位等信息。

(2)每天分发宴会单、更改单、活动预报并发送到有关部门,请各部门接受人签名登记。

(3)实际检查接待准备情况,保证安排兑现。

(4)与有关部门协调,解决客人特别需求。

二、农家旅游餐厅环境布置

餐厅的布置要突出农家旅游场所的主题,注重和谐的环境,合理布局,善于搭配各种颜色和部件,还要讲究一些风水学的知识。

(一)餐饮主题的确定

餐厅的主题主要要根据农家旅游场所的主题进行确定，不但符合农家旅游场所的特色，而且要突出农家旅游场所的特色；既要符合农家旅游场所的特色，还要有自己的特色，下面将讲解餐厅主题怎么确定。

确定该餐厅的营业性质或功能是作为风味厅还是宴会厅；是作为中餐厅还是西餐厅；主题应该体现该餐厅的销售内容和方式；餐厅主题表明该餐厅的服务规格或水准；餐厅主题还应反映农家旅游场所的餐厅的技术力量和专长。

确定餐厅环境主题过程中还应考虑主、客观条件。客观条件包括餐厅经营期间的社会、经济形势，气候因素，客源状况及地理位置的分析。主观条件包括餐厅的设备、设施，资金财力，技术力量等软、硬件水准，还有投资者对项目的熟悉程度、投资的大小、风险的大小、各种问题的处理能力、承担结果的能力等。

提醒广大投资商们，想要寻找投资项目首先要从自身的条件出发，先罗列出一些可行的项目，然后根据自己一些实际的问题，做出筛选，到最后再针对剩下的几个项目进行简单的市场分析。最后在选择出 2～3 个比较合适的项目，然后征求家人、朋友、相关专家的意见和建议，最后再做出决定，在餐厅的风格上，最好遵循专业设计师的建议，一定要找到餐厅的“灵魂”所在。风格与餐厅效益可以说是一荣俱荣，一损俱损的。

(二)餐厅风水学

餐厅虽然只是我们在吃饭的时候才待的地方，时间不长，但它的风水也非常重要，它是人体能量的补充之地，忽视不得。而餐厅风水中，尤以餐桌的风水最重要，它对家庭团圆、夫妻和睦的影响非常之大。笔者总结了以下一些需要注意的事项。

1. 餐桌形状

宜选圆形或方形。

餐桌形如满月，象征一家老少团圆，亲密无间，商务人士谈生意圆圆满满、顺顺利利，而且聚集人气，能够很好地烘托进食的气氛，愉快身心。

餐桌比较忌的是有尖角的类型，在风水上说三角形杀伤力煞气大，会导致家庭不和，家人的健康受损，棱形餐桌则会导致钱财外泄。在科学上说危险性强，尤其是家里有小孩子老年人时。

至于方形的餐桌，小的仅可坐四人，称为四仙桌；大的可坐八人，又称八仙桌，因它象征八仙聚会，也很吉利，方正平稳，象征公平与稳重，虽然四边有角，但因不是尖角而无杀伤力，因此也被人乐于采用。

2.餐桌质地

以木质为佳。

餐桌表面以易清理为本,大理石与玻璃等桌面较为坚硬、冰冷,艺术感较强,但因其易迅速吸收人体饮食后产生的能量,不利于就餐者的座谈交流,因此不宜使用。但可以通过形状调和。

3.餐桌环境

顶上宜平不宜斜。

餐桌上之屋顶宜平整无缺,若有横梁压顶,或位于楼梯下,或屋顶倾斜,这均会对用餐客人的健康有损。横梁压顶是风水的大忌,必须尽量设法避免。

4.餐桌不宜过大

有餐厅喜欢豪华气派,专门选购特大餐桌,这本无可厚非,但必须注意餐桌与餐厅的大小比例,如果餐厅面积并不宽敞,却摆放大型餐桌,形成厅小台大,非但出入不便,而且会阻碍餐厅的风水。

总之,餐桌虽小,但其重要性却不可言喻,且是农家旅游场所餐厅客人每日的一日三餐必接触之地,所以风水更应该小心才是。

(三)农家旅游特色餐厅的设计

1.服务人性化

勤劳简朴、热情好客是中华民族的传统美德,特别是远离市场竞争的乡村,村民大多心地善良、淳朴憨厚。但是随着游客数量和接待次数的增加,许多作为农家旅游场所旅游的家庭住户的管理人员(一般是户主)服务水平不高,服务意识不足,往往会造成无论是哪位客人的要求、不管是什么要求、能不能够达到的要求都满口答应。但是由于农家住户服务人员较少,一旦忙起来,客人的要求不能够及时满足或者先满足了那些无关紧要的要求,就会给客人不好的印象。其实,农家旅游场所的服务人员不能一味迁就客人而勉强为难自己,而要学会合理拒绝客人,尤其是在现有条件下很难满足的要求。同时在客人用餐时,服务人员不能远离,要及时为客人提供服务(图 6-1)。

2.器具统一化

与居家自用不同,游客用餐讲究的是协调与舒适。但许多农家旅游场所餐馆使用餐桌、餐椅、餐具并不统一,往往在一家可以看见颜色式样各异的桌子和椅子,一个餐桌上可以看到大大小小的盘子、高高低低的碗,塑料的、搪瓷的、铁质的一起

图 6-1 餐饮迎宾

上，给人以不整洁之感。因此，农家餐需要根据自己的接待能力配备相应数量的餐具和器皿，如果使用具有地方特色的餐具效果会更好。

3. 卫生安全化

农家旅游场所的厨房制作车间生菜与熟菜分开放置，饮用水源和清洁水分开，面粉、米、油、调料等储藏间也要防潮、防鼠、防霉变，同时仓库要禁止外人出入。自然的家庭氛围，质朴的生活方式，文明的休闲内容，是农家旅游场所吸引城里人的特色。农家旅游场所要吸引客人，用餐环境必须干净整洁，最好是有专门的餐厅，条件不好的也可以将自家庭院开辟出来，但庭院用作餐厅需要做好灭蝇、灭蚊、防尘、防风沙。

4. 菜肴本土化

都市人吃惯了山珍海味，到农家旅游多为寻求绿色自然。因此农家餐馆并不是越高档越好、菜的品种并不是越贵越好。“农家旅游场所”的菜肴应以民间菜和农家菜为主，一定要突出自己民间、农家的特色，并且要在此基础上有所发展和创新。农家旅游场所的菜肴要立足农村，就地取材，尽量采用农家特有的、城里难以见到的烹饪原料。除了农村特有的土鸡、土鸭、老腊肉、黄腊丁以及各种时令鲜蔬外，还应广泛采用各种当地土特产。

农家旅游场所的主食也应该充分体现出农家的特色。例如，农家旅游场所的米饭就不应该是纯粹的大米饭，而应该做成诸如“玉米粒焖饭”（俗称“金裹银”）、

“腊肉豌豆焖饭”“红苕(或南瓜)焖饭”“豇豆(或萝卜丝)焖饭”等等。其实,这些饭既有农家特色,又好吃,而且成本不高。农家旅游场所的小吃和面点也不能搞得和城里一样,而是应当突出农家特色,搞一些诸如凉粉、凉面、锅摊(薄煎饼)、发糕、叶儿粑、蒿蒿馍馍、粽子、土豆饼、红苕饼、玉米饼、窝头以及煮玉米、煮红苕、煮土豆之类的小吃和面点。

要根据不同的消费对象和消费者的不同需求安排菜肴。来农家旅游场所消费的人各种各样:有男人、有女人、有年轻人、有中老年人,还有小孩,有工人、有职员、有干部、有企业家,还有文化人等;消费者也有各种各样的情况:有一两个两三个人来的,也有十个八个甚至几十个人来的;有只点几个菜的,也有包上一桌甚至几桌的;有只吃一餐的,也有住上三五天甚至十天半月的等。因此,农家旅游场所菜肴就应当根据不同的消费对象,并针对消费者的不同情况,灵活变化、合理安排。例如,男人一般都要喝酒,可以多安排一些大菜,女人、小孩不喝酒,则可以多安排一些小吃;工人、职员可以多安排一些经济实惠的菜,干部、企业家、文化人等可以多安排一些档次稍高且比较有特色的菜;用餐少的可以尽量安排特色菜;多的则可以面面俱到,各种菜肴都安排。对于那些要住上十天半月的消费者,所安排的菜肴可尽量做到“家常”,使人看起来像居家过日子的样子。

5.质量标准化

农家餐馆的菜单要相对稳定,同一时期的招牌菜和特色菜量要大小多少都差不多,同一道菜不能今天用盘子装,明天用大碗装,同时口味也要尽量统一。农家餐馆要体现经济实惠意识。工薪阶层是游客的主力军,经济实惠、物美价廉是大多数游客消费的常规心理。因此,农家餐馆要多利用本地优势,多用自种的瓜果蔬菜,降低单位菜品的价格,从而让惠于游客,也给农家餐馆带来更多的客源。

三、农家旅游餐饮服务基本技能

农家旅游餐饮服务技能从总体上来说和酒店的服务技能是基本一致的,服务技能是基本的操作技能,是在无数次餐饮服务操作失败和成功案例的基础上科学制定的,只是农家旅游场所的餐饮服务技能更加简单一点,但是同样要求服务员在服务过程中进行“精、准、稳”的操作。

【案例】

骨碟离桌边的距离

一天下午，在餐间休息时，餐厅服务员小钱与餐厅经理唐先生在一起闲聊。聊得正起劲时，小钱对唐先生说："经理，我有一个不成熟的建议，不知您想不想听？"唐先生饶有兴致地问："是什么建议？说来听听。"

小钱便说："在工作时，我经常发现客人坐下以后，他们做的第一件事是将面前的餐具往上面移，然后两手靠在餐桌上，或喝茶，或点菜，或聊天。我就想，为什么我们在摆台时非要规定将骨碟摆放在距桌边1.5厘米的地方？难道就不能将骨碟放到里面一点吗？唐经理，我瞎说说的，您别见怪。"唐先生马上说："小钱，你这不是瞎说说，而是一个非常好的建议，我会向餐饮部经理汇报，看看能否采用。"

一周后，餐饮部经理在部门的全体员工大会上说："我们的摆台将有一些改动，具体的做法由唐经理为大家培训。这个改动是由小钱创意的，非常好，希望所有员工向她学习，将工作中发现的问题进行思考，提出改进的措施。"小钱的脸有点红，但心里感到很甜蜜。

［分析］

目前饭店中的一些用品的摆放确实没有考虑到客人的使用方便。而许多管理者也缺乏创新意识，拘泥于原来的或其他饭店的做法，导致客人在消费时既感到不方便，又觉得饭店没有特色。

骨碟离桌边1.5厘米是绝大多数饭店的摆台标准，但这一标准确实会让客人觉得不方便。许多客人在坐下时都有双臂靠桌的习惯，因此，客人不得不将面前的一大堆餐具移离桌边。如果饭店在一开始将骨碟摆放在距桌边3厘米或5厘米的位置，则可免去客人的动手之劳。

本例中的小钱具有良好的创新意识。她把工作中观察到的就餐客人的行为进行分析，勤于思考，敢于突破传统的思维方式，提出建设性的意见供上级作为决策依据。这种主人翁精神和创新意识确实值得大家向她学习。但她的上司也值得称道，因为唯有开明的管理者才会接纳下属的建议。

（一）托盘

托盘是餐厅服务员在席间为宾客端送物品的常用工具之一。因此餐厅服务员必须了解托盘的种类、规格及使用知识。

1. 托盘的种类

(1)木质托盘　这种托盘用木做坯，外表用油漆进行彩绘。

(2)金属托盘　种类较多，有铜制托盘、铝制托盘、不锈钢托盘及高档的金、银托盘。金、银托盘一般采用铜质金属做胎，外镀金或银。

(3)胶木托盘　这类托盘采用防滑工艺处理，使用较为普遍，具有轻便、防滑、防腐、耐用的优点。

2.托盘的规格用途

按托盘形状可分为圆形托盘、方形托盘及大、中、小数种。

(1)大、中型圆形托盘和小型方形托盘，通常用于斟酒、送菜、分菜、展示饮品等。

(2)大、中型方形托盘，通常用于装送菜点、酒水和盘碟等分量较重的物品。

(3)小型圆托盘主要用来送账单、收款及递送信件等。

递送物品时，应选择大小与所负载的物品相称的托盘。

3.托盘的操作

托盘有轻托和重托两种，但是请托用得更为普遍，而且在客人面前呈现的更多，以下将只进行轻托要领的讲解。

(1)理盘　理盘就是根据所托的物品选择适用的托盘。在理盘前要用医用酒精将托盘及手消毒后再去托盘。将要用的托盘洗后，用布擦干，放在洁净的餐巾上，大小和托盘相适应，外露部分均匀。这样既美观又整洁，还可防止托盘内因物品的滑动而发生意外。

(2)装盘　根据物品的形状、重量、体积和使用的先后次序合理装盘。重物合理装配，轻托的物品装盘除碟、碗外，一般要求平摆，并根据所用的托盘形状码放。托盘的重心应在托盘底部的中心部分，摆匀放均，保持重心。摆放遵循的原则是：先用的在上、在前，后用的在下、在后。

(3)端盘　托盘用左手，端放在左手掌上为宾客服务。方法是左手向上弯曲，小臂垂直于左胸前呈 90 度，肘距腰部 15 厘米，大臂垂直，掌心向上，五指分开，用手指和掌托住盘底，手掌形成凹形，使之平托于胸前，掌心不与盘底接触。托起前左脚在前，左手与左肘呈同一平面，用右手紧紧把盘拉到左手和左肘上，先用左手、左肘把盘放于平肘上，再用右手调整好盘内的物件，确保托盘平衡，使之平托于胸前。

(4)行走　头正臂平、上身挺直、注视前方、脚步轻缓、动作敏捷、步伐稳健、视线开阔。托盘时手腕转动轻松、灵活，使托盘随走动的步伐自然摆动。切记不可出现身体僵硬和托盘摆动幅度太大等不美观、不高雅的动作。

行走的常用步伐如下：

常步：即使用平常行进的步伐，应步距均匀，快慢适宜。端托一般物品时使用常步。

快步(疾行步):步履稳、快而动作协调。快步的步幅应稍大,步速应稍快,但不能跑,以免弄洒菜肴或影响菜形。主要用于端托送需要热吃的菜肴,如锅巴肉片、铁板牛肉、松鼠鳜鱼等,因上菜迟了会影响菜肴的风味质量。

碎步(小快步):碎步就是使用较小的步幅,较快的步速行进,主要适用端汤。这种步伐可以保持上身平稳,避免汤汁溢出。

垫步(辅助步):通常的步态都是左右脚前后交替运动,而垫步则是前脚前进一步,后脚跟进一步。这种步法可以在两种情况下运用:一是当餐厅员工在狭窄的过道中间穿行时,二是餐厅员工在行进中突然遇到障碍或靠边需要减速时。

跑楼步伐:跑楼步伐是服务员端托上楼时所使用的一种特殊步伐。它的要求是:身体向前弯曲,重心前倾,用较大的步距,一步跨两个台阶,一步紧跟一步,不可上一步停一下。上升速度快而均匀,巧妙地借用身体和托盘运动的惯性,这样的步伐既快速又可节省服务员体力。

巧步:指技巧步,即非常规行走的灵活多变的步伐。在端托行走时,如突然遇到意外或障碍时,就要用巧步,以避免意外事故的发生。

(5)卸盘 如果所托物品较轻,可以用右手将物品从托盘中取下来递给客人,或托住托盘,让客人自取。物品取走部分之后,服务员应及时对托盘位置或盘中物品进行调整,使托盘保持平衡。

如果托送的物品较为沉重时,服务员可以将托盘放在邻近的桌面或菜台上,然后将所托物品依次递给客人(图 6-2)。

图 6-2 托盘

(二)斟酒

给顾客斟倒酒水或饮料是餐厅服务员的重要工作内容之一。餐厅员工给顾客斟酒时，斟酒操作动作要正确、迅速、优美、规范这样会给顾客留下美好的印象。餐厅服务员娴熟的斟酒技术及热忱周到的服务，会使就餐的顾客得到精神上的享受与满足，同时还可以增添热烈友好的气氛。

1.斟酒准备工作

餐厅服务员在对客服务过程中，斟酒是其服务工作主要内容之一。因此，服务员应该掌握斟酒的有关知识和方法。斟酒前的准备工作是斟酒服务的基础，所以要做好以下多项准备工作：

(1)酒品种类的准备　餐厅经营的酒品种类一般有常规品种和特殊品种两大类。常规品种是中国名酒及市场畅销的品种，特殊品种则是根据餐厅经营的风味特点而配用的酒品。餐厅经营的酒品应放在较明显的位置，以方便顾客选用。放酒的货柜要精美，酒品的摆放要讲究造型艺术，明码标价，以便促销。

(2)酒具的准备　酒具是斟酒服务的必备用品。餐厅应该准备的酒具种类、规格要与其经营的酒品种类相配。一般常备酒具有：水杯、红酒杯、白酒杯、香槟杯、黄酒碗及冰酒桶、温酒壶、酒篮、酒钻、开酒器等。这些酒具应放在餐厅方便易取的地方，无论客人选中哪款酒品，服务员都能及时将适用的酒杯送到客人面前。由于不同酒品的风味和色泽各不相同，使用一只杯子连饮几种酒，就会使酒失去了各自特色。因此餐厅应准备多种酒杯，使酒水服务更方便、周到。

(3)选酒的准备　餐厅有的客人喝的酒是预订的，但有些客人则是到餐厅后才选酒。这时服务员应主动向客人提供酒单，并介绍酒品种类、口味、度数、产地、香型、瓶装容量、价格等情况。对客人选中的酒品，服务员应立即除去外包装待用。

2.斟酒姿势

斟酒姿势是指斟酒服务时，服务人员持酒瓶的手法、站立、行走，以及向顾客酒杯中斟酒时的动作。斟酒姿势的优美来源于服务员广博的酒品知识、文化修养和表演才能。斟酒前的各项准备工作应做到优美娴熟。

斟酒前，用干净的巾布将瓶口擦净。从冰桶里取出的酒瓶，应先用巾布擦拭干净，然后进行包垫。其方法是：用一块50厘米×50厘米见方的餐巾折叠六折成条状，将冰过的酒瓶底部放在条状餐巾的中间，将对等的两侧餐巾折上，手应握住酒瓶的包布，注意将酒瓶上的商标全部暴露在外，以便让客人确认。斟一般酒时，左手持一块折成小方形的餐巾，右手握瓶，即可进行斟酒服务。斟酒时用垫布及餐巾，是为防止冰镇后酒瓶外溢产生的水滴及斟酒后瓶口的酒液洒在客人身上。使用酒篮时，酒瓶的颈部应衬垫一块大小适宜的布巾，以防止斟酒时酒液外漏。

(1)持瓶姿势　正确的持瓶姿势应是右手叉开拇指，并拢四指，掌心贴于瓶身中部、酒瓶商标的对立面，四指用力均匀，使酒瓶握稳在手中。采用这种持瓶方法，可避免酒液晃动，防止手颤。

(2)斟酒时的用力　斟酒时的用力要活而巧。正确的用力应是右侧大臂与身体呈 90 度，小臂弯曲呈 45 度，双臂以肩为轴，小臂用力运用腕力将酒斟至杯中。腕力用得活，斟酒时握瓶及倾倒的角度的控制就感到自如。腕力用得巧，斟酒时酒液流出的量就准确。斟酒及起瓶均应利用手腕的旋转来掌握。斟酒时忌讳大臂用力及大臂与身体之间角度过大，角度过大会影响顾客的视线并迫使客人躲闪。

(3)斟酒时的站姿　斟酒服务开始时，服务员先应呈直立式持瓶站立，左手下垂，右手持瓶，小臂呈 45 度。服务员向杯中斟倒酒水时，上身略向前倾，当酒液斟满时右手利用腕部的旋转将酒瓶逆时针方向转向自己身体一侧。同时左手迅速、自然地用餐巾盖住瓶口以免瓶口溜酒。斟完酒身体恢复直立状。向杯中斟酒时切忌弯腰、探头或直立。

3.斟酒服务的标准

由于酒品种类不同，故斟酒的标准与顺序也应不同，酒品的饮用顺序往往应与上菜的顺序相协调。

(1)斟酒方法　斟酒方法一般有两种：一种是托盘斟酒，即将顾客选定的酒水放于托盘内，餐厅服务员左手端托，右手取送斟倒，根据顾客的需要依次将所需酒水斟入杯中，这种斟倒方法方便顾客选用。另一种是徒手斟酒，即左手持餐巾，右手握酒瓶，按客人所需的酒水依次斟入杯中。

(2)斟酒方式　斟酒的基本方式有两种：一种叫桌斟，一种叫捧斟。

桌斟：桌斟在桌上完成。服务员站在客人右后侧，右脚在前，左脚在后，右手握住瓶子的下半部，酒标面向顾客，以食指控制流速，顺着杯壁倒。待满后，向外旋转瓶身(90～180 度)抬起瓶口，使最后一滴酒随着瓶身的转动流入瓶中或滴落在酒杯中。

捧斟：捧斟在手上完成。服务员站在客人右后侧，左脚步在前右脚在后，右手握住瓶子的下半部，酒标面向顾客，以食指控制流速。左手握住杯子下半部，杯子倾斜 45 度，瓶口不与杯口相接触。随着酒水的增加，杯子慢慢抬起，适量时，右手向外旋转瓶身(90～180 度)抬起瓶口，使最后一滴酒随着瓶身的转动流入瓶中或滴落在酒杯中。

(3)斟酒量　斟酒量应视酒品的种类而定，同时各种酒品饮用时使用的杯具不同，斟酒标准也不尽相同(图 6-3)。

图 6-3 斟酒

中餐在斟倒酒水时，一般以八分满为宜，以示对宾客的尊重；西餐斟酒不宜太满，红葡萄酒的斟倒量一般为红葡萄酒杯的 1/2，白葡萄酒的斟酒量一般应为白葡萄酒杯的 2/3 为宜。斟倒啤酒时，应分两次进行，以泡沫不溢为准。较为标准的啤酒杯上都印有酒液和泡沫的分界刻度，以便为服务员能更好地掌握斟倒啤酒的量，以酒水过半，泡沫不溢为准。斟香槟酒时，应将酒瓶用餐巾包好，先向杯中斟倒 1/3 的酒液，待泡沫退去后，再往杯中续斟至杯的 2/3 处为宜。也可以先将酒液斟至杯的 1/2 处，等泡沫退去后，再往杯中续斟至杯的 2/3 处。白兰地酒斟二分满，即将酒杯横放时，杯中酒液与杯口齐平。

4. 斟酒顺序

客人入座后，服务员应及时询问客人是否先喝些啤酒、矿泉水等饮品。在一般场合，服务员可先为一桌的长者斟酒。对于一对夫妇，应先为女士斟酒。若是宴会，则应在开始前 10 分钟左右将烈性酒和葡萄酒斟好。宴会斟酒的顺序是：从主宾开始，按男主宾、女主宾、再主人的顺序顺时针方向依次进行。如果是两位服务员同时服务，则一位从主宾开始，另一位从副主宾开始，按顺时针方向依次进行。

但是，在实际服务中，往往由于宴会的规格不同，服务的对象不同，民族风俗习惯不同，国籍的不同等，斟酒顺序也应灵活多样。为亚洲地区客人斟酒服务时，如主宾是男士，则应先斟男主宾位，再斟女宾位。对主人及其他宾客则沿顺时针方向绕台依次进行斟酒服务即可，或视客人要求，先为来宾斟倒，最后为主人斟倒，以此更加表示主人对来宾的尊重。如为欧美客人斟酒服务时，则应先斟女主宾位，再斟男主宾位。

顾客用餐选用了不同种类的酒水时，应按酒水的不同进行排序，如客人选用了白酒、红葡萄酒、啤酒，这时，斟酒的顺序则应是：在客人入座前，先斟好红葡萄酒，再斟白酒，待客人入座后方可斟啤酒。

(三)餐巾折花

1. 餐巾的作用

餐巾折花是餐前的准备工作之一，主要工作内容是餐厅服务员将餐巾折成各式花样，插在酒杯或水杯内或放置在盘碟内，供客人在进餐过程中使用(图 6-4)。

图 6-4　餐巾花

餐巾又名口布，是餐厅中常备的一种卫生用品，又是一种装饰美化餐台的艺术品。餐巾的主要作用有以下几种：

(1)餐巾是餐饮服务中的卫生用品　宾客用餐时，餐厅服务员将餐巾放在宾客的膝上或胸前，餐巾可用来擦嘴或防止汤汁、酒水弄脏衣物。

(2)餐巾可以装饰美化餐台　不同的餐巾花型，蕴含着不同的宴会主题。形状各异的餐巾花，摆放在餐台上，既美化了餐台，又增添了庄重热烈的气氛，给人以美的享受。

(3)餐巾花型可以烘托就餐气氛　如用餐巾折成喜鹊、和平鸽等花形表示欢快、和平、友好，给人以诚悦之感。如折出比翼齐飞、心心相印的花型送给一对新人，可以表示出永结同心、百年好合的美好祝愿。

(4)餐巾花型的摆放可标出主宾的席位　在折餐巾花时应选择好主宾的花形，主人花型高度应高于其他花型高度以示尊贵。

2.餐巾折花造型种类

(1)按摆放方式可分为杯花、盘花两种　杯花需插入杯中才能完成造型,出杯花型即散。现今中餐厅多选用杯花。由于折叠成杯花后,在使用时其平整性较差,也容易造成污染,所以目前杯花已较少使用。但作为一种技能,仍在餐厅服务中存在。盘花造型完整,成型后不会自行散开,可放于盘中或其他盛器及桌面上。因盘花简洁大方,美观适用,所以盘花呈发展趋势。西餐厅多选用盘花。

(2)按餐巾花外观造型可分为植物、动物、实物三种　植物类花型是根据植物造型制作的,也有根据植物的茎、果实造型的,如慈姑叶、竹笋、玉米等。动物类花型包括鱼、虫、鸟、兽。其中以飞禽为主,如白鹤、孔雀、鸵鸟等。动物类造型,有的取其整体,有的取其特征,形态逼真,生动活泼。实物类花型是指模仿日常生活用品中各种实物形态折叠而成,如帽子、折扇、花篮等。

3.餐巾折花演示

(1)牡丹花(图 6-5)

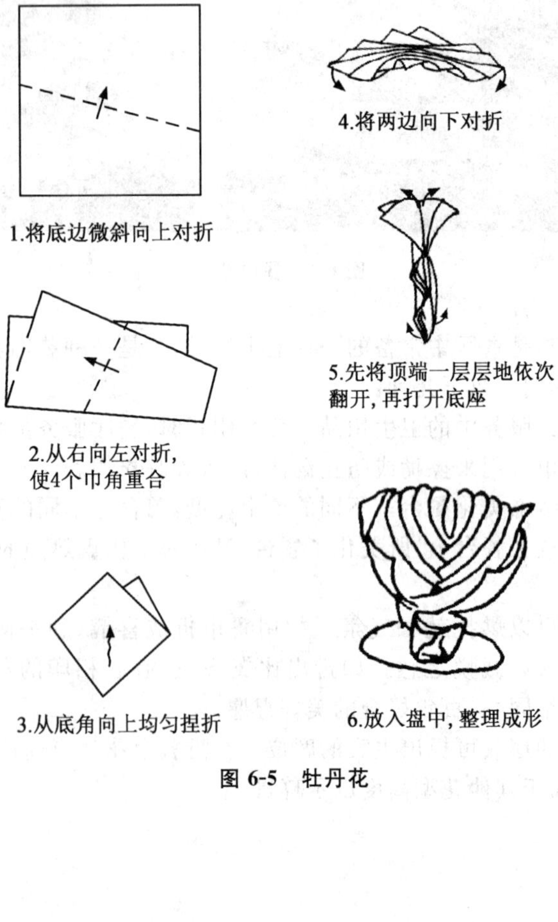

图 6-5　牡丹花

(2)含苞欲放花(图 6-6)。

(3)卧鸽花(图 6-7)。

(4)金鱼花(图 6-8)。

(5)金钟花(图 6-9)。

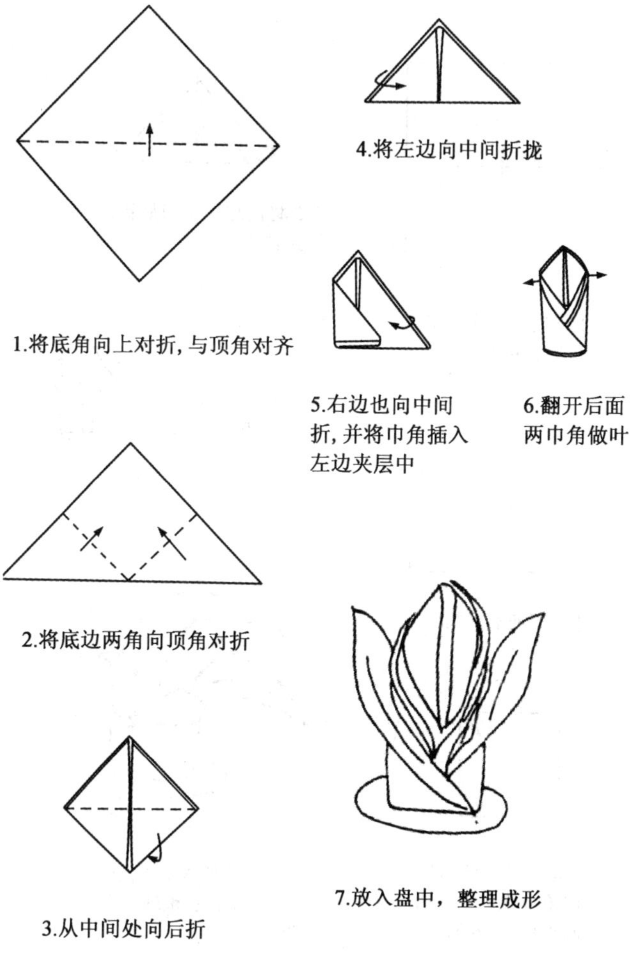

图 6-6 含苞欲放花

卧 鸽

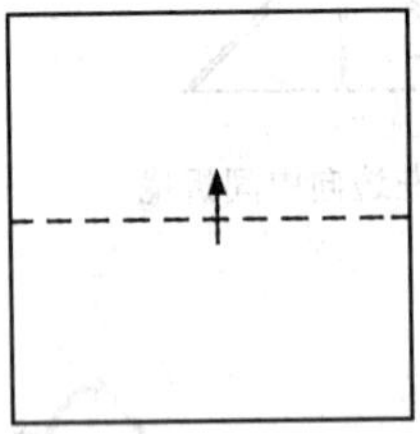

1.将底边向上对折，与顶边对齐

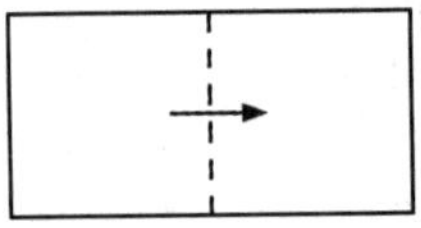

2.从左向右对折

3.将右顶角处的4个巾角依次向后错折，间距1厘米左右

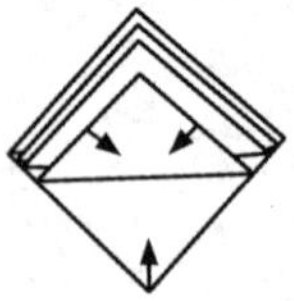

4.先将外层巾角两边向中间折，做成鸟头，再将底角折上，压中颈部

5.将两边巾角向后折，一巾角插入另一巾角的夹层中

6.将3个巾角一起向后折

7.放入盘中，折下鸟头，整理成形

图 6-7　卧鸽花

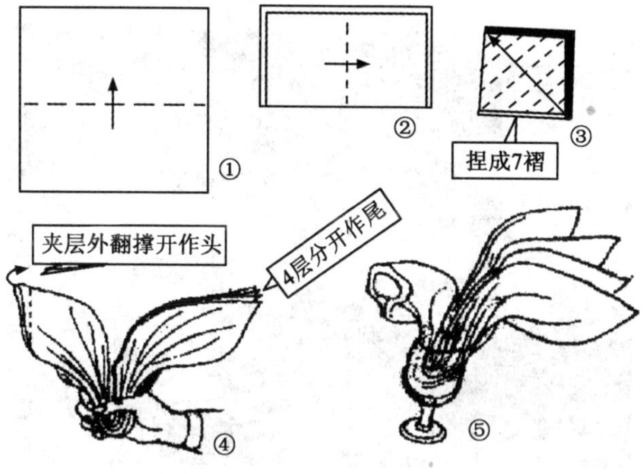

图 6-8 金鱼花

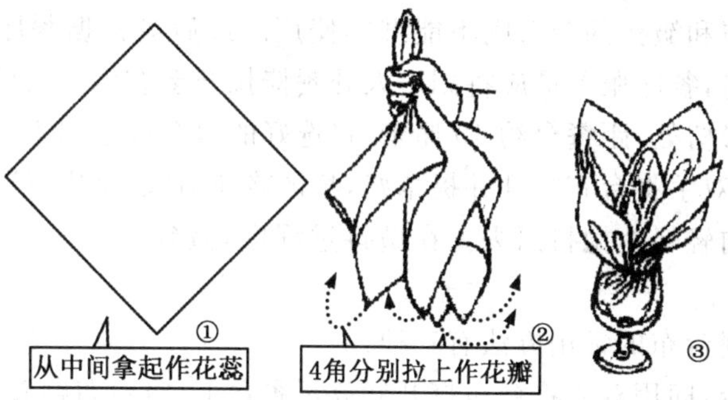

图 6-9 金钟花

(四)餐厅摆台

摆台是把各种餐具按要求摆放在餐桌上。它是一门技术,摆的好坏直接影响服务质量和餐厅的面貌(图 6-10)。

1. 铺台布的方法

台布是餐厅摆台所必备的物品之一。台布的规格及色泽的选择,应与餐台的大小、餐厅的风格协调一致。

铺台布之前,首先应将所需餐椅按就餐人数摆放于餐台的四周,使之呈三三两两并列状。然后服务人员应将双手洗净,并对准备铺用的每块台布进行仔细地检

图 6-10　餐厅宴会摆台

查，有残破、油渍和皱褶的台布则不能继续使用。最后应根据餐厅的装饰、布局确定席位。操作时，餐厅服务员应将副主人处餐椅拉开至右侧餐椅后边，餐厅服务员站立在副主人餐椅处，距餐台约40厘米，将选好的台布放于副主人处的餐台上。

铺台布时，双手将台布打开并提拿好，身体略向前倾，运用双臂的力量，将台布朝主人坐位方向轻轻地抛抖出去。在抛抖过程中，做到用力得当，动作熟练，一次抖开并到位。

中餐圆台铺台布的常用方法有三种：

推拉式铺台：即用双手将台布打开后放至餐台上，将台布贴着平行推出去再拉回来。这种铺法多用于零点餐厅或较小的餐厅，或因有客人就座于餐台周围等候用餐时或在地方窄小的情况下，选用这种推拉式的方法进行铺台。

抖铺式铺台：即用双手将台布打开，平行打折后将台布提拿在双手中，身体呈正位站立式，利用双腕的力量，将台布向前一次性抖开并平铺于餐台上。这种铺台方法适合于较宽敞的餐厅或在周围没有客人就座的情况下进行。

撒网式铺台：即用双手将台布打开，平行打折，呈右脚在前、左脚在后的站立姿势，双手将打开的台布提拿起来至胸前，双臂与肩平行，上身向左转体，下肢不动并在右臂与身体回转时，台布斜着向前撒出去，将台布抛至前方时，上身转体回位并恢复至正位站立，这时台布应平铺于餐台上。抛撒时，动作应自然潇洒。

2. 中餐摆台流程

(1)仪表仪容　按规定着装，戴正工号牌，面容整洁，女服务员淡妆上岗；精神饱满，面带微笑，站姿规范；动作大方，美观轻巧，不拖不拉；头发梳理整洁，发型符合酒店要求；手、指甲干净，并要消毒。

(2)物品准备　准备宴会摆台需要的桌椅、各种餐具、酒具和物品，桌子不得有破损桌腿要拉平稳定不得摇动，根据宴会人数准备好椅子，椅子要稳没有任何破损，椅背椅面不能松动，餐酒具要多备 1/5；所备餐、酒具无残缺、符合卫生标准和宴会使用要求，准备物品时要使用托盘，轻拿轻放。

(3)铺台布　台布要干净无破损及褶皱然后站在主人位的右侧，将折叠好的台布放在餐桌中央，将台布打开，找出台布正面朝向自己一侧的边缘，任选一种方法将台布一次铺成；要求台布中心凸缝向上，且对准正、副主人，台布四周下垂部分均等。

(4)摆放转台　在规定的位置，将转台摆放在餐桌的中央，转盘的中心和圆桌的中心重合，转盘边沿离桌边均匀，误差不超过 1 厘米，并试转转盘是否旋转灵活。

(5)摆展示盘、古碟　从主人位开始，按顺时针方向摆放，先摆展示盘，古碟放置在垫盘上；图案对正(店徽在上方)，摆放距离均等，距桌边 1.5 厘米。

(6)摆勺垫、勺子　垫置放于古碟正上方，与古碟间距 1 厘米，勺垫中心与古碟中心对正，勺置放于勺垫中，勺柄向右。

(7)摆筷架、筷子　筷架放于勺垫的右侧，将带筷套的筷子放在筷架上(筷套图案向上)，以出筷架 1/3 为准，筷子尾部距桌边 1.5 厘米，筷子与古碟相距 3 厘米并与吃盘中心线平行；若使用多用筷架和长柄匙，应在古碟正前方摆味碟，间距 1 厘米，筷架放于味碟右侧，将筷子、长柄匙置于筷架上，匙柄与古碟吃盘相距 3 厘米，尾端离桌边 1.5 厘米。

(8)摆牙签　小包装牙签，放在筷子的右侧 1 厘米处，牙签距桌边 5 厘米；牙签盅放在正、副主人筷子的右上方。

(9)摆酒具　在勺垫正前方摆红酒杯，中心要对正，杯底与勺垫相距 1 厘米；在红酒杯的右侧摆白酒杯，间距 1 厘米，左侧摆啤酒杯，间距 1.5 厘米；三杯中心成一横直线。

(10)摆盖碗　在筷子的右侧放盖碗，距筷子 2 厘米，距桌边 1.5 厘米。

(11)摆烟缸　烟缸摆放四只，分别摆在正、副主人的右侧和左侧，距转台 3 厘米，成正方形。

(12)摆香巾　托香巾托摆在吃盘的左侧，距吃盘 2 厘米，桌边 1.5 厘米。

(13)叠口布花　餐巾折花，要求用七种手法，折叠 10 种不同造型的口布花；花型要分出主次，花型为植物、动物、实物类；要一次成型，形象逼真，拿褶均匀，美观大方，并符合卫生要求；叠花完毕按要求放入啤酒杯中，花型按照主次宾客，位置摆放得当。

(14)摆花插　花插摆放在转台正中，花朝向主人。

(15)摆椅子　摆放为三、三、两、两，即正、副主人侧各放三张椅子，另两侧各放两张椅子，椅背在一直线上(开餐前，要将椅子整齐拉好，要求椅背中心正对餐盘，椅面内沿紧贴桌布或台裙，椅背绕成圆形)(图6-11)。

图6-11　中餐摆台单人餐具

(五)上菜分菜

上菜和分菜是一项程序性极为严格的工作，稍有不慎，就会导致客人不满，甚至放弃在此就餐。因此，餐厅要求服务员操作时一定严格按照程序和方法进行。

1. 上菜

(1)上菜的程序　中餐上菜的顺序为：冷盘、热炒、大菜、汤菜、炒饭、面点、水果。上汤则表示菜已上齐，有的地方还有一道点心再上一道菜的做法。

(2)上菜规则　中餐宴会上菜应掌握的规则是：先冷后热、先菜后点、先咸后甜、先炒后烧、先清淡后肥厚、先优质后一般。如客人对上菜有特殊要求，应灵活处理。

(3)上菜的位置和动作　餐厅服务中在为宾客上菜时，应选择正确位置。中餐宴会上菜一般选在陪同和次要客人之间，并始终保持在一个位置。上菜时，餐厅服务员将菜肴放在托盘内端至桌前，左手托盘，右脚在前，插站在两位客人座椅间，左脚在后，侧身用右手上菜，把菜品送到转台上，报清菜品名称，然后按顺时针方向旋转一圈，等客人观赏完菜品后，转至主宾面前，让其品尝。上下一菜品时，将前一道菜移到其他位置，将新菜放在主宾面前，残菜应随时撤下，但不要撤得太多，菜盘应及时调整，注意盘与盘之间的距离，保持桌面整洁、美观。中餐散座上菜与宴会上菜基本相同，但应注意上菜的位置都不能选在老人或儿童身边，以免出现意外。

(4)上菜的技巧　上菜供给客人用餐也得慎重从事，技巧熟练者方能做到餐桌服务有序。不要以为农庄里的餐厅提供的食品没那么多讲究，就在动作上有所怠慢。我们要使客人觉得即使是小额的消费换得的却是实质的享受。端送菜肴不宜错误，同一桌客人的餐饮，能调整在同一时间进食比较恰当。如果客人在赶时间，提示厨房快速提供服务，但得注意先后顺序，以免发生风波及纠纷。

2.分菜

无论在中餐厅还是西餐厅，餐厅服务员的工作之一就是分菜服务。分菜服务既体现着餐厅服务员的工作态度，又反映出餐厅的服务水平。分菜分为中餐分菜和西餐分菜，我们主要掌握中餐分菜。

中餐分菜历史悠久，早在古代帝王饮宴时就已出现了。当时，每位进餐者席地而坐，一人一桌，所上食品一人一份。中餐分菜由此产生，并不断随着人们饮宴形式的变化而发展。

分菜服务就是在客人观赏后由服务人员主动均匀地为客人分菜分汤，也叫派菜或让菜。

(1)分菜前的准备工作　菜品端上餐台之前，看台的餐厅服务员要准备好分菜所用的各种餐具及用具。分炒菜前，应准备分菜所需相应数量的骨碟；分汤菜前，应准备分汤菜所需相应数量的汤碗与长把汤匙；分蟹类菜肴时，应按相应的人数准备好骨碟与蟹钳等。分菜服务前，应将分菜所需的工具、用具准备齐全。如分菜所需的餐刀、餐叉、餐勺、筷子、汤匙、垫盘及餐巾等。当传菜员将菜由厨房送至前台后，看台餐厅服务员在分菜服务前，应将菜肴端至客人面前(或放在餐台上或端托在手上)向客人展示。展示的同时，要向客人介绍菜肴的特点、烹调方法等有关内容。等客人观赏后，方可进行分菜服务。

展示菜肴时，餐厅服务员应将菜肴的主看面朝向客人，利用转台的旋转，按顺时针方向徐徐转动餐台一周后，再将菜肴分让给客人；如端托展示时，应用左手端托，右手扶托，将菜托至与餐台平行的高度，餐厅服务员站立的位置应是第一主宾或第一主人视线的最佳位置，同时又要照顾到其他客人的观赏。例如，可选在第一主人或第一客人斜对面进行菜肴展示。

(2)分菜实实用工具和方法　常用的中餐分菜的工具有分菜叉(服务叉)、分菜勺(服务勺)、公用勺、公用筷、长把勺等。

①分鱼和禽类菜品时,准备一刀、一叉、一匙。

②分炒菜时准备匙、叉各一把或一双筷子、一把长柄匙。

③分汤菜时,使用长柄汤匙和筷子。

(3)分菜的基本要求　将菜点向客人展示,并介绍名称和特色后方可分让。分菜时留意菜的质量和菜内有无异物,及时将不合标准的菜送回厨房更换。客人表示不要此菜,则不必勉强。此外应将有骨头的菜肴如鱼、鸡等的大骨头剔除。分菜时要胆大心细,掌握好菜的份数量与总量,做到分派均匀。

(4)特殊宴会的分菜方法

①顾客只顾谈话而冷淡菜肴:遇到这种情况服务员应抓住顾客谈话出现短暂的停顿间隙时机,向客人介绍菜肴并以最快的速度将菜肴分给客人。

②主要客人带有少年儿童赴宴:此时分菜先分给儿童,然后按常规顺序分菜。

③老年人多的宴会:采取快分慢撤的方法进行服务。分菜步骤可分为两步,即先少分再添分。

(5)特殊菜肴的分让方法

①汤类菜肴的分让方法:先将盛器内的汤分到客人的碗内,然后再将汤中的原料均匀地分入客人的汤碗中。

②造型菜肴的分让方法:先将造型菜肴均匀地分给每位客人。如果造型较大,可先分一半,处理完上半部分造型物后再分剩余的一半。也可将可食用的造型物均匀地分给客人,不可食用的,分完菜后撤下。

③卷食类菜肴的分让方法:一般情况是由客人自己取拿卷食。如有老人或儿童多的情况,则需要分菜服务。方法是:服务员将吃碟摆放于菜肴的周围,放好铺卷的外层,然后逐一将被卷物放于铺卷的外层上,最后卷上送到每位客人面前。

④拔丝类菜肴:该类菜肴必须配上凉水。分让时用公用筷将菜肴夹起,迅速放入凉开水中浸一下,然后送入客人碗中,要注意拔丝的效果。分让动作要敏捷、连贯,做到即拔、即上、即浸、即食。

【知识链接】

分鱼的服务技巧

分鱼服务是餐厅服务员应掌握的服务技巧之一。餐厅服务员要想做好分鱼服务,首先应掌握所分鱼的品种及其烹调方法,根据其不同的食用方法进行不同的分割装碟。

一、分鱼用具及分鱼要求

(一)分鱼的用具

常用的分鱼用具有鱼刀、鱼叉、鱼勺。分鱼配用的餐具应根据鱼的烹调方法而定,如分糖醋整鱼时,因其焦酥,可带鱼骨分用,故而应配用餐叉、餐勺;分干烧整鱼、红烧整鱼、清蒸整鱼时,要将鱼骨、鱼肉分离,故而应配用餐刀剔出鱼骨刺及切割鱼肉,配以餐叉、餐勺用于分鱼装碟。

(二)分鱼的要求

分鱼操作前,应先备好餐碟、刀、叉、勺,并将要拆分的整形鱼向客人进行展示。展示的方法有两种,一种为端托式展示,即餐厅服务员用托盘将放有鱼的盘子托至客人面前,向客人介绍菜肴,在介绍的过程中向客人进行菜肴的展示;另一种为桌展,即将烹制好的鱼放在餐台上,然后餐厅服务员向客人介绍菜肴,在介绍的过程中,客人也观察到了鱼的形状。待餐厅服务员向客人将鱼展示完毕,方可进行分鱼服务。

(三)分鱼的方法

分整形鱼大体有两种方法,一种是在餐台上分,即餐厅服务员向客人展示完后,将鱼转至餐厅服务员处,使鱼呈头朝右、尾朝左,鱼腹朝向桌边,当着客人的面,将鱼进行拆分;另一种是餐厅服务员向客人展示完鱼后,将鱼拿到接手台或配餐室进行分鱼。

(四)分鱼的注意事项

分鱼服务时,要求餐刀、叉、勺使用手法得当,不得在操作中发出声响;做到汤汁不滴不洒,保持盛器四周清洁卫生;操作时,动作要干净利落;鱼骨剔出后头尾相连、完整不断,鱼肉去骨后完整美观;分鱼装碟时要均匀、准确。

二、分鱼步骤

由于鱼的品种不同和烹调方法不同,因此分鱼的具体步骤也各不相同。

(一)糖醋整鱼的分鱼步骤

分糖醋整鱼时,左手握餐勺压在鱼头处,右手拿餐叉从鱼腹两侧将鱼肉切离鱼骨。由于糖醋鱼较焦脆,因此在操作时要用力得当。待鱼肉切开后,将鱼块分装餐碟中,并用餐勺盛糖醋汁浇于鱼块上,分送给客人食用。分糖醋鱼时,速度要快,因为它属火候菜,如时间间隔过长,往往直接影响菜肴的质量。

(二)清蒸整鱼的分鱼步骤

分清蒸整鱼时,左手握餐叉将鱼头固定,右手用餐刀从鱼中骨由头顺切至鱼尾,然后将切开的鱼肉分向两侧脱离鱼骨,待鱼骨露出后,将餐刀横于鱼骨与鱼肉之间，刀刃向鱼头，由鱼尾向鱼头处将鱼骨与鱼肉切开，当骨、肉分离后，用刀、叉轻轻将鱼骨托起放于鱼盘靠桌心一侧的盘边处，再将上片鱼肉与下片鱼肉吻合，使之仍呈一整鱼状（无头尾），同时餐叉与餐刀配合，将鱼肉切成10等份（按10人用餐），并用餐叉、餐勺将鱼肉分别盛于餐碟中送与客人。分干烧鱼、油浸鱼与分清蒸鱼步骤相同。

（三）鳞鱼的分鱼步骤

分鳞鱼时，先将鱼身上的鳞轻轻剥离鱼身放置鱼盘一侧，然后与分清蒸鱼步骤相同。在向各个餐碟内分装鱼肉时，将鱼鳞也等份地分装于这些餐碟中，送与客人一同食用。因食鳞鱼在制作时，由于其每片鳞下边都有油脂，故而其鳞不可去掉，待其制熟后，其鳞片上的油脂食用时味道十分鲜美。

分鱼与分菜在服务程序上的要求是一致的。因此，在分鱼服务中，应遵循分菜的规范要求。

（六）撤换餐用具

1. 撤菜肴、食品

在高档中餐宴会中，一般上新菜撤旧菜，桌面上只保持一个菜。一般宴会，餐桌上一般保持五个菜以下，如数量过多就会影响整个餐桌整洁美观。普通的宴席为了保持桌面丰盛也可把残菜撤下换上小盘，整理好重新上桌，这样做既可保持桌面丰盛，又可保持桌面美观。

在中高档宴会中，餐厅服务员分好菜，宾客品尝完毕后，在下一道菜上桌前就应将前一道菜撤下，但要注意撤菜不可过快。客人如需继续食用的菜肴不能撤下，不可让客人扫兴。菜肴的撤换应按就餐客人速度的快慢来决定，适时地撤换餐桌上的残菜。撤菜盘时要使用托盘，在上菜的位置撤菜盘，注意动作要轻、要稳。撤盘时，注意不要将菜盘从客人的头上过，更不能将菜汁滴洒在客人的身上或桌面上。

2. 撤换餐、酒用具

较高级的酒席，往往需要两种以上酒水饮料并配有冷、热、海鲜、汤等不同的菜品。这些菜品采用炒、烩、煎等不同的烹饪方法。因此，在宴会进行中需要不断地更换餐用具。这样做主要是为了提高宴席档次，搞好餐桌卫生，使菜肴保持原汁原味。

3. 撤换骨碟

撤换骨碟时要用左手托托盘，右手撤换，从第一主宾开始，沿顺时针方向进行。换骨碟的正确方法是：将干净的骨碟从客人的右侧摆放，然后从客人的左侧将用过的脏碟撤下。在撤换骨碟时要注意，用过的骨碟和干净的骨碟要严格分开，防止交叉污染。如遇有宾客前一道菜还没有用完，而新菜又上来了，这时可以在宾客面前先放一个干净骨碟，等客人食用完后再撤下前一道骨碟。更换骨碟应根据菜肴的品种而定，如果是高级宴会应是一菜一碟。

在一般情况下，餐厅服务员可视具体情况，灵活应对，但遇到下列情况时应及时更换骨碟：

(1)吃过冷菜换吃热菜时应更换骨碟；

(2)吃过鱼腥味食物的骨碟，再吃其他类型肴时应更换骨碟；

(3)上风味特殊、汁芡各异、调味特别的菜肴时应更换骨碟；

(4)凡吃过甜菜、甜汤的盘和碗，须更换骨碟；

(5)骨碟内洒落酒水、饮料或异物的骨碟应更换；

(6)碟内骨刺、残渣较多，影响席位雅观时要更换骨碟。

4. 撤换汤碗、汤匙

在宴会中汤碗和汤匙盛汤后，碗内难免会留下一些汤汁。若上第一道汤后，第二道汤再盛进去则会影响第二道汤的口味。故汤碗、汤匙盛过汤后，如再上新汤，则需撤换一副干净的汤碗和汤匙。

5. 撤换酒具

(1)宴席进行中，如客人提出更换酒水、饮料时要及时，同时更换酒具也要及时；

(2)酒杯中洒落汤汁、异物时要及时更换酒具；

(3)换酒具时，从客人右侧按顺时针方向进行，酒具放在正确的位置上。操作时不得将酒杯相互碰撞，以免发出声响，打扰客人。

6. 撤换烟灰缸

现在许多餐厅都设有吸烟区和非吸烟区，更有一些餐厅是无烟餐厅，餐厅怎样设吸烟区以及是否放烟灰缸取决于餐厅自身的规定。

有些餐厅在开餐前的准备工作中，不将烟灰缸预先摆放到餐桌上，而只有在客人吸烟时才往餐桌上放。这就要求餐厅服务员有极强的反应意识，在客人吸烟时立即将烟灰缸提供给客人。经常更换烟灰缸，保证客人始终使用干净的烟灰缸是所有服务员必须具备的意识。更换烟灰缸，服务员应不断地在餐厅中巡视餐桌，将脏的烟灰缸换掉，如果你手上没有干净的烟灰缸，千万不要先把脏的烟灰缸拿走。撤换烟灰缸的方法是：用干净的烟灰缸压放在用过的烟灰缸上，并将两个烟灰缸同时撤下；然后再将干净的烟灰缸放回原处。这样可防止在取拿用过的烟灰缸时，飘落烟灰。

【知识链接】

递毛巾服务

在用餐前或用完餐后，递上一条冷毛巾或热毛巾都会让客人感到特别清新。毛巾可以喷上一些香水以增加温馨感。

什么时候使用什么毛巾这取决于当时的气候而定。不管在怎样的气候条件下，使用清香的毛巾总是受人欢迎的。

递送毛巾的程序：

1. 将卷好的毛巾整齐地放在一个服务碟中，配上毛巾夹或是分餐叉勺。

2. 用左手托住服务碟。

3. 从客人右边递送毛巾。

4. 用右手拿毛巾夹或是分餐叉勺，夹住毛巾的边角，这样在递送到客人面前时毛巾就会自动打开。

5. 按顺时针方向依次服务，最后递给主人。

6. 然后将服务碟放在餐桌的中央，这样客人可以将擦完的毛巾放在服务碟中。

7. 在客人放回毛巾后，将服务碟从餐桌上撤走。

【实训练习】

中餐宴会摆台

一、实训目的

通过实训，学员能够熟练的进行中餐十人位的宴会摆台，为农庄餐厅的客人在餐前提供一个良好的就餐环境，能够摆出精致、美观的餐桌台面。

二、实训准备

直径 1.8 米圆桌一张、餐椅 10 张、台布 1 块、口布 10 块、托盘 1 个、骨碟 10 个、汤碗、汤勺、筷子、筷架、调味碟各 10 个；水杯、葡萄酒杯、白酒杯各 10 个。

三、实训步骤

1. 铺台布

位置：正副主人右侧或译陪人员之间。

方法：抖铺式、推拉式、撒网式。

要求：正面朝上、台布折缝正对正副人，十字点居中，四角下垂部分均等，台布要平整、无皱折。

2.骨碟定位

方法:托盘托上,从主人位开始顺时针方向依次摆放。

要求:骨碟距桌边1.5厘米,碟与碟之间距离相等,相对的两个骨碟与台布中心线成一直线,骨碟如有标记,标记应摆在正上方。

3.拉椅

要求:从主宾位开始,顺时针依次拉开餐椅,要求椅背中心、骨碟中心、桌心在一直线上。椅边与台布边缘相切,椅与椅之间距离均等,10把椅在一个圆上。

4.小件餐具(汤碗、汤勺、调味碟、筷子、筷架)

方法:将以上物品合理地摆放在托盘内,从主人位开始,顺时针依次摆放。

要求:①骨碟纵向直径延长线上1厘米处放调味碟。

②在调味碟横向直径延长线左侧1厘米处放汤 碗、汤勺,勺柄向左,汤碗与调味碟横向直径在一条直线上。

③在汤碗与调味碟横向直径右侧延长线处放筷架、筷子,筷套离桌边1.5厘米,并与骨碟纵向直径平行。

④注意轻拿轻放。

5.葡萄酒杯、白酒杯

方法:从主人位顺时针方向依次上桌。

要求 :①在调味碟纵向直径延长线上2厘米处摆放葡萄酒杯。

②葡萄酒杯右下侧摆放烈性酒杯。

③葡萄酒杯对准餐碟正中,白酒杯与葡萄酒杯之间距离1厘米。

④手不接触杯口。

6.餐巾花、水杯

方法:折10朵花型,从主人位顺时针依次上桌:水杯摆在葡萄酒杯左上侧,三杯成一直线,与水平线呈30度,杯肚之间相距1厘米。

要求:①餐巾花突出正副主人位置。

②动、植物交错摆放

③操作卫生,一次叠成。

④装杯时,手不可触及杯口。

⑤有头的动物,将观赏面朝向客人。

7.中餐宴会摆台竞赛(考核)

中餐宴会摆台竞赛(考核)评分标准。

表 6-1 中餐宴会(十人台)摆台技能竞赛(考核)评分表

题号	项目	要求和评分标准		评分(参赛号)			备注
1	容姿、礼节、礼貌(4分)	服装、发型、鞋袜、面部、指甲 精神、亲切、面带微笑 拉椅让座、斟倒酒水时,有示意	1分 2分 1分				
2	铺台布(2分)	台布四周下垂均等	2分				
3	摆放玻璃转台(1分)	位于台面中心	1分				
	中心台面装饰制作(20分)	主题鲜明,设计合理	5分				
		搭配和谐美观,富有创意	10分				
		技法娴熟,物品由选手现场制作	5分				
4	消毒(1分)	用消毒毛巾对双手消毒	1分				
5	摆餐碟(8分)	从主人位开始,按顺时针摆放 餐碟距桌边 1.5 厘米 餐碟摆放距离均等,餐碟与瓶三点成一线	1分 2分 5分				
6	摆汤碗(3分)	汤碗置于餐碟左上方,距餐碟垂直切线 1 厘米 汤碗上方碗沿与餐碟上方边沿在同一直线上 汤匙置于汤碗内,汤匙柄向左	1分 1分 1分				
7	摆味碟(3分)	手拿碟的边缘 味碟距餐碟 1 厘米	1分 2分				
8	摆筷架、筷子(4分)	筷子与餐碟垂直切线平行,筷套正面朝上,筷子左外侧距餐碟切线 3 厘米 筷子尾部离桌边 1.5 厘米	2分 2分				
9	摆公用筷、公用勺(3分)	公用筷、公用勺中心正对台布中线上 距黄酒杯底 5 厘米 公用勺在下,公用筷在上,尾部向右	1分 1分 1分				

续表 6-1

题号	项目	要求和评分标准	评分(参赛号)			备注
10	摆黄、白酒杯(4分)	手拿杯柄将黄酒杯摆放在餐碟正上方,中心对正,杯口切线与碟边相距1厘米,托盘内杯口朝上 2分 白酒杯摆放在黄酒杯右侧,三杯中心在同一条水平线上,杯切口相距1厘米,托盘内杯口朝上 2分				
11	折餐巾杯花十种(20分)	突出正、副主位(孔雀开屏在主位,友谊花篮在主宾位) 2分 观赏面朝向客人 2分 技艺高、难度明显 6分 巾花挺拔、造型美观 3分 摆放位置正确, 2分 操作卫生,手法优雅 2分 水杯与黄酒杯相距1厘米 2分 手不能触及杯的上部 1分				
12	拉椅定位(2分)	按顺时针方向拉椅让座,餐椅正对餐位,距离均匀 2分 餐椅座面与下垂台布相切 1分				
14	托盘(5分)	托盘高于腰、上身挺直 1分 小臂平直、大臂自然 1分 动作平稳、托送自如、灵活 3分				
15	斟倒黄酒(14分)	开瓶动作自如卫生,托盘位于椅背外 2分 酒瓶之间不碰撞 1分 酒瓶标签朝客人 1分 按主宾、主人顺时针方向进行 1分 斟酒均匀动作稳 2分 杯中酒均为八成满 3分 不错斟酒杯 2分 瓶口不碰杯口 2分				
		要求不滴酒、不溢出、每滴扣1分,每滩扣2分,直至将本项扣为零分				

续表 6-1

<table>
<tr><td rowspan="2">题号</td><td rowspan="2">项目</td><td rowspan="2" colspan="3">要求和评分标准</td><td colspan="3">评分(参赛号)</td><td rowspan="2">备注</td></tr>
<tr><td></td><td></td><td></td></tr>
<tr><td rowspan="2">17</td><td rowspan="2">操作时间</td><td rowspan="2"></td><td rowspan="2">加减分</td><td>超时减分</td><td></td><td></td><td></td><td></td></tr>
<tr><td>其他扣分</td><td></td><td></td><td></td><td></td></tr>
<tr><td>18</td><td>餐台装饰设计解说（6 分）</td><td colspan="3">解说富有亲和力，表达流畅 3 分
内容清晰，准确 3 分
解说每超时 15 秒扣 1 分</td><td></td><td></td><td></td><td></td></tr>
<tr><td colspan="2">总分 100 分</td><td colspan="3">以上分项累计得分</td><td></td><td></td><td></td><td></td></tr>
</table>

注：(1)操作竞赛满分各为 100 分，比赛正式开始前，选手有 2 分钟的准备时间。

(2)操作时间为 35 分钟，提前完成不加分，每超时半分钟减 1 分，依此类推超时 2 分钟立即停止操作。餐台装饰设计解说另外计时，不超过 3 分钟，每超时 15 秒扣 1 分。

(3)每件餐具落地或打碎扣 2 分，漏放一件扣 1 分，每件餐具在托盘中倒下扣 0.5 分，打碎一只酒瓶扣 5 分，托盘落地扣 10 分，大程序颠倒每次扣 3 分，以上扣分均从总分中扣除。

(4)附有操作图样，可作评分参考。

知识窗口

中国菜点的定名方法

中国菜点的定名方法有两种：一种是写实性定名，另一种是寓意性定名。

1. 写实性定名是根据菜肴的原料、烹饪方法、形状、色彩、风味、盛器、产地及创始人等因素形成的，使人们能通过菜名直接了解菜肴的概貌及特点。具体有以下几种：①烹饪方法＋主料名称。②菜肴色彩＋主料名称。③菜肴口味＋主料名称。④菜肴形状＋主料名称。⑤配料名称＋主料名称。⑥原料名称＋刀口形状。⑦原产地名＋主料名称。⑧创始人名＋主料名称。⑨菜肴盛器＋主料名称。这类菜肴，服务员只需正确报出菜名，客人对菜品就可以一目了然。

2.寓意性定名是根据菜肴的某一特色加以渲染、夸张、赋予意味深长的美称或代称。这类菜肴仅从菜名看不出具体内容，但能悦人耳目。这种方法一般为名贵菜或特色菜命名时采用。这种命名有以下几种：①表达吉祥、祝福的菜名；②象形会意的菜名；③借用珍宝名称的菜名；④借用历史典故的菜名；⑤渲染原料和制法奇特的菜名。这类菜肴，在正确报菜名后，还要介绍菜品名称的由来、典故和主要用料。这样会增添客人进餐的情趣，又可以加深客人对饮食文化的了解。

第七讲　农家旅游烹饪技术

随着人们生活水平的不断提高和物质条件的改善，人们在吃的方面已不满足于仅仅是填饱肚子那么简单了，现在的人讲究从吃“多”到吃“少”、从吃“精”到吃粗、从吃“家”到吃“野”、从吃“熟”到吃“生”、从吃“宝”到吃“废”，而农家旅游正可以满足现代人们这些需求的大部分，在这样的态势下，农家旅游烹饪技术也迅速地发展起来了。

一、农家旅游场所烹饪岗位职责与要求

(一)行政总厨

1.管理层级关系

直接上级：餐饮部经理。

直接下级：厨师长。

2.职务简述

协调餐饮部各部门的运作，起到桥梁的作用。

3.主要职责

(1)制定餐单、适时推出时令菜、特选菜。

(2)负责厨师的技术培训工作。

(3)负责菜肴的质量管理及成本控制。

(4)亲自为重要宾客宴会主厨。

(5)根据客情及库存状况提出食品原料的采购计划。

(6)协调厨房与餐厅的关系。

(7)处理宾客对菜肴的投诉。

(8)验收食品原料，把好质量关。

(9)合理调配员工的技术特长，充分发挥积极性。

(二)厨师长

(1)协助制定中厨房管理制度、服务标准、操作规程、各岗位职责,布置每日任务,合理安排工作岗位,确保厨房工作的正常运作。

(2)熟悉原材料种类、产地、特点、价格,熟悉时令品种,对原材料质量严格把关。

(3)拟定符合农家旅游场所特色的宴会菜单、散点菜单和特色菜菜单,负责成本核算和毛利率控制工作。

(4)检查餐前准备工作,掌握原材料的消耗情况,确定紧急补单追加采购计划的申请。

(5)检查厨房每日的卫生,检查厨房的出品质量,把好食品卫生安全质量关。

(6)检查督促下属员工的岗位培训与业务进修,亲自负责培训工作,提高厨师的技艺,保持酒店的餐饮特色。

(7)完成餐饮部经理经理布置的其他工作。

(三)炉灶厨师

(1)熟悉和掌握各种菜肴的基本制作的技术和炒、爆、烹、溜、煎、炸等技术,制作出来的产品要色、香、味、形符合质量标准。

(2)每天根据餐厅的经营需要,按厨师长拟定的菜单,做好烹饪准备,保证出菜时间与菜品质量。

(3)积极参加业务培训,发扬互助学习精神,刻苦学习,努力钻研,不断提高烹饪技术。

(4)每日必须检查各种调味品是否已变质,如发觉异常立刻不再使用。

(四)蒸锅厨师

(1)蒸锅厨师是炉灶厨师的最密切的配合者,因为许多菜式是经过蒸锅岗直接出售给客人的,它是厨房中技术性较强的重要岗位之一。

(2)负责浸发各种干货,如木耳、干笋等。

(3)熟练蒸、扣、炖、煲、烤等烹制方法。

(4)熟练掌握各种干货的浸发性能,提高起成率。

(5)每天检查本岗位的工具用具是否齐全,蒸气柜、炉灶能否正常使用。

(五)凉菜厨师

(1)熟悉和掌握各类菜品的制作技术,做出既有色香味美的各类精品冷菜。

(2)掌握每天的营业情况,根据菜单的要求,及时准备所需的原料,精心制作,以确保成品质量。

(3)每日精心开出次日所需物品原料,对于所需的品种、数量、质量、规格以及时间要求应注明,便于物资及时到位。

(4)每日做好各种开餐前的好准备,仔细检查每餐宴席菜品的最后准备工作。

(5)积极参加各项业务培训,不断提高业务水平,努力做到一专多能,全面发展。

(6)认真搞好冷菜间的区域卫生和个人卫生,严格做到生熟分开,加工处理到位,随时保持冷菜间的整洁,非冷菜间工作人员,严禁进入冷菜间。

(六)面点厨师

(1)遵守各项规章制度,按需要完成每餐的工作任务,满足宴会、会议和零餐的供应需要。

(2)掌握各种面点小吃的制作技术,制作出高质量的产品。

(3)要有不厌其烦地为客人作所需的各式面食。

(4)不断加强技术交流,不断增加业务知识,使自己的业务知识得到更高的提高与更好的发挥。

(5)每日把各个环境的卫生打扫干净,严格把好餐饮卫生,做到工作场所无蝇、无虫,符合卫生要求。

二、农家旅游主食制作

(一)主要面食的做法

1.红烧牛肉面

(1)材料　牛肉500克,面条500克,小白菜250克,水10杯,葱4根,姜2片,大蒜8粒,八角4粒,辣椒1根;酱油1杯水6杯,酒1汤匙,辣豆瓣酱1大匙,麻油少许。

(2)做法

①牛肉洗净切块,氽烫去血水。

②起油锅,炒香葱、姜、葱段、八角、辣椒、牛肉,加入酱油 1 杯、水 6 杯、酒 1 汤匙、辣豆瓣酱 1 大匙,用中火煮约 1 小时。

2. 炸酱面

(1)鸡蛋打散加入淀粉(鸡蛋会比较嫩,淀粉 1 汤匙)和一点点料酒(去蛋腥 1 茶匙)和盐,油热之后,炒鸡蛋有个秘诀,就是用筷子,可以炒散而且每块鸡蛋都受热均匀,下锅,拿筷子在锅内迅速搅散,鸡蛋变黄熟了盛出来待用。

(2)油锅少放一点油,油热之后中火煸炒五花肉丁儿,待猪油出,加一点点料酒去腥,再加一些生抽,然后将肉丁儿盛出。

(3)锅内留着煸肉的猪油,用一个碗把黄酱和面酱混合均匀,中火将酱炒一下,这样酱才香。

(4)酱出香味了,然后倒入肉丁或者鸡蛋丁,姜末(切特细),转小火,慢慢地熬,让酱和肉丁水乳交融,10 分钟差不多,如果觉得干了,就少加点水。

(5)这时候可以准备菜码,黄瓜、萝卜等擦成丝之后,凉水里面泡一下,然后沥干水,这样菜丝比较爽脆。

(6)豆芽、扁豆(切丝)、黄豆、青豆开水过一下断生,泡冷水即可。

(7)酱收了汁,离火加入葱白末,利用余温将葱白焖熟,酱就做好了。

3. 西红柿鸡蛋面

(1)材料 面条,西红柿,鸡蛋,盐,味精,香油,老姜片。

(2)做法 两个西红柿洗净切片,两个鸡蛋捣碎,蛋液里加盐,一块老姜片切碎;最好把西红柿去皮,打碎,用油煎一下炝锅,鸡蛋先打入碗中打散,往锅里到之前加点凉水打散,这样可以打成蛋花,西红柿的味道也能出来。至于面条,就用龙须面。

4. 打卤面

(1)材料 黄花,木耳,香菇,大葱,鸡蛋。

(2)做法

①香菇木耳黄花泡发;

②锅底放油下肉馅炒熟加入葱花香菇,加酱油料酒糖盐,再加木耳黄花鸡精,加适量水同煮;

③淋入打散的蛋液,勾芡撒葱花蒜末。

5. 担担面

(1)材料 面条 200 克,猪肉馅 400 克,芽菜 100 克,大葱末 25 克,姜末 10 克,蒜茸10克，辣椒面1.5克，芝麻酱10克，油菜心1棵，香菜少许，老抽，生抽，料酒，米醋，高汤，花椒面，猪油，香油。

(2)做法

①锅热后，倒入猪肉馅炒散待用。

②用猪油将葱、姜、蒜爆香，再放入辣椒面、芽菜、肉末煸炒，加料酒、老抽、生抽、米醋，点少许高汤，出锅时放入芝麻酱、花椒面炒匀。

6.榨菜肉丝面

(1)材料　瘦肉150克，榨菜半个，葱2根，拉面酌量，料酒半大匙，酱油半大匙，湿淀粉半大匙。

(2)做法。

①瘦肉切丝，拌入调味料，腌10分钟，榨菜切丝后先泡水20分钟以去除咸味。葱切葱花。

②用3大匙油先将肉丝炒散，再放入榨菜肉丝同炒，炒匀后盛出。

③另用半锅水烧开，放入面条煮熟。

④将调味料放面碗内，盛入面条，铺少许炒好的榨菜肉丝并撒葱花少许即成。

(3)小秘诀　榨菜有老榨菜和嫩榨菜两种，老榨菜较咸较香，所以要泡过水再炒，嫩榨菜比较不咸，洗净直接放入同炒即可，但都不宜再调味，以免太咸。

(二)主要饼的做法

1.葱油饼

(1)用料　面粉150克，葱花、鸡粉、盐、芝麻各适量。

(2)做法。

①面粉中加入适量的盐与鸡粉拌匀，再加入适量的温水揉成面团，盖上保鲜膜饧20分钟；葱洗净，切成葱花；

②饧好的面团揉搓成条，再分成4个小剂子；

③将小剂子擀成约0.3厘米的薄片，再刷上一层油，撒上葱花；

④再将面皮顺长边卷起，揉搓成细长条；

⑤将长条的两头向中间卷起，形成两个面卷；

⑥将两个面卷重叠在一起，用手稍稍按扁一些；

⑦再用擀面杖将其擀成约0.5厘米厚的圆饼；

⑧再将圆饼的两面都沾上芝麻；

⑨平底锅内放油，下入葱花饼，小火将其煎黄一面后翻面，最后煎至两黄金黄熟透即可。

2. 椒盐油酥饼

(1)用料 面粉200克，椒盐、油各适量。

(2)做法。

①取150克面粉，加入适量的温水，揉成光滑的面团，盖上保鲜膜饧20分钟；

②将剩下的50克面粉中加入适量的椒盐拌匀；

③将适量的油烧热倒入拌有椒盐的面粉中搅拌均匀即成椒盐油酥；

④将饧好的面团放在撒有一层薄粉的案板上揉搓成条，再分成四个剂子；

⑤用擀面杖将剂子擀成约0.2厘米厚的长方形面皮，再均匀地涂上一厚油酥；

⑥将涂好油酥的面皮由长边卷成条，两手捏住面条的两端，轻轻地将其拉长；

⑦将拉长的面条盘卷起来，将收口藏在下面，再用擀面杖将其擀成约0.4厘米厚的圆饼；

⑧平底锅内放油，下入面饼，小火将其煎黄一面后翻面，最后煎至两面金黄熟透后即可。

3. 麻酱红糖煎饼

(1)用料 面粉150克；馅心用料：红糖、芝麻酱、芝麻油、面粉，比例为2∶1∶1∶2。

(2)做法。

①面粉中加入适量的开水，用筷子搅成雪花状，再加入少许冷水，用手揉成光滑的面团，盖上保鲜膜饧20分钟；

②将两勺红糖、一勺芝麻酱、一勺芝麻油、两勺面粉放入碗中拌匀成馅料；

③将饧好的面团揉搓成长条，再分成均匀的小剂子；

④将小剂子稍稍揉圆后按扁，再捏成中间厚边缘薄的饼皮(或用擀面杖擀也可)；

⑤饼皮中放入适量的红糖馅料，用虎口将其慢慢合拢后收口；

⑥收口朝下放在案板上，再用手按扁成饼坯；

⑦平底锅内放油，下入饼坯，小火将其煎黄一面后翻面，最后煎至两面金黄中间稍稍鼓起时即可。

4. 芝麻酱千层饼

(1)用料 面粉150克，芝麻酱、芝麻油各适量。

(2)做法。

①面粉中加入适量的温水揉成光滑的面团盖上保鲜膜饧20分钟；

②芝麻酱中加入少许盐与芝麻油调开；

③将饧好的面团擀成约0.2厘米厚的长方形薄片；

④用小刷子在面皮上薄薄地刷上一层调好的芝麻酱；

⑤将刷好芝麻酱的面皮对折，将边缘用手按紧；

⑥将折好的面皮再用擀面杖擀开；

⑦将4～6步骤重复一次；

⑧再在擀开的面皮上刷上芝麻酱，将面皮的1/3折起；

⑨最后将面皮分三次折好，再用擀面杖将折好的面皮稍稍擀开一些，再用刀将其切成5份；

⑩平底锅内放油，下入千层饼，小火将其煎黄一面之后翻面，最后煎至两面金黄中间熟透即可。

5.家常肉饼

(1)材料　面粉200克，瘦肉200克，香菇50克，鸡蛋1个，葱25克，姜、芝麻油、胡椒粉、生抽各少许。

(2)做法

①面皮：a.先将适量的开水加入面粉中，用筷子将其搅拌成疙瘩状；

b.再加入少许的冷水，用手揉至面团光滑，盖上保鲜膜饧30分钟。

②馅料：a.瘦肉剁碎成肉糜，香菇、姜洗净切成小粒，葱切花；

b.将上述切好的材料放入大碗中，打入鸡蛋，加入适量的盐、芝麻油、胡椒粉、生抽，充分地搅拌均匀，腌制20分钟。

③肉饼：a.将醒好的面团揉成长条，再分成若干个小剂子，将小剂子揉圆，再擀成薄片；

b.将腌制好的馅料均匀地涂在擀成薄片的面皮上，再从一端向内分四次叠起，叠好后的肉饼为四层，再用手轻轻地按压面饼，使之紧实；

c.平底锅内放油，放入叠好的肉饼，加入几勺清水，盖上锅盖，小火煎至锅内水干时翻面，再加入几勺清水，盖上锅盖，最后小火煎至两面金黄即可。

(三)主要大米饭的做法

1.台式控肉饭

(1)材料　五花肉，卤蛋(可以自己做，也可以买现成)，卤豆腐(是豆制品，买现成就好)，酸辣瓜条(自己做就可以了)；盐，冰糖，料酒，酱油，大料，蒜，葱，姜，辣椒。

(2)做法

①先准备材料：五花肉洗净；葱切段；姜切片；辣椒也切成小段；蒜用刀拍一下。

②将五花肉整条放入热水锅中汆烫，然后取出切成大块，也可以切成自己接受的大小。

③炒锅倒入适量油，先放入部分葱段和大蒜，略炸一下，然后捞出，再放入五花肉，用刚刚的葱、蒜油翻炒五花肉，然后再放入刚刚炸过的葱段和大蒜，以及新的葱、蒜，还有大料、姜片，辣椒，翻炒均匀，倒入酱油，炒至上色，这时倒入清水，要没过五花肉，然后放入调料：冰糖、盐、料酒，大火烧开，然后转小火炖，最少也要炖上1个小时。

④如果自己做卤蛋的话，就要在放入所有调料后放入鸡蛋了，可以放入几个剥去壳的白煮蛋进去一起炖，最后就是卤蛋了。

⑤最后在米饭上摆上炖好的五花肉、切好的卤豆腐及卤蛋，就可以了，也可以放入些腌好的黄瓜条和萝卜干。至于青菜，可以加在控肉饭中，也可以另做一个青菜小炒。

2. 咖喱猪排饭

(1)材料　猪排，土豆，胡萝卜，洋葱，面粉，鸡蛋，面包糠，米饭，块状咖喱，盐，料酒，胡椒粉。

(2)做法

①猪排洗净，用刀背拍松，放入容器内，加入盐，料酒，白胡椒粉，腌渍一会儿；

②胡萝卜，土豆洗净，去皮，切小块，洋葱洗净切片；

③炒锅倒入适量油，烧热后放入胡萝卜块，洋葱片，土豆块，翻炒，然后倒入适量清水，能没过蔬菜就好，大火烧开后转小火，盖上锅盖，煮制一会儿，待所有材料软烂，且汤汁收去一半的时候，放入咖喱块，并用锅铲不断地搅拌，以免糊底，这时一定要小火并不断搅拌稍煮一会儿就可以了；

④将腌渍好的猪排取出，先裹上一层面粉，再裹上一层蛋液，最后是面包糠，然后放入平底锅中小火煎熟，煎至两面金黄色即可，一定要小火，免得猪排外皮已经焦掉，但里面却还没熟；

⑤最后摆盘就可以了，盛入米饭，将煎好的猪排切块摆在旁边，最后在米饭和猪排上浇上咖喱蔬菜汁，就可以吃了。

3. 红葱酥糯米鸡饭

(1)材料　红葱头酥一盘，鸡腿肉一只，小南瓜一个，糯米500克，鸡高汤1 000克。

(2)做法

①鸡腿肉切块,加1勺白糖、1勺黄酒、1滴米醋、2克盐拌一下;

②热锅热油爆香红葱头,加入鸡肉翻炒2分钟;

③加入洗干净的糯米,炒到透明;

④加入鸡高汤,没过米饭即可,码上南瓜块,大火煮沸转文火焖到熟,吃的时候,香滑软糯的糯米鸡南瓜饭,拌上酥脆咸美的红葱酥,很美味。

4. 栗子鸡饭

(1)材料　小鸡腿,栗子(净肉),大米,盐,生抽,白糖。

(2)做法

①将鸡腿肉洗净,去骨,切成小块,也可以不去骨,直接把鸡腿剁成小块,只是去骨后吃起来会更方便。

②将处理好的鸡腿肉放入容器内,加入盐,白糖,生抽,色拉油,搅拌均匀,腌渍一会儿。

③将大米淘洗干净,放入电饭锅中,加入适量清水,再放入几个栗子肉,打开电源并切换到蒸饭档,等待米饭蒸好。

④蒸好后打开电饭锅,这时放入刚才腌渍好的鸡腿肉丁,还可以再放入些蔬菜,比如胡萝卜,码好后盖上电饭锅,再次切换到蒸饭档蒸熟就可以吃了,如果蒸饭档这时按不下去,总是在保温状态也不要紧,过一会再按就可以了,如果你觉得鸡肉只这样蒸一次不熟,那就再重复蒸一次就可以了,但不要重复的太多,否则锅底会糊掉的。当然也可以把鸡腿肉丁炒熟了再放入电饭锅中。

5. 菠萝饭

(1)材料　鲜虾仁、蟹棒、鱿鱼、甜青椒、菠萝。

调料:黄油、芝士片、番茄沙斯、盐。

(2)做法

①将新鲜虾仁拨皮或买现成拨好的也可,切成3厘米的段儿;蟹棒同样切法鱿鱼、青椒、菠萝且2～3厘米的片儿。

②将锅烧热放入黄油化开,待冒泡时到如切好的材料翻炒(除菠萝外)的半熟为止出锅待用。

③锅热小火放入黄油化开,待冒泡放入番茄沙斯翻炒两下之后放入芝士片调匀后放一碗清水开大火烧开。

④待汤烧开后倒入翻炒好待用的材料,加盐用中火熬5分钟后放入切好的菠萝继续熬,这之间要不断地翻炒以免糊锅。

⑤待汤汁收浓后即可出锅,浇在盘子的米饭上即可食用。

(四)其他主食

1.鸡肉卷

(1)材料 鸡脯肉或鸡腿肉,肉馅,胡萝卜,盐,酱油,料酒,胡椒粉。

(2)做法

①将鸡脯肉洗净,用刀背或是肉锤耐心的拍打鸡肉,使它变成原来面积的两到三倍大,鸡脯肉大小、形状不一,拍打出的肉片形状也会不规则,你可以使用两片大小不一的鸡肉片,拼接成规则的正方形,为了使鸡肉更好的入味,你可以边拍打边撒些盐、胡椒粉进行调味。

②将肉馅放在容器内,加入适量盐,胡椒粉,料酒调味,最好再加上一些颜色较重的酱油,这样做好的肉卷颜色分明,放好调料后将肉馅搅打上劲,这时准备一些自己喜欢的蔬菜丁,如胡萝卜、荸荠、香菇等,把它们剁碎放入肉馅中,搅匀后放在铺平的鸡肉片上,小心地将它卷起成筒状。

③准备一张大小适中的锡纸,将肉卷放到锡纸上,像包糖果一样将它卷起,两头捏死,放入蒸锅,蒸 20 分钟左右就可以取出了,取出后不要着急切,晾凉后再切比较容易成形,最后也可以做个芡汁浇在上面。

2.蜜豆双皮奶

(1)材料 牛奶 250 克,鸡蛋两个白砂糖 2 勺,香草粉少许,蜜豆适量。

(2)做法

①牛奶煮至微沸,倒入小碗中,静置至表面形成奶皮;

②将蛋黄和蛋清分离,在蛋清中加入白砂糖;

③将蛋清充分打散;

④在蛋清中加入少许香草精;

⑤将碗中的牛奶倒入盛有蛋清的碗中,将奶皮留在碗底;

⑥将牛奶和蛋清混合均匀;

⑦将牛奶蛋清液过筛;

⑧将牛奶蛋清液缓缓倒回小碗中,奶皮浮到表面,覆上保鲜膜,放入蒸锅中,大火蒸开,小火蒸 15 分钟,关火,在锅中继续放 10 分钟即可。

(3)小提示

①牛奶要用全脂牛奶容易结成奶皮;

②牛奶煮至将要形成奶皮时即关火,将牛奶倒入碗中,否则如果已经在锅中形

成奶皮，奶皮就会留在锅中，在碗中就没有奶皮了；

③加香草精是为了去除蛋腥味，没有的话可以不加；

④把形成奶皮的牛奶倒出时，为了防止留在碗底的奶皮粘在碗底浮不起来，可以碗中少留一点牛奶，这样奶皮就不会粘到碗底了。

三、农家旅游主要农家菜品制作

(一)四川特色农家菜

1. 山城辣子鸡

用料讲究，主料一定选用家养土仔公鸡现杀现烹，以保持鲜嫩肥美，辅料非川产二金条辣椒和川产茂汶大红袍花椒不用，且非常考验厨师对火候的掌握。

原料：土公鸡 500 克，花椒、干辣椒、熟芝麻、料酒、酱油、姜、葱花、鸡精各适量。

制作方法：①公鸡去内脏洗净，斩切成小块。姜、葱、干辣椒切好备用。②将鸡肉放到碗中，加酱油、料酒、味精、盐、姜片、花椒等拌匀，腌制 10～15 分钟。③炒锅置火上，油烧热后下干辣椒节炸至棕红色；放入腌过的鸡块、花椒翻炒，鸡熟酥时加料酒、酱油、味精、姜丝，转中火翻炒 2 分钟，用漏瓢滤去余油，起锅装盘，撒上熟芝麻、葱花即可上桌。

2. 连山回锅肉

川味家常菜的经典。回锅肉在四川民间又俗称“熬锅肉”，由于四川各地物产不同，风俗口味也有所差异，这道菜也有许多种做法，主要表现为配料和调味的不同。

原料：五花肉 500 克，蒜苗、青椒、干红辣椒、永川豆豉、炸锅盔、郫县豆瓣、酱油、泡子姜、醪糟汁、鸡精、精盐、白糖、葱各适量。

制作方法：①猪肉入沸水汆去血水，捞出后趁热抹上醪糟汁和盐，放到笼中蒸至肉皮粑软，取出晾凉。②干辣椒、葱、蒜苗切成节，子姜和青椒切片，炸酥的锅盔切成三角形。③炒锅置旺火，油烧至六成热，下干辣椒炸香捞出；倒入肉片爆炒呈“灯盏窝”，加入酱油、豆瓣、豆豉、白糖，煸炒片刻，下蒜苗、泡姜、青椒、葱节、锅盔，翻炒出香味，加入炸香的干辣椒、鸡精略炒，装盘。

3. 鱼香肉丝

鱼香，是四川菜肴主要传统味型之一。此法源出于四川民间独具特色的烹鱼调味方法，而今已广泛用于川味的熟菜中。

原料：猪腿肉 300 克，水发玉兰片、水发木耳、泡椒、泡子姜、大葱、蒜泥、淀粉、酱油、香醋、绍酒、精盐、白糖、高汤各适量。

制作方法：①猪肉切粗丝，玉兰片、木耳切丝，与肉丝入碗，加精盐、绍酒、湿淀粉拌匀。②泡椒剁细与糖、醋、味精、淀粉、肉汤调成糖醋汁备用。③炒锅置旺火上，油烧至六成热，下拌好的肉丝炒散，加泡椒末、姜、蒜和葱，爆出香味，烹入芡汁，颠翻几下即可。

4. 酸菜鱼(图 7-1)

原料：草鱼一条，泡酸菜 250 克，鸡蛋 2 个，猪油、姜片、蒜米、葱花、大葱节、泡红辣椒、料酒、香醋、味精、胡椒粉、干细豆粉、花椒各适量。

制作方法：①将鱼头切开，取下两扇鱼肉，鱼骨切块，鱼肉斜刀改薄片。酸菜切成片，鸡蛋取蛋清和干细豆粉调成蛋清豆粉。②鱼片加料酒、食盐、味精、香醋、姜片、葱节码味后，用蛋清豆粉拌匀。③炒锅下油烧至五成热，放入鱼头、鱼骨熘至断生捞起；锅内留少许油，加花椒、酸菜、泡椒、姜片炒香，下汤，倒入料酒、香醋、食盐、胡椒粉熬出香味，先下鱼头、鱼骨煮几分钟后，再下鱼片煮 2～3 分钟，连鱼带汤倒入盆内，撒上姜末、蒜米、葱花。④锅内下少许油烧至五成熟，均匀淋于姜末、蒜米、葱花上。

图 7-1 酸菜鱼

5. 水煮肉片

原料：猪通脊肉 250 克，芹菜、莴笋叶、青蒜、姜、葱、蒜、豆瓣辣酱、酱油、淀粉、盐、鸡精、花椒粒、干红辣椒各适量。

制作方法：①猪通脊肉切成片后用少许酱油和水淀粉浆一下；②芹菜洗净切成

段，青蒜拍松斜切成小段，莴笋叶洗净切成段；③葱、姜、蒜切丝，豆瓣辣酱用刀剁碎；④坐锅，放少量油，油烧热后放入豆瓣辣酱，炒出红油后放入葱、姜、蒜翻炒几下，放少量水，开锅放入少许盐、鸡精，放入青菜，断生后捞出装入碗内，将浆好的肉一片一片滑入锅内，待肉变色熟透后连汤一起装入碗内；⑤将锅洗净烧热，将花椒粒、干红辣椒倒入锅内翻炒焙脆后，倒在案板上碾碎，撒在煮好的肉片上；⑥坐锅，倒入少量油，烧热后淋在肉片上即可。

(二)陕西特色农家菜

1.麻辣羊血

卖相较差，但口味一流。唯一的缺憾，无论如何包装，终究上不了大台面。

原料：鲜羊肉血豆腐500克，豆腐100克，盐、蒜、葱、姜、鸡精、料酒、花椒、胡椒粉、干辣椒、高汤各适量。

制作方法：①烧开一锅水，将切成3厘米见方的豆腐、羊血豆腐倒入，并加入少量料酒，焯一会儿捞出。②坐锅点火倒入食用油烧热，加入蒜片、葱段、姜片炒出香味后，加入羊血、豆腐翻炒，再加入味精、盐、胡椒粉、料酒、高汤煨2～4分钟，倒入碗中。③锅中加入食用油烧热，加入花椒、干辣椒煸炒，倒在羊血豆腐上即可。

2.泡馍小炒

原料：泡馍，羊肉，葱、姜、蒜，精盐，鸡精。

制作方法：①其制法前半部与羊肉泡馍相同，先用羊肉汤将馍煮到七八分熟，捞出馍。②锅至旺火，油烧热，下馍翻炒，加盐、鸡精、葱、姜、蒜，加汤，略煮。出锅。

3.葫芦头泡馍(或羊肉泡馍)

源于宋代的“煎白肠”，相传至今。与羊肉泡馍相似，同为掰馍，但主要原料不是羊肉，而是猪肠。后由肉类发展到包括海味类的众多品种，如汤中增加了骨头和鸡，使汤味更加浓醇，质量提高，成为秋冬时节的风味小吃。

原料：猪大肠、猪肚、猪骨头、猪肉、老母鸡、干馍、醋、盐各适量。

制作方法：①将肠肚处理干净，下锅煮开，在距大肠头约35厘米处切断，取下葫芦头。②铁锅中加水，旺火烧开，放入肠、肚，稍煮几滚，撇去浮沫，改用中火煮约30分钟，盖上锅盖，用小火煮约4小时，再加精盐。10分钟后捞出。③将大肠沥干水分，再将大肠头及碎节肠子放入竹筛内晾干。④将猪骨头洗净、砸断，猪肉切成2.4千克重的块。在大铁锅内添入清水，旺火烧开后，投入骨头、猪肉，煮约10分钟，撇去浮沫，见汤色发白时，下入母鸡和精盐，再煮30分钟，将花椒、八角、桂皮、草果装入净布口袋内，入锅，小火煮3小时，汤汁浓后盛入大瓷盆。⑤大铁锅内倒入原汁汤，加水，旺火烧开。吃时将饦饦馍掰成碎馍块，放入大碗中，然后将熟大肠、熟肚子各切成三片 8 厘米长的坡刀片；熟猪肉切成两片 1.5 寸（1 寸≈3.3 厘米）、2 厘米厚的肉片；鸡肉切成两片 1.5 寸、4 厘米宽的片。整齐排放在掰好的馍上，用锅内滚开的汤汁反复浇 3～4 次，使碗内的馍块浸透汤汁。放入料酒、调料水、味精、香菜末、蒜苗丝，淋上熟猪油，再浇入适量的滚汤汁即可食用（图 7-2）。

图 7-2　泡馍小炒

（三）上海特色农家菜

1. 浓油赤酱

上海菜其实包括本帮菜和海派菜两大类。本帮菜就是上海的家常菜，制作工艺一般都比较简单，价位通常不高，种类非常多，以浓油赤酱著称。那种至肥至腻的红烧菜，口味香醇，偏甜，是老上海菜的真味，在大上海本帮菜餐厅里都能得到 60％以上的点击率。

2. 雪菜冬笋

非常具有上海人粗菜细做的风格，是上海农家菜中蔬菜类的代表。

原料：新鲜雪菜、冬笋、白糖、淀粉各适量。

制作方法：冬笋切片过水，取出沥干水待用。热锅，加少量油，雪菜、冬笋一起入锅，加糖一小勺，1/3 杯水，盖上锅盖，大火焖 15 分钟后，大火翻炒，勾薄芡，淋油，起锅，装盘。

3. 红烧甩水

以浓油赤酱为主要特色，最为典型的传统上海农家菜，是其中鱼类的代表作。

原料：2.5 千克以上的草鱼或者青鱼，取其尾巴。

配料：淀粉、白糖、酱油、葱段、醋、香油各适量。

制作方法：①鱼尾洗净，沿鱼尾侧面脊椎将其劈成扇形，干粉上浆待用。②热锅放油，烧至七成热，鱼下锅，过一下，立刻起锅。③锅内剩余少量余油，依次放入葱段、酱油、白糖、半杯水，煮开，下鱼，盖上锅盖，旺火焖 15 分钟，揭开锅盖，大火收汁。勾芡、起锅。在锅内的余汤里，加一小匙醋、少量葱段，淋在鱼上。

4. 酱肉

原料：上好五花肉。

配料：葱、姜、料酒、红米粉各适量。

制作方法：①五花肉洗净，切成 6.6 厘米见方的长方形。锅内放水，肉冷水下锅，水以正好浸没肉为宜。②加入葱、姜、料酒，一起煮开，撇去锅内的浮沫。红米粉、料酒和匀，加汤内，加两匙白糖。再次烧开后，关小火，慢熬 4 小时。起锅，直接装盘(图 7-3)。

图 7-3　酱肉

5. 红烧豆腐

继续保持口味浓厚的朴实特色，是上海农家菜中豆制品类的代表。

原料：香菇、精肉、绢豆腐。

配料：淀粉、酱油、白糖、豆瓣酱、盐、鸡精、葱花各适量。

制作方法：①香菇切片，精肉切丝，豆腐切块待用。②酱油、豆瓣酱、白糖一起下锅，烧开。加豆腐，加 1/3 杯水，烧开后，用勺来回推滑豆腐，可淋少许油，不要加水。撒葱花，略翻一下。起锅，装盘。

(四)湖南农家菜

1.剁椒鱼头

湘菜的代表作之一,在湖南经久不衰,后来在原有的基础上衍生出了“双椒鱼头”,即剁椒和泡椒一起作为调料。

原料:胖头鱼头1个1 000克,湖南特制剁椒、味精、红油、姜、葱、白萝卜片各适量。

制作方法:①将鱼头洗净,去鳃,去鳞,从鱼唇正中一劈为二。②将盐、味精均匀涂拌在鱼头上,腌制5分钟后将剁椒涂抹在鱼头上。在盘底放2~3片生姜和白萝卜片,将鱼头放上面,在鱼身上放切好的姜丝适量。③鱼头上锅蒸15分钟,出锅,将葱花撒在鱼头上,浇熟油,再放锅里蒸2~3分钟,即可食用(图7-4)。

图7-4 剁椒鱼头

2.青椒炒肉

“湘菜”在湖南各地的表现形式不同。长沙虽然不是外省人所熟知的那几味湘菜的主产地,但仍有几样雅俗共享且经久不衰的长沙湘菜,牢牢占领着宗主地位。不论高档宾馆饭店还是街头小铺大排档,青椒与肉,是长沙人每天生活中不可缺少的农家菜。

原料:特辣青椒若干,猪肉、酱油、嫩肉粉、盐、鸡精、高汤各适量。

制作方法:①特辣青椒切段,入热油锅,翻炒片刻;②鲜肉切成薄片,加少许嫩肉粉、鸡精腌10分钟,待青椒炒至三分熟,放鲜肉,大火炒少许,再加入作料、高汤,趁大火出锅。

3.水煮黄鸭叫

黄鸭叫又名黄鸭咕,因被抓住时会发出咕咕叫声而得名。从橘子洲头开始流行，至今已有七八年时间。以靠近橘子洲头的范四毛店为最佳，后来成为橘子洲夜市中最为流行的特色菜。

原料：黄鸭叫、干红椒、蒜仔、葱花、鸡精、盐各适量。

制作方法：黄鸭叫先用清水养两天，宰杀剖开，清洗干净。用大火煎至金黄，放入干红椒、蒜仔、清水若干，小火煨，煨到汤成白色，再加入葱花、鸡精、盐等。

4. 瓦罐煨汤

长沙铜官出的大瓦罐，里面燃炭火，四周摆放小瓦罐，整夜整日地煨着，原汁原味，浓香满屋。夏天是绿豆煨排骨、水鸭之类的清凉降火之物，冬天煨土鸡、雪梨银耳之类的补品。以雪梨肉丸汤为例。

原料：雪梨、肉泥各适量。

制作方法：雪梨削皮，切块；上好精肉剁碎，成肉泥，加少许膨松粉，揉成核桃大的肉丸。上午八九点钟放入大瓦罐里，用炭火慢慢地煨。过三四小时后，随点随吃。

5. 鱼头鱼子鱼泡火锅

正宗长沙菜，以长沙市南门口为代表，特点是大盆、辣味重。

原料：鱼头、鱼子、鱼泡、料酒、干尖红椒、酱油、盐各适量。

制作方法：将鱼头、鱼子、鱼泡先用猛火炒至五六成熟，再在上面加各种作料，放上料酒、尖红辣椒，先用大火煨开，再用文火细焖上 10 分钟左右即可。

(五)浙江特色农家菜

1. 粉丝芽白

原料：上好粉丝、新鲜芽白、蒜蓉、生抽、蚝油各适量。

制作方法：将芽白用开水烫至六七分熟，在鱼身上放泡好的粉丝、蒜蓉，再放上美味汁，用大火上笼蒸上四五分钟即可，味美菜鲜，汁略甜。

2. 笋干老鸭煲

自 20 世纪末最后几年开始，一批杭帮菜馆在本地取得辉煌之余，开始走向全国攻城略地，一时风头无二。目前市场上经常供应的杭帮菜有 500 多种。杭州菜选料严谨、制作精细、注重原味、清鲜爽嫩，家常菜做得与杭州名菜一样精细，处处体现着杭州菜的真谛。

这是一道取料方便，制作简单的汤菜，具有江南风味。口感酥烂，汤汁鲜美醇厚。

用料：老鸭、天目山笋干、陈年火火踵、野山粽叶、葱、姜、精盐、鸡精、绍酒等各适量。

制作方法:①将老鸭宰好、煺净,放入沸水锅焯去血污,挖掉鸭臊,洗净。②将粽叶、老鸭、笋干、火腿放入砂锅,加入葱、姜、绍酒、清水和老鸭原汤2 200克,用文火炖4～5小时,拣去粽叶、葱、姜,用精盐、鸡精调好味即可(图7-5)。

图7-5 笋干老鸭煲

3. 铁板鲈鱼

制法新奇,造型美观,口味鲜嫩,别有情趣。

原料:鲜鲈鱼1条(约750克),粗盐、鸡精、玫瑰酒、酱油、玫瑰酱、鸡汁酱、海鲜酱、蚝油、冰糖、白糖、生抽、芝麻油、椒片、洋葱、黄油、红椒圈、葱段等各适量。

制作方法:①鲈鱼剖洗净,沥干,加精盐、鸡精、玫瑰酒等调料腌渍片刻,下入温油锅中浸炸成熟,捞出。②锅内留油少许,放入酱油、玫瑰酱、鸡汁酱、海鲜酱、蚝油、麻油、白糖、冰糖、鸡精、生抽、椒片等,勾芡。③锡纸1张,垫以洋葱丝,浇上黄油,放入鲈鱼,浇上调好的芡汁,放上红椒圈与葱段,用锡纸包裹、放在烧热的铁板上,即可上席。

4. 炒冬笋

清鲜爽口,白中透黄,酒席中吃过荤腥油腻菜肴后,更觉清鲜扑面,让人回味无穷。

用料:冬笋、冬腌菜、鸡精、白糖、精盐各适量。

制作方法:将冬笋切成薄片,冬腌菜去叶,取菜梗切成两厘米的段,炒锅置旺火上放入笋片,颠翻去掉涩味后盛出。另置炒锅,放入笋片、冬腌菜同炒。

(六)湖北特色农家菜

1.天门滑鱼

鄂菜并不大红大紫,但是因为是九省通衢,汇总了大江南北的饮食风味,武汉的好吃佬们既嗜吃酸甜麻辣,又不拒绝清粥小点,加上多不胜数的名点小吃,使武汉的饮食文化包罗南北、融贯东西,在经过结合本地饮食习惯后,武汉也有了许多流传经年不衰的本埠菜。

在武汉本地,若论普及程度,大牌的"武昌鱼"倒要在"天门滑鱼"面前甘拜下风。

原料:草鱼一条500克,姜、醋、料酒、淀粉、豆芽各适量。

制作方法:①草鱼切片备用,将豆芽焯水后卧在碗底。②锅内加水,放姜末烧开,加入醋和料酒。倒入调好的水淀粉,烧开,入鱼片,稍加搅动,汤开,关火。滑鱼的汁水浇在豆芽上。鱼装碗,撒葱花。

2.沔阳三蒸

此菜的由来,众说纷纭,制法也层出不穷。最为流行的是农家三蒸——蒸肉、蒸鱼、蒸菜。

原料:五花肉,草鱼,粳米,青菜(根据季节不同,口味不同,自由调配),盐、酱、红腐乳汁、姜末、绍酒、鸡精、白糖、桂皮、丁香、八角各适量。

制作方法:①粳米洗净控干,放入炒锅,在微火上炒3分钟,微黄时,加桂皮、丁香、八角,再炒三分钟出锅,磨成鱼子大小的粉粒。②将五花肉和草鱼切成长5厘米见方的厚片,用布搌干水分,加精盐、酱油、红腐乳汁、姜末、绍酒、鸡精、白糖,一起拌匀,腌渍10分钟。③将青菜(可选苋菜、芋头、豆角、南瓜、萝卜、茼蒿、藕)等洗净切段,或切块,和鱼、肉一起拌上五香米粉,与米饭入一甑蒸,蒸具是杉木小桶。④米饭放在最下面,蔬菜均匀铺在其上,鱼块、肉片又次第放于蔬菜上。盖紧甑盖,旺火蒸40分钟左右(图7-6)。

图7-6 沔阳三蒸

3. 腊鸭(或鸡)焖藕

进了腊月,江城人家的阳台上蔚为壮观,几乎家家户户都要挂上几串鸡鸭鱼肉,藕更是武汉人的食之所钟。

原料:腊鸭(或鸡)一只,生藕一根,盐、料酒、姜各适量。

制作方法:不管是腊鸡还是腊鸭,用热水冲洗掉浮尘,剁成块置锅里,拍两块生姜,倒入大量水,煮开,撇去浮沫,稍加料酒和盐,加入老藕块,小火焖上个把小时。

4. 红菜薹炒腊肉

红菜薹又名芸菜薹、紫菜薹,产于武昌洪山一带,故又叫洪山菜薹。真正好吃的,是洪山宝通寺周围种植的,要选新鲜且嫩的。

原料:红菜薹、腊肉,盐、鸡精各适量。

制作方法:①红菜薹主要吃菜心抽出来的薹,薹用手折,长约寸许,洗净沥干备用。腊肉切成一寸长薄片。②炒锅微热,滴入少许麻油,下姜末稍煸,放腊肉煸炒1分钟,用漏勺捞出。③炒锅内留余油,用大火烧至七成热,放菜薹煸炒2分钟,放盐和腊肉片再合炒1分钟,撒鸡精,颠勺,沥干油,装盘。

5. 瓦罐鸡汤

湖北的地道瓦罐煨汤,常常是在街边小巷子里,一个不起眼的门面里,置放着一排排灰不溜秋油垢沉积的土砂罐子,令人在喝之前置疑其美味程度,当然,喝过之后便疑云消散了。

原料:土鸡一只,生姜、花椒、干红辣椒各适量。

制作方法:将土鸡切成方块,入冷水锅中,放若干生姜片,几粒花椒,一两枚干红辣椒,待到沸腾,撤去炭火,留微火,搁在炭火炉上温吞吞地煨。食前加盐。

(七)广东特色农家菜

1. 清蒸鲜鱼

粤菜不只是鲍参翅肚。以下几个家常菜实惠而温馨,在广州一些面向白领的中档餐厅中占有七成点菜率,单个菜品也可占到50%以上。以每个饭市平均出品800个菜计算,这些家常菜的出品占去大半壁江山,能达到出品500个,可以视代现在消费的一种趋势。

很多人在蒸鱼时,多把蒸鱼的原汁全部倒掉,而以调好味的味汁置换之,广州家常鲜鱼的清蒸之法,却需保留原汁,为的是保持鱼的本味。

原料:鲜鱼整条、粤北云耳、枸杞、姜、葱、辣椒、盐、鸡精各适量。

制作方法:①将鲜鱼洗净去鳞、起肉,切成无骨薄鱼片,加盐、鸡精腌好,置于盘中，摆回鱼的形状。②上笼隔水清蒸，出笼后放葱丝香菜。③另置净锅，烧热油，淋鱼上即成(图 7-7)。

图 7-7　清蒸鲜鱼

2. 叉烧

广东名菜。虽然广州很多食肆都有烹制，但良莠不一，差者归根到底就是叉烧肉汁不够而欠软滑。这里的关键在于叉烧腌制时间的问题。有的师傅为了贪图方便，隔日便将叉烧腌好放入冰柜之中，殊不知，过早放盐会使肉中的水分溢出，第二天从冰柜中取出时岂不与腊肉同质？其实只要在烧制前 30 分钟腌制，味道足以渗入肉中。另外要令叉烧肉中带汁，选肉也是一个窍门，通常以“一字梅”(里脊旁的一块肉)较优，因为此部位肥瘦相间。

原料：一字梅(里脊旁的一块肉)、白糖、蜂蜜、盐、鸡精各适量。

制作方法：将肉切成条，放入瓦盆内，加白糖、盐、鸡精等料腌制 45 分钟后，用叉烧环串起，放入烤炉烤 30 分钟至熟，用蜂蜜淋匀，回烤 2 分钟后即成。

3. 沙尘鸡

在广州，有一句口头语：无鸡不成宴。吃鸡是广州人必选的菜式，山柰(别称沙姜)是湛江特产，不仅能去除材料的腥味，更能提升食物的味道，令其更有层次感。一般的做法是用沙姜焗鸡，而以炒的方式来做组合，成品既有沙姜的异香，又保持了鸡肉的滑腻。所以起名为“沙尘鸡”，意即很了得的鸡。

原料：洲心清远鸡、湛江鲜沙姜、盐、鸡精各适量。

制作方法：①把鸡洗净切件，用盐、鸡精腌好。②锅置火上，烧热油，鲜沙姜爆香，将鸡件下锅猛炒至全熟。注意别把汤汁炒得太干。

4. 时蔬炒鸡杂

鸡肾的爽和鸡肝的香，加上菜心的田园风味，组合成最佳搭配。材料的选择上也符合一般家常菜标准,实为经济好吃的家常小炒。

原料:菜心、鸡肾、鸡肝,盐、鸡精各适量。

制作方法:①鸡肝鸡肾切花刀,用作料腌制,菜心去叶、老梗,切成6.6厘米长。②把腌好的鸡杂入锅爆香到五成熟,另置锅,入油,炒菜芯至半熟,放鸡杂一起翻炒。

5.乡村酿莲藕

莲藕要挑选整节不光滑的,上下等同粗大、两头生得均匀的方为粉藕的上品。

原料:五花肉50克,莲藕 、绿豆、鸡精、盐各适量。

制作方法:把绿豆打成蓉,加入鸡精、盐等调料,细心酿入莲藕的小孔内,注意尽量放多些绿豆,把酿好馅的莲藕入高压锅,五花肉切片摆在周边,一起蒸约15分钟,切片上碟即成。

(八)东北特色农家菜

1.酸菜白肉血肠

东北人大大咧咧,东北菜也秉承白山黑水的豪阔气概,兴之所至,天上飞的,林子里跑的,水里游的,树上结的,地上种的,举凡可以食用的,都逃不了一片乱炖。其实,除了盐分重之外,这种炖菜,最大程度上保留了食物的营养,还是值得提倡的。东北菜是中国各菜系中最能体现"家常"精髓的菜式,大锅炜肉,大碗盛菜,量多,实在,价位不高,消费低 。

满族传统食品,旧时亦为祭品。

酸菜、白肉、血肠,东北家常菜中的三剑客,无敌组合。

原料:酸菜、猪血、五花肉、精盐、鸡精、葱、姜、胡椒粉、粉条各适量。

制作方法:①将皮薄肉嫩的肥猪腰盘肉或五花肉切成块状,放入清水锅中,佐以葱、姜、大料、花椒、盐等,煮熟后,切成薄片,其肉白肥嫩,故俗称白肉。②取适量的新鲜猪血,佐以调料,用鲜汤拌匀后,用手将血饼攥碎灌于洗净的猪肠内,煮至嫩老适度,即成血肠。出锅后,解除两端束绳,切成厚6~9毫米的金钱片即可食用。冷食时,将白肉、血肠片佐以蒜泥、韭菜花、辣椒油。热食时,将酸菜放入勺中煸炒,放入老汤、五花肉、血肠、粉条及调料,炖15分钟即成(图7-8)。

2.小鸡炖蘑菇

名副其实的山珍野味。东北菜中少数可以发展成为与其他高档菜系相媲美的家常菜之一。东北菜的代名词之一。

原料:小仔鸡750~1 000克,干蘑菇、葱、姜、干红辣椒、大料、酱油、料酒、盐、

图 7-8　酸菜白肉血肠

糖各适量。

制作方法:①将小仔鸡洗净,剁成小块。②将干蘑菇用温水泡 30 分钟,洗净待用。③大火加热炒锅中的油,放入仔鸡块翻炒至鸡肉变白,放入葱段、姜处、香叶、大料和干红辣椒一起爆炒出香味。④依次调入料酒、白糖、鸡精、酱油和盐,炒匀后加入能没过所有固体食物的开水。⑤汤汁沸腾改中火,炖 10 分钟,放入干蘑菇再炖 50 分钟,汤汁收浓即可。

3. 干豆角炖排骨

四季皆宜的农家菜。做法简单,可以添加多种其他配料,如土豆、茄子、粉条。

原料:猪排骨、东北豆角。

制作方法:先切葱姜蒜,少许。锅里入油,爆炒葱姜蒜,出味。放入一勺糖,一勺老抽,下排骨干炒,排骨七成熟时,入开水,放豆角。再来一勺料酒,一勺老抽,加花椒粉、胡椒粉少许。大火烧开,小火炖 10 分钟,放入一些葱丝再炖。炖至豆角全部吸收排骨的肉香之后,出锅。

4. 雪里蕻炖豆腐

东北农家的优质大豆,造就东北水嫩嫩的大豆腐。与雪里蕻同食,可炒可炖,白青相间,一软一硬,入口张弛有度。

原料:豆腐、腌制过的雪里蕻、鸡精、葱、姜各适量。

制作方法:①豆腐切块。②锅置火上,油烧至七成热,入雪里蕻、翻炒几分钟,加水,烧开,下豆腐块,加鸡精、葱、姜,大火烧开后,改为中火炖 15 分钟左右。由于雪里蕻事先已经用盐腌过,故可不加盐,或加少量盐即可。

5. 牛腩炖柿子

牛腩一般与萝卜搭配,与西红柿是一对奇怪的组合,但颜色漂亮,味道略甜,主要是喝汤。

原料：牛腩、番茄、胡萝卜、黄酒、精盐、鸡精、葱、姜。

制作方法：①牛腩用滚水烫过后，加水、黄酒、姜，入高压锅煮 15～21 分钟。②西红柿、胡萝卜用油炒热炒。③把牛腩、炒过的西红柿、胡萝卜放到高压锅内，一起煮 15 分钟。

四、农家旅游特色食品及其制作

(一)鱼干的做法

鱼干是指将新鲜的鱼经充分晒干而成。

1. 剖割

按照鱼类大小分别采用背剖、腹剖和腹边剖三种形式。背剖，一般用于鱼大肉厚的。剖割时从鱼背鳍下第二鳞片进刀，刀至鱼头骨时，微斜在头骨正中切开。除去内脏及牙墩，把脊骨的血污及腹内黑衣黏膜，用刀片轻轻刮去。若鱼身较大，应在脊背骨下及另一边的肉厚处，分别开吞刀、夹刀及片刀，使盐水易于渗透。鱼小肉薄的，可采用腹剖。即在鱼腹正中进刀，两片对称剖开。腹边剖割的，可在鱼身中线下边切入，上至鱼眼外围，下到尾部肛门上为止。

2. 洗涤

剖割后，去掉内脏。剖割后在血液凝固前，用刷子逐条地在清水中洗刷去血污、黏液，放进筐内，滴干水分，即可进行腌制。也可以将洗涤后的鱼体投入事先备好的卤液中，浸洗 3～5 小时，取出滴干卤水，再行腌制。

3. 盐腌

根据鱼体大小确定用盐数量，一般每 100 千克鱼用盐 18～24 千克。冬、春季偏少，夏、秋季节偏多。腌制时，将盐均匀地擦敷在鱼体、鱼鳃、吞刀、眼球及钓孔内。然后置于腌池内，肉面向上，鱼鳞向下，鱼头稍放低，鱼尾斜向上，层层排叠。叠至池口时，可继续排叠，直至超出池口 10～15 厘米。经 4～5 小时后，鱼体收缩至与池口平齐时，再加撒一层封口盐，并用竹片盖面，石头加压。使鱼体浸入卤水，充分吸收盐分，脱出水分。夏天还可以避免苍蝇在鱼体上生蛆。

4. 晒干

鱼出卤时，利用卤水将鱼体洗刷一次，除去沾染的污物，滴干卤水后，排放于晒鱼帘上。鱼鳞向上，晒 1～2 小时后翻成肉面向上，晒至中午时，将鱼收进室内或将竹帘两头掀起盖上鱼体，让其凉至下午 3～4 时，利用弱阳光再晒。经过 2～3 天晒至鱼肚鱼鳃挤不出水分时，就干燥了(图 7-9)。

图 7-9 鱼干

(二)自制乡里腊肉

1. 准备材料

主料：五花肉。

调料：五香粉、生抽、粗盐、糖、老抽、米酒。

2. 制作过程

(1)准备大盆，准备腌制工作。

(2)码盐，每条肉上都均匀的搓上盐。

(3)放糖，往搓好盐的肉上撒少量糖即可。

(4)酒里泡的是小茴、放五香粉进去，最好提前泡制此酒，越久越香越好，可以放置好几年。

(5)上下翻动肉，让其更加均匀的吸收各类调料，将调好料的五花肉盖上盖子静置一整夜，第二天取掉盖子，用一盆温水将肉过滤一下，悬挂至晾干水分，以不滴水为宜。

(6)五花肉大约晒 1 小时左右无水分后，便可调老抽生抽对肉进行上色，喜欢深色一点就多放点老抽，不喜欢则反之放生抽多一些，然后再加点五香粉。

(7)风干 1 周(图 7-10)。

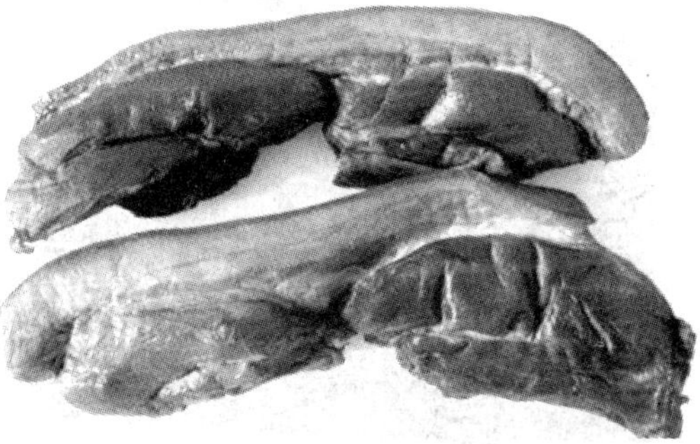

图 7-10 乡里腊肉

3. 小窍门

(1)起缸晾晒的第一天,最好能见到太阳,这样制作的腊肉吃起来腊味十足,香味扑鼻。

(2)按这样的比例腌出来的腊味肯定很咸,但存放的时间较长,吃的时候可以用淘米水浸泡一会儿,减少咸味。

(3)腊肉的干湿度可以按个人口味来掌握,不喜欢太硬的晒得时间就短点。

(4)晒过一周左右,收回家中用开口保鲜袋装好悬挂房梁处,过几日方可再拿出肉日晒几日,腊肉会更香。

(5)也可分解成小块,装入保鲜袋,存放在冰箱冷冻室里,随吃随取,很方便。

(三)自制脆紫薯干

1. 准备材料

准备好鲜紫薯。

2. 制作过程

(1)准备好紫薯,洗净。

(2)紫薯去皮,去的厚一些,白色的部分都去掉。

(3)紫薯切成手指粗细的条,最好能粗细差不多。

(4)微波炉,高火,10 分钟。

(5)10 分钟之后的紫薯条没有明显的变化,翻动一下后再放入微波炉5 分钟就会变干许多(图 7-11)。

(6)接下来要 2 分钟,翻动一下再用时 2 分钟这时候的紫薯条就会变得比较

图 7-11 紫薯干

干了，越到后面打的时间要越短否则容易糊。

3. 小窍门

(1)这样做出来紫薯干是脆脆的，与那种特别有嚼劲的紫薯干不太一样。

(2)用微波炉的时间，是由长至短，越到后来，时间越短，每个微波炉功率都不同越到后来越要自己把握。

(3)每次时间间隔，都需要翻动一下紫薯条有利于水分挥发且不至于紫薯条总是一个面受热。

(四)自制地瓜干

1. 准备材料

主料：地瓜。

辅料：水。

2. 制作过程

(1)地瓜清洗干净，放入锅中蒸熟。

(2)蒸熟后的地瓜去皮。

(3)先对切。

(4)再切成大片。

(5)再切成条状。

(6)放在阴凉通风处。

(7)放入盘子中，放入微波炉，高火 4 分钟，取出后反面再高火 2 分钟，看软硬程度自己掌握还要不要再放入微波炉。

(8)微波了以后可以直接吃，也可以再晾一天或者更长的时间(图 7-12)。

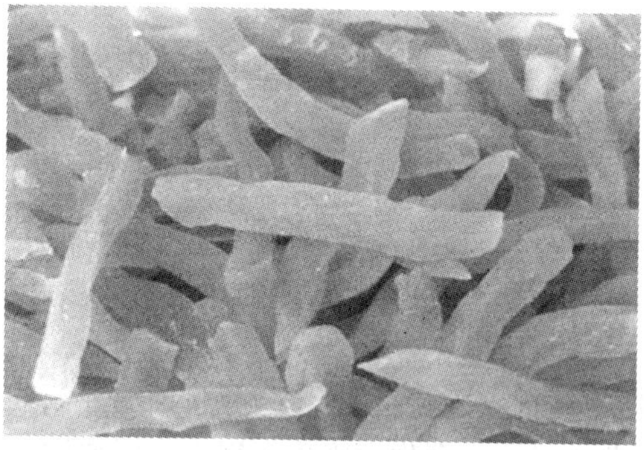

图 7-12　地瓜干

3. 小贴士

在用微波炉的时候最后要盯紧了，否则一不小心就会糊掉的。

【实训练习】

特色农家菜制作

一、实训目的

通过动手制作一道当地特色农家菜，熟悉使用制作炊具、制作原料和制作方法。

二、实训准备

1. 炊具准备

准备好制作需要的各种炊具。

2. 原料准备

准备好需要制作菜的各种原料。

三、方法步骤

1. 分组：每组 3～4 人。
2. 在教师(师傅)指导下按先后程序完成制作过程。
3. 品尝：学员相互品尝制作成果。

四、实训报告

1. 小组成员讨论总结，肯定成绩，找出需改进之处。
2. 每人写一份收获体会报告。

知识窗口

健康烹饪小常识

多通风——要做好厨房的通风换气，在烹饪过程中，要始终打开抽油烟机，厨房内一定要有抽油烟机，并经常开窗通风，使油烟尽快散尽。烹调结束后最少延长排气10分钟。

少放油——不粘炊具可以避免用油过多，并将油温控制在中低温度，不仅让无油烹煮成为可能，也借此减少了食物中维生素因为高温原因而流失。

见油不见烟——改变烹饪习惯，不要使油温过热，炒菜时油温尽可能不超过200℃（以油锅冒烟为极限），这样不仅能减轻"油烟综合征"，从营养学角度上，下锅菜中的维生素也得到了有效保存。最好不要使用反复烹炸过的油，在选择食用油的时候，应购买质量有保证的产品，避免劣质食用油在加热过程中产生更多有害物质。

天然替代品——利用天然食物番茄、菠萝的酸、甜味制成的酱汁，取代一般的番茄酱、糖醋汁，可达到减盐、减糖之目的。选择多种谷类食物代替白米可增加纤维质、各类维生素、矿物质的摄取量。

蔬菜生吃，肉煮熟——新鲜的蔬果富含纤维质和维生素C，以生吃的方式更能保存原有之营养素；以优格酱代替一般色拉酱，可减少油脂的摄取量。

食品特别是家禽、肉类等，必须彻底煮熟才能食用——所谓彻底煮熟是指使食物的所有部位的温度至少达到70℃。

隔夜菜要加热——存放过的熟食必须重新加热（不低于70℃）后才能食用。

多用开水——饮用水及准备做食品时用的水应纯洁干净。如果对水质有怀疑，最好把水烧开，然后再饮用或制成冰块。

第八讲　农家旅游体验活动的类型与设计

一、农家旅游体验活动的类型

何谓体验？在B·约瑟夫·派恩和詹姆斯H·吉尔摩共同撰写的《体验经济》一书中，派恩等认为体验是“当一个人达到情绪、体力、智力甚至是精神的某一特定水平时，他意识中所产生的美好感觉”。对农家旅游而言，体验是以服务为舞台，以商品为道具，以消费者为中心，创造能够使消费者参与、值得消费者回忆的活动。由追求“体验”和提供“体验”环境和设施，加之互动而关联产生的经济相关活动的总集就构成了体验活动。

农家旅游体验活动从不同的角度有不同的分类方法。如按体验活动依托的资源分类，可分为自然产业资源依托型、人文生活环境依托型、农林特产资源依托型、文化产业资源依托型等；如按体验活动所属的产业分类，可分为文化产业类体验活动、自然生态环保产业类体验活动、农业产业类体验活动、人文生活类体验活动等；如按农家旅游的农村生产、生活、生态方式分类，可分为运用农业生产资源的体验活动、运用农村日常活动的体验活动、运用农村生态资源的体验活动等。

（一）农家旅游体验活动按其依托的资源分类

1.依托自然产业资源的体验活动

体验活动可依托的自然产业资源主要有：溪流、山岳、海洋、瀑布、森林、海浪、温泉、湖泊、老树、野生动植物、峭壁、云雾、特殊地质、湿地、日出、夕阳、星星、月亮等。

2.依托人文生活环境资源的体验活动

体验活动可依托的人文生活环境的资源主要有：吊桥、木梯、竹桥、水利设施、传统农村建筑、水坝、水塘、林道、梯田、庙宇、纪念馆、打铁店等。

3. 依托农林特产资源的体验活动

体验活动可依托的农特产资源主要有：水果、蔬菜、花卉、苗木、作物、野菜、药用植物、渔产品、产业活动（耕田、收割、喂养、捕捞、产品加工等）、产业景观（茶园、菜园、稻田、花园、果园、育苗园、养殖场、灌溉沟渠、喷灌、棚架、猪舍、鸡舍等）、产业工具设备（扁担、斗笠、蓑衣、牛车、搬运车、农业机械、渔网、竹筏、水车等）。

4. 依托文化产业资源的体验活动

体验活动可依托的文化产业资源主要有：祭仪祭典、生命礼俗、宗教信仰、饮食服饰、居住交通、狩猎、音乐、舞蹈、手工艺、绘画、传统戏剧（皮影戏、布袋戏等）、神话传统、古迹（遗址、古道老街、故宅、古井、古桥、废墟、旧码头等）。

(二)农家旅游体验活动按其产业分类

1. 文化产业类体验活动

文化产业类体验活动主要有文化祭祀活动、文化体验营、传统手工艺品展、传统手工艺制作与研习、民俗植物研习营、野菜料理、传统食物饮料、传统歌舞表演、传统乐器表演、传统文化展示、传统服饰销售、传统神话文史解说、古道寻迹、历史遗迹巡礼等。

2. 自然生态环保产业类体验活动

自然生态环保产业类体验活动主要有原生植物教学、自然生态解说之旅、生态教室、观日出、观夕阳、观云海、赏鸟、泛舟、溯溪、野外健行郊游、登山、森林浴、赏蝶、观景、探访萤火虫之家、观星、露营、泡汤洗温泉、溪流垂钓、野餐等。

3. 农业产业类型体验活动

农特产业体验活动主要有原生蔬菜采摘、采果、赏花、赏景、农业教育、草药认识、耕种体验、农具操作体验、挖红薯、烤红薯、钓鱼、抓虾、抓泥鳅、农特产品展售、农特产品尝会、乡村小吃、捡鸡蛋、采茶、滚草轮、挤牛奶、剪羊毛、采竹笋、农产品加工等。

4. 人文生活类体验活动

人文生活类型主要有农渔风情游、打陀螺、放风筝、捣麻籽、推石磨、磨豆浆、爬树、捉迷藏、逛传统市场。河边洗衣、打弹珠、走吊桥、打水仗、草编、钓青蛙、捕蝉、摸田螺、牵牛吃草、坐牛车、踩水车、划竹筏、滚轮胎、印染等。

(三)按农村生产、生活、生态方式分类

1.运用农业生产资源的体验活动(图 8-1)

图 8-1　石磨的体验

(1)农作体验活动。农作物、不管是特用作物、粮食作物或园艺作物等,从播种到收获,从生长时的生理特征到加工制品,都有多种体验方式。①农作物观赏。根据不同的时令,安排有关农作物的枝、叶、花等形态的观赏,如春季赏油菜花,夏季赏荷花,并可制作成标本。②园艺习作。体验选种、育苗、施肥、灌溉、修剪、除草、收获、加工处理等劳作乐趣,并学习相关知识。如农作物习性的了解,茶叶的采摘、储存、加工技巧和工艺等。③农耕活动。如用犁翻土、用耙碎土、插秧比赛等。可将花田、果园、茶场的土地按块租赁给旅游者。游客利用周末等闲暇时间,带领家人前来养花种树,既可锻炼身体又能增进全家人的感情。④特色农艺。体验纺线织布、剪纸、手工酿酒、土菜烹饪等。还可开展艺术插花、干花书签、花卉风景彩照等制作,以土特产的形式出售给游客当作旅游纪念品。

(2)农具体验活动。农具能加深游客对农业发展的认知。传统农具更是先民智慧和经验累积的精华,其在农家旅游体验活动中的利用不仅能让游客了解过去,还能唤起游客对以往岁月的追忆和怀念。①农具展示。如展示耕田机,传统织布机、风车、水磨器具等等。并通过影视记录,图片展示等加以解说,使游客对历史和现代农业技术水平都有所了解。②农具操作。如牛车、水车、耕耘机等。

(3)家禽家畜体验活动。①荤菜烹饪。根据当地菜肴特色,运用特殊烹调工艺进行加工和制作。如烹制叫花鸡等。②亲近动物。组织游客认识、观赏、喂养或骑乘家畜类动物。

2.运用农村日常活动的体验活动

(1)日常活动体验活动。农民拥有本身的特质,在语言、宗教、性情以及人文历史等方面均与城里人有所区别,其日常的吃、穿、住、行,可以作为当地特色的一个发挥。并选拔和培训一些懂旅游、善交流、有专长的人员从事导游讲解工作。①体验具有农家特色的烧火煮饭。用大土锅、大蒸笼、大土碗等器皿,采用家传的烹饪技巧,制作出正统的农家味道。②在农庄居住,使用农家家具摆设及设备。③教授游客纺线织布、做衣,可作为展示或作为纪念品。④跟客人促膝聊天、拉家常。游客尽情享受农村生活,喝茶、打牌、聊大、下棋等。这些活动让客人了解了当地,加深了对农业的认识。农庄可邀请村里的负责人、农 业技术人员、致富能手、村里的老人等,利用聊天的形式,向住客介绍当地的建设、发展,浅显的农业种植、养殖知识经验,致富经验,当地的民风民俗、历史轶事等。⑤为旅游者提供农村传统服饰的租售业务,供其体验劳动或游玩时穿戴和照相。⑥教授、分享传统民间游戏之乐。

(2)农村节庆体验活动。①修建陈列农业文化、活动庆典、民俗相关的展室,普及农业文化。②为客人安排庆典角色,参与庆典表演。③组织农家文化游,如婚俗、丰年祭、赏花灯、舞龙舞狮、皮影戏、歌子戏、布袋戏、划龙舟、雕刻、绘画、泥塑、剪纸、赏花节、采摘节等民俗节庆体验。通过观赏、解说、参与特色活动,增加游客对农家旅游的认识(图 8-2)。

图 8-2 舞龙的体验

3.运用农村生态资源体验活动

(1)农村气象体验活动。①制作气候与农事知识的展板,指定专人讲解。②组织与天气有关的游憩活动,如歌曲接龙。③开展风筝比赛,欣赏特殊的天象和气象等。④根据季节，开展食疗进补等。

(2)农村地理体验活动。①利用农村资源提供远足活动，如穿越挂满累累果实的果园等。②围绕水资源，开发相关的休憩项目，如捕鱼捞虾、打水仗、观赏蝌蚪等。

(3)农村生物体验活动。①向游客提供捕捉、收集、烹饪的必备用品，使游人感受从田间到饭桌的全过程。②教授各类鱼的不同制作方法，并现场进行烹制、品尝和习作。③开展识别野菜活动，包括挖野菜、洗野菜、烹饪野菜、品尝野菜的全过程。

(4)农村景观体验活动。①增加景观小品，增设宣传配套设施。②建立可供游客休息的场所，安装休息设施，如亭子、板凳、垃圾筒等。③设立观景台，供游客登高观景。

农家旅游经营者可以根据实际能力，为游客提供各类体验式服务，可以通过视觉、听觉、触觉、味觉感受自然给人们带来喜悦和刺激，体验“蝉噪林愈静，鸟鸣山更幽”的自然美景。这些活动将无形中增加游客对农家旅游的特色个性化服务、家庭氛围的体验和感受。

二、农家旅游体验活动的设计

(一)农家旅游体验活动设计的原则

农家旅游作为一种新型农业产业形态，其特性和目标与体验经济的思想呈现高度的一致性。农家旅游可以将农业生产过程、自然生态、农村文化和农家生活变成商品出售，城市居民通过身临其境地体验农业、农村、农民资源，满足其愉悦身心的需求。因此，可以说，农家旅游体验活动的基础是农业，目的是休闲，本质是体验！用体验来创新农家旅游，设计和开发适当的体验活动项目，更能体现农家旅游的本质特点，更好地满足消费者的休闲消费需求。农家旅游体验活动设计的基本原则如下。

1.技术可行性原则

农家旅游设计体验活动，技术必须科学、可行。比如，在耕作制度上，无论空间的利用还是时间的利用，都既要保证农庄生产的正常运行，又要满足一定的休闲活动需要。又如，在种养品种选择上，既要能够适应当地的环境条件或设施化条件，又不能带来或造成新的病害、虫害和生态灾害，于人们身体有害的植物必须谨慎引种。再如，技术与必要的设施要配套。对于体验活动尤其是农耕活动的设计，其全程配套技术和指定所需的设施、设备要求，必须有可应用性，并指明技术要点、技术关键。

2. 可操作性原则

这里所说的可操作性，指的是由技术可行性转化为现实性所必须达到的要求，它是项目实施的具体依据。农家旅游活动设计方案的可操作性，主要是指要有茬口和季节的具体计划。所用品种以及设备的规格、数量要明确，种养方式和生产资料要明确，生产操作程序要明确，种养技术规格要明确。

3. 生产和游赏契合性原则

农家旅游在农业生产基础上设置体验活动，通常会面临农业的生产性和游赏性并不统一的情况。因此，在休闲农庄的体验活动设计中，就必须寻求生产需要与旅游需要的契合点，这样才能实现生产与游赏价值的互补和统一。在具体操作中，可以通过品种选择（新、奇、特、稀、珍等品种）、技术处理（嫁接、修剪、造型等），或生长素、抑制剂等生物制剂处理等技术来实现，通过季节反差、品种反差或塑造景观氛围等方法加以调整、搭配，还可以通过一定的设施作衬托（如艺术支架、通道花镜）或作为景点背景等方面形成美化的形象，从而使游客获得悦目感。

4. 可参与性原则

体验经济经历了一个由旁观到参与的阶段，因此在活动设计中可提供一定的参与活动，不仅可以让游客获得新的感受和得到休闲的乐趣，还可以增长见识，积累经验，达到怡情益智的效果。在农家旅游体验活动的设计中要尽可能地把生产过程中某些环节的一般性操作转化为可参与性的操作，给游客提供尽量多的直接感受的活动和机会。如参与耕作、播种、采收、捕捞，或是学习修剪、嫁接、挤奶、剪毛等。当然，为保证农业生产的正常运行，有的可单辟专区、专项提供农事参与活动的内容。

5. 趣味性原则

农家旅游体验活动设计要有四趣 。“四趣”是指：天趣、真趣、野趣、逸趣。天趣——天然之趣。使人们回归自然，体验天然之美。真趣——返璞归真。使都市人远离城市的喧嚣，找回属于自己的那份纯真与质朴。野趣——山林原野之情趣。让人们能够欣赏到花开莺啼，曲径绕篱，这种优美的田园风光。逸趣——潇洒飘逸的情趣。如同唐朝诗人李白诗所言“桃花流水杳然去，别有天地非人间”使人们远离烦恼与忧愁，在乡间的淳朴中找到潇洒飘逸的感觉。

(二)农家旅游体验活动设计的思路

从目前我国农家旅游体验产品开发现状看,大多数农家缺少针对农家旅游市场研发专门的体验产品,只是在特定时间、特定地块为迎合市场需求推出一些较为“粗糙”的农家旅游体验活动,这些产品大多缺乏特色、市场化,不利于农家旅游的进一步发展。因此,未来在农家旅游体验产品设计上,农家旅游应凭借自身的优势,通过创新推出特色鲜明、结构合理、服务完善的农家旅游体验产品,满足日益增长的市场需求,打造出具有一定影响力的农家旅游体验产品。

1. 拓宽思路,创新经营

农家旅游体验产品同其他产品一样,其生命周期具有五个不同的阶段,即产品开发阶段、引进阶段、成长阶段、成熟阶段、衰退阶段。当向市场推出新的农家旅游产品后,其往往开始成长缓慢,这个时期是旅游者逐步认识产品,并试用和评价产品的阶段;如果被证实是个好产品,它将进入一个快速成长阶段,这种成功将会刺激竞争者和模仿者的竞相跟进;最后大多数潜在旅游者会试用并采用它或竞争者的品牌,在这个阶段,销售水平处于一个稳定阶段;最后一个新的替代品被引入,现有旅游产品不符合潮流,销售下降,最终退出市场。这说明,任何农家旅游体验产品从被开发生产到最后被淘汰出市场的过程中,都会经历一个类似人类生命模式的周期性规律,总有一天会被迫退出市场。再加上一种新的农家旅游体验产品需要一个漫长的时期才能成长起来,因此我们需要不断开发新的体验产品,将新产品引入产品组合中,及时替代目前正看好的产品。采取多元化、全方位的经营策略,丰富体验类型,为游客提供更多的选择空间。

一是从初级到深度的体验。休闲农庄主要的体验类型有观光采摘、休闲娱乐、商务科技教育三大类,大多是从感官上给予顾客初级的体验,让顾客拥有一时的新鲜感。如幼儿农事体验活动,一家三口去种菜,种了1～2次就没有新鲜感了,农庄也就留不住顾客。但如果像北京某农庄那样,从单纯的果树认养、新鲜采摘、休闲住宿、拓展训练等初级体验,发展了亲子、禅修等活动丰富的俱乐部形式,把各种感官、理性、情感、文化体验融合在一次次的活动里,就能从心灵深处触动顾客,使之对农庄产生很强的信赖和依赖感,各种产品和服务的销售自然水到渠成。

二是从一次性体验到持续互动体验。农家旅游如何让顾客拥有持续的互动体验,让顾客回家了还念想着?除了千方百计让顾客现场体验外,在回家后还能有第二次、第三次以及更多次的互动体验,这是农家旅游持续经营的法宝。在台湾,有一家以薰衣草为主题的“紫色梦想”休闲农庄。整个农庄以紫色为主色调,同时开发了2 000多种薰衣草的相关产品。在这里,顾客可以买下这些产品,寄给亲朋好友，同时，顾客还可以把心里想对亲人、朋友说的话写下，放在印有农庄特色的信封里，投入农庄的邮筒邮寄，在传递顾客内心感情的同时也把自己农家的特色打了出去，无形中形成了农庄和顾客的多次互动。

2. 重视文化含量，提升体验品质

在一定程度上，体验性产品和文化性产品是相互交叉的，就是通常说的文化体验型产品。它是指游客亲身参与农事习作，或参加民俗文化体验，或亲手制作工艺品等。这种模式加强了游客和当地居民之间的交流，增进了彼此之间的感情，提高了游客的重游率。备受赞誉的台湾休闲农业体验活动的特点之一就在于其鲜明的文化元素，如台一的景观用餐桌、尖山埤的老兵故事、南元的儿童绘画展览、澎湖湾老船长的雕塑等，都能给游客留下深刻的印象。

3. 目标市场细分，提高体验参与度

对目标市场细分是农家旅游体验活动需要着力推行的部分。如学生的娱乐教育性体验，新婚情侣的农家摄影、农家婚礼等体验，老年人的体验，可以和社区结对，邀请社区的老人来农家体验诸如森林浴、农家餐饮等活动。还可以联系相关的协会组织，如摄影协会、钓鱼协会等，来农家开展采风、沙龙等体验活动。对于一些喜欢在网上“种菜”的人士，则可以邀请其在农家认领一片属于自己的地盘，真实体验“地主”的感觉。总之，可根据农家旅游自身资源和社会条件优势，定位不同的市场目标群体。同时应做好目标群体的需求调查，不断完善体验活动的硬件设施和软件服务。

4. 营造体验氛围，强化体验指导培训

经营者的服务是农家旅游经营者用以展示和传递体验的天然平台。旅游园区讲解员的敬业、投入、热情与激情，可极大地激发了游客体验的积极性。可以说农家旅游的从业人员本身也在进行一种体验，这种体验不仅可以提高工作的效率和创造性，还可以更好地稳定和游客之间的关系，起到沟通信息和知识共享等作用。而我们多数农家旅游只是简单地通过搭建场景，提供必需的工具来营造体验活动的氛围。如最常见的休闲垂钓体验，主要由游客自己摸索了。一些游客由于没有垂钓经验，在体验过程中因看不到成果而失去参与兴趣。成功体验氛围的营造，关键要加强员工自身的技能、情感、尊重和成就方面的体验训导，这样才能在工作中形成与游客的良性互动，共同创造令游客难忘的深刻体验。

5. 安全保障措施完备

农家体验活动的安全是游客们最关注的问题，游客出行好动，好奇心较强，而且一部分游客安全意识不到位，体验活动过程中往往会存在安全隐患。因此在进行体验活动旅游产品设计时，要特别关注一些细节的处理，做到安全保障措施完备。例如：亲子体验活动应尽量根据游客的实际情况选择温馨、实用的家庭式客房产品；对于年龄较小的孩子，旅游车上应配备相应的母婴设施和卫生间，沿途也可以安排便于父母为孩子更换衣裤的场所。在旅游活动的安全性上，如果有孩子独立完成的游乐项目，则应该安排责任心强、通晓儿童心理、善于与孩子沟通的优秀服务人员负责照顾小游客，保证他们的安全，真正使亲子体验旅游产品从硬件和软件上做到安全无误。

总之，体验活动是农家旅游提供给消费者高层次的产品，体验化是农家旅游发展的重要趋势之一，体验农业不仅可以创造出新的产品，同时还创造出新的服务，带动新兴产业和产业链发展。对于我们的农家旅游来讲，借鉴他山之石，大力推广农家旅游农业体验活动，必将极大推动农家旅游健康、持续地发展。

（三）农家旅游体验活动设计十要素

当今人们对农家旅游需求日趋强烈，而且已不满足于单一的农家乐、观光、采摘等休闲农业体验模式，需求日趋多元化。面对这种市场需求，现代农家旅游不论项目规模、主题定位如何，必须从游客体验本身说起。从消费者体验的角度，农家旅游体验活动设计必备的十大要素——“归耕戏养尝，采学憩淘赏”。从这十个基本要素出发，落实到产品设计和游客感知的各个维度，使农家旅游向深度和广度方向发展，丰富农家旅游产品的内容，为消费者提供有品味、多层次、全方位的休闲体验。这样打造出的农家旅游，不仅特色鲜明，且农味十足。

1. 赏

赏就是指观赏，它是农家旅游最基本的构成要素。视觉是人最重要的感觉，人体外界有用信息80%以上是经视觉获取的，因此，观光游览、体验农业美必然是农家旅游基本的构成要素。“赏”比“游”更能体现农家旅游体验给人心灵上带来的愉悦，而且农家旅游“赏”的内容和方式都很广泛，可以无限挖掘和创新。

2. 采

吸引游客和赢利的抓手。采摘作为近年迅速兴起的新型休闲业态，以参与性、趣味性、娱乐性强而受到消费者的青睐，已成为农家旅游的一大特色。采摘聚人气，带财气，成本低，收益高，是休闲农业园吸引游客和赢利的抓手。农业采摘不仅类型可以丰富多样，像草莓、葡萄、番茄、樱桃、柑橘、茶、杨梅、特菜、小西瓜、桃、苹果、枣、柿子、核桃、荔枝、柚子、莲雾、琵琶、龙眼、板栗、灵芝、蘑菇、茶叶等，都可以成为人们采摘体验的对象，而且还可以深度挖掘，进行细分，比如针对儿童、情侣、残疾人士等各类人群打造不同的采摘环境(图 8-3)。

图 8-3　开心的采摘

3. 尝

为消费者带来味蕾绽放之旅。民以食为天，长久以来，中国各地由于气候、资源及经济条件等原因形成了差异化的饮食习惯和博大精深的饮食文化，风味多样且四季有别。近年来，伴随着人们对健康饮食方式的日益推崇，城市居民越来越崇尚乡村美食的生态自然和简单朴实，对于一些出游者而言，品尝特色乡村美食，满足味觉享受，就是到乡村去的原动力。

4. 学

发挥农业的教育功能，缺少科普教育的农业旅游体验是残缺的、不完美的，因为从城市人需求的视角来看，久居城市的人们渴望了解农业的奥秘及农村的生活方式，这种农村和城市的差异性、互补性是发展旅游的基本条件。而在农家旅游中，“学”又无处不在，比如农业科普、农业生产劳动中渗透出的人们的智慧和勤劳、人与自然的和谐、乡野幽静的学习环境(图 8-4)。

图 8-4　体验栽种的亲子活动

5. 耕

农家旅游的灵魂。农业以“耕”为本，农耕是农家旅游区别于其他休闲类产品最本质的体现，是农家旅游的灵魂。农耕文明作为中国几千年的历史沉淀和中国传统文化的核心组成，在发展现代农家旅游的过程中，应对其精髓加以继承、弘扬和创新。在现实中，除了农耕博物馆、农耕劳动体验、亲子小菜园等形式，探索更为丰富多彩的体验方式，是农家旅游出彩至胜的关键。

6. 戏

快乐农业。在农家旅游环境中，有抓鱼、捡鸡蛋、逮鸡、斗蛐蛐、斗羊等乡村野趣项目，民间二人转、民间演义、篝火晚会等乡村娱乐活动，还有玉米迷宫、真实版愤怒的小鸟、稻草人等创意农业活动。这些轻松有趣的玩耍、嬉戏活动，对青少年有着强大的吸引力，也很容易将成年人带回到无忧的童年时代，引起情感上的共鸣，延长旅游者停留时间，提升游客满意度。农业是快乐的，如果我们深入挖掘，还可以营造出更多的快乐元素。

7. 憩

放松心情、释放压力是大多数旅游者出游的主要目的。农家旅游中的“憩”不仅指住宿体验，而是从各个方面，给消费者带来身体和心灵的放松与享受，契合旅游者出游目的。对于发展旅游必不可少的住宿，在农家旅游中应淡化住宿设施本身的功能，植入农村文化和农业特色元素，强调乡村特有的住宿体验。

8. 养

发现农业的健康功能。农村不仅可以为游客提供新鲜的空气，轻松的氛围，原生态的食品等有利于身心健康的环境，更重要的是农业生产丰富性、完整性和前后关联的连续性，给劳动者的生活带来了变化和节奏，是完整人性的体现。而当今雾霾成为常态天气，城市环境污染日益严重，让很多人都无比向往自然的绿色，逃离城市、寻找天然氧吧，成为人们休闲的热点。养生、养心、养肺、养颜、修身养性等，都可以成为农家旅游中“养”的内容。

9. 淘

快乐“淘宝”。在农家旅游中，“淘”实现了农产品的直销，使乡村生产者与城市消费者直接对接，减少了中间销售环节，生产者的利润大幅度提高。而且，出游者大多都有购买体验的需求。因此，如何打造类型丰富又具有自身特色的商品，并让游客快乐的把商品带回家，也应该是农家旅游经营者最关注的问题。

10. 归

农家旅游高层次的体验。都市生活的紧张繁杂，使人们对于返璞归真的纯手工农业生产及生活越来越喜爱，农家旅游应本着“生态乡野、回归本真”的原则，让消费者情不自禁地产生回归大自然的情愫，产生心灵的归属感。

三、农家旅游体验活动的开发

(一)农家旅游体验活动目前存在的主要问题

1. 产品同质化现象较严重

农家旅游讲究参与性、娱乐性、知识性和享乐性。而目前一些经营者乐意在主体建筑、设施设备上投资。而不愿在经营特色、服务质量、社区环境等方面下工夫，尤其是体验产品研发方面投入，不能主动去适应或满足游客需求。

据调查，江苏省休闲农业园区的主导产业以园艺业和水产业、苗木业为主，其中园艺业具有绝对优势(占52.6%)。而园艺业又以蔬菜和林果为主，其中林果占52.6%。依托这些产业，许多园区都开设类似的钓鱼、采摘瓜果和种植蔬菜等田园生活活动。但不同园区间的活动内容多雷同、同质化比较严重，游客缺乏新鲜感，给人千人一面的感觉，也无法满足游客旅游购物、休闲娱乐、学习考察以及对多种多样的农业景观、乡土文化和民俗风情的体验等多种需求。

有些旅游企业虽然认识到游客“参与”在休闲农业活动的重要性，但是在对旅游产品进行开发上深度不够，仍然未跳出“春季赏花，秋季摘果”的单一思路。有些开发商和经营者，未进行科学的市场考察、分析自身的旅游资源条件，就盲目跟风，复制其他园区的产品，结果造成开发无序、重复建设，产品同质化。

2. 存在乡村文化缺失现象

农家旅游是人们对于乡村传统文化的一种追求，是对想体验乡村传统文化动机的表达，我国各地农业资源丰富，农耕文化和民俗文化悠久灿烂。但一些地区休闲农业在快速发展的同时，也出现了忽视乡村文化传承、重建等问题。

其一，绝大多数农家旅游独立于乡村及百姓日常生活以外，乡村文化的表达在某种程度上脱离了它们的母体而处于一种“寄生”状态，影响了生命力。

其二，随着农村城市化推进，大量村庄已经消失，真正传统意义上的乡村实际上越来越成为一种稀有资源。如农家旅游存在于缺少“乡村性”的乡村，靠它们来传承复兴乡村文化肯定勉为其难。

第三，农家旅游是向游客特别是城市游客销售"异"文化。对那些城市游客来说，农耕文化与都市文化的对比度越大，对他们的吸引力就越大。如今，异质文化被同化的现象已经越来越明显。

一些地区，随着农家旅游开发力度的不断加强，很多农民的经济收入有了一定的提高，有些农民可能会"弃农投商"，这就会使得原有的旅游地的传统氛围大大被削弱。而随着游客的大量涌入，城市文化的强势进入，很多当地人开始盲目效仿游客的生活方式，比如，吃饭、穿着、语言等，并最终将这种生活方式内化为自己的生活方式。也有很多当地政府和农民盲目模仿城市的风格大肆建房，使乡村失去了原有的独特的有别于城市的乡村风貌。这样一来，城乡之间的差别就日益缩小或者消失，浓郁的乡土文化的丧失会降低游客参与的积极性，最终会使得农家旅游失去了原有的生命力和活力。在农家旅游的发展中，盲目搞模仿、复制、过度城市化，就会失去农家旅游的原汁原味，违背农家旅游的本质属性和鲜明个性，在一定程度上造成资源浪费和生态环境破坏。如何处理好城市化与乡村传统文化的关系，怎样把山水文化、田园景观、村居民舍、乡土风情、历史文化等资源与农家乐、农庄、生态科技园等发展有机结合起来，是农家旅游发展值得深思与研究的问题。

第四，文化是旅游业发展的灵魂。江苏历史文化悠久灿烂，但优秀的传统文化资源并没有被开发成为休闲农业产品。目前，大多数休闲农业都停留在吃、玩、住等较低层次的休闲娱乐阶段。民俗文化的参与度不足，减少了很多能够体验农家生活的乐趣。

3. 营销宣传力度不够

农家旅游的营销管理尚未得到应有的重视，营销理念较为落后，不少从业个人及单位缺乏旅游市场营销战略，不能有效控制旅游市场营销成本、旅游市场营销信誉度不够高等，即便是发展较快。规模较大、较为成熟的休闲农业企业，在营销策略的制定和运用上也较单一，应用最多的促销手段仍是媒介广告。许多农家旅游主动宣传和参与集体促销的意识不强，虽然偶尔尝试利用影响较大的节事活动和公共活动进行宣传推广，但是方案的策划和执行缺少整体性和连贯性。处于同一地区的经营者和开发商营销上各自为政，资源和资金未形成有效合力。

旅游经济已进入品牌营销时代，如何在农家旅游市场竞争中获得重要的一席之地，让农家旅游能够被广大旅游者认可，并获得良好的效益，打造一个广泛认知的品牌也尤为关键。

(二)农家旅游体验活动项目开发的定位原则

1. 体验活动地址定位

主要是确定体验活动的区域范围以及开发面积等。

2. 客源市场定位

主要可分为:一是游客的层次定位,包括年龄、性别、职业、大体收入、家庭结构、民族、宗教、传统文化和文化程度等;二是游客旅游行为与方式定位,主要有赏花踏青、农业体验、农家乐、度假休闲、民俗感受、生物观察、教育旅行、亲子活动、乡村度假、采果游乐、康体养生、宗教活动、乡村购物、美食品尝和走亲访友等。

3. 体验活动的功能定位

确定体验活动的主要客源市场、客源群体,以及大致的消费水平。如是乡村度假休闲型(农家乐、乡村乐园、生态养生、健身运动)、乡村观光体验型(自然景观、现代农业、农产品采摘)。还是乡村民俗文化型(历史镇村、民族风情、民俗节庆)、乡村综合型(新农村展示、红色旅游、科技示范、农副产品)等。

4. 服务设施定位

确定体验活动项目的基础与服务设施数量、规模、种类、风格、档次以及总体布局。

5. 重点体验活动项目建设定位

确定项目中各个重点建设的子项目,并对这些子项目进行概念性策划,或主题、风格与内容的整体策划。需要对外招商的,进行项目包装,包括项目名称、项目简介、投资额、合作方式、客源市场、回报测算,以及招商机构名称、联系办法。

6. 体验活动项目开发主体定位

确定各个项目的开发管理机构、合作单位或负责人、人选分解任务。

7. 体验活动项目管理主体定位

确定项目经营管理的机构、合作单位或责任人人选,有些人有必要再开发初期直接参与项目的启动。

(三)农家旅游体验活动项目的开发

体验产品的开发是把农家旅游资源转变为旅游产品,把农家生产、生活等转变为游客可参与体验而具乐趣项目的过程。农家旅游体验产品开发主要依赖的是当地的各种资源。

1.农事体验项目开发

农事体验项目主要是依托农业资源，开发出农事体验产品，像种植、养殖、放牧、收获等。这种乡村体验项目在国外做得比较成熟，如西班牙农家旅游针对都市游客推出了参加农事活动的项目；美国西部农家旅游推出做一天牛仔的生活，同时根据游客所扮演的牛仔的贡献给予适当的金钱补偿，游客可以作为旅途补贴之用；我们国家推出了亲身种蔬菜活动等。久居都市的人们早已远离了农耕的体验，这种农事体验项目不仅可圆那些年轻的朋友们想在金色的麦田里体验收获喜悦的美梦，同时也可以使年老的朋友重温青年时代的美好记忆。

2.节事体验项目

开发节事体验项目主要是依托当地的传统节日，开发出节事体验产品，它包括两种类型：①以乡村原生态产业和农业产业规模为基础的乡村生态节事活动；②乡村民俗或乡村民族节事活动，传统节日庆典包括龙舟赛、火把节、重阳节等，也可以创办瓜果节、蔬菜节、美食节以及乡村动物运动会等。比如：成都龙泉驿区的国际桃花节、广元苍溪县的梨花节就是以乡村原生态的田园风光和农业产业集群发展起来的乡村节事活动；而贵州从江侗族大歌节，则是在深入挖掘几千年悠久文化的基础上，旨在向游客展示从江丰富的原生态民族文化的特色民俗节事活动。

3.传统体验项目开发

传统体验项目主要依托当地的民风民俗，开发出民俗体验产品，像服装、剪纸、放纸鸢、推磨、野炊、民俗嘉年华等。如韩国传统文化体验，在民俗村广场上，可以定时看到每天两次的农乐表演、走绳、斗鸡、传统婚礼、重要无形文化遗产演出和其他特别活动。游人还可以亲自体验朝鲜时代在一般家庭比较盛行的尤次、投壶、跳板等游戏。

4.休闲体验项目开发

休闲体验项目主要依托乡村独特的自然资源，开发出休闲体验产品，像垂钓、划船、烧烤、露营、土灶烧饭等。武汉市的红石榴村在开发休闲体验项目上，为游客提供野味烧烤、趣味迷宫、篝火晚会等器材，为市民休闲提供了全生态的休闲场所。

5.拓展体验项目开发

拓展体验项目主要是依托当地的乡村土地资源，开发出拓展体验产品，像水上运动、草丛CS实战、过独木桥，以及田园氧吧、乡村瑜伽等。拓展运动本不属于乡村旅游体验的范畴，但如果把两者有效地结合起来，势必会给游客以视觉上的冲击以及体验上的新鲜感。

(四)农家旅游体验项目开发注意的几个问题

1. 突出农家旅游体验项目的差异性

传统的大众标准化旅游产品已经不能满足体验经济下的旅游者的需要,旅游者对农家旅游产品的需要体现个体的差异性,如学生市场中需求表现为增长见识、陶冶情操,都市白领是为了缓解工作和生活的压力,对回归大自然、体验淳朴的乡村生活需求较多。因此,在农家旅游体验项目开发过程中要注重需求的差异性,根据旅游者的不同需求提供不同的旅游产品,即实行旅游产品市场的高度细分化和产品类型的高度差异性。

2. 加强农家旅游项目的参与性

没有参与体验的旅游项目,充其量带给游客的只是一种暂时的感官感受。游客获得体验的主要通过亲身参与到体验活动中去,参与可以使游客消除与乡村或人物之间的隔阂,增强亲切感。参与通过互动与亲身体验可以更彻底的满足游客的需求。游客主要通过两种途径参与农家旅游活动,即精神参与和身体参与。游客的精神参与,是指当游客身临其境的时候,乡村的环境、淳朴的民风民俗会唤起游客心中的往事与记忆,游客也许会进入遐想或者追忆往事,这种追忆会使游客在心理上获得满足与欣慰。游客的身体参与,是指游客亲身参与到乡村活动中去,可能是享受渔家乐、农家乐,也可能是干农家活,在活动中使感官或心灵获得静谧或者刺激的享受,体验农家旅游活动的真谛。在设计参与活动的时候要注意活动的可进入性、安全性同时也要顾及游客的自尊,真正达到让游客通过参与活动而获得刻骨铭心的体验。同时,乡村旅游的经营者,应积极引导游客参与到体验项目当中去。

3. 注重农家旅游体验项目的真实性

旅游者在旅游的过程中,体验的真实性感受主要来自个人五官的感觉系统,包括视觉、听觉、嗅觉、味觉和触觉。农家旅游体验项目的设计应尽可能多地刺激到旅游者的各种感官,激发的越充分就越容易让旅游者形成深刻而难忘的体验感受,促成旅游者第一次消费行为的发生并萌发重复性消费的动机。所以在对农家旅游体验项目进行规划设计时,应巧妙整合这些感官系统,打造综合感官系统的体验场景,吸引旅游者的进入。同时,农家旅游的经营者应该把自己的日常状态展示给游客,不要刻意做作、模仿,给游客以真实的乡村生活、乡村情景。我们国家有些农家旅游目的地推出的农家乐土地种菜活动,让游客亲自种植蔬菜,游客通过亲身参与,达到真实的体验效果。

4. 充分挖掘农家旅游体验项目的文化内涵

文化是旅游体验的灵魂，是激发旅游者对真实性深层感悟的核心驱动力。产品的质量可以通过科技的手段得以提升，而产品倘若缺失了文化内涵，那么就像一个人没有了性格，也就失去了魅力，所以只有具有文化性的体验设计才能真正赢得人心，才能真正创造难忘的旅游经历，激发旅游者重复性消费的动机和行为。在农家旅游体验项目的开发过程中，应注重挖掘其深层次的文化内涵，突出其文化独特性，以此来吸引广大游客。避免盲目开发，而导致传统文化的流失。

5. 注重激发游客的情感

在农家旅游体验项目的开发上，应充分利用人体感官的视觉、听觉、触觉、味觉与嗅觉，开展以"色"悦人、以"声"动人、以"味"诱人的体验式情感营销；视觉上要注重色彩、比例、尺度、材料和质感等视觉审美要素给人的心理感受，如在设计建筑时要尽量运用当地的木材、石料、竹子等天然材料；听觉上突出乡村的宁静与和谐，如鸟鸣声、溪水声、乡村的淳朴的民歌都能激发旅游者的共鸣；触觉上可以安排农业采摘、小溪捉鱼等旅游项目。味觉上品味当地农家特色美食；嗅觉上感受乡村的乡土气息。在体验经济的浪潮下，传统的农家旅游产品应该顺应时代潮流，重新进行规划设计和包装，综合运用各种体验因子促进自身更好的发展。通过设计鲜明独特的体验主题、刺激游客的感官、激发游客的好奇心理、积极引导游客行为、营造出游客参与互动的氛围，创造丰富的旅游体验经历，以满足旅游者高层次的精神需求，进而推动农家旅游持续快速的发展。

(五)开发的精品农家旅游体验产品的经验分享

1. 开发的体验旅游产品民俗文化独特性强

一个地方特有的民俗文化是经过人类与自然相互作用而创造的全部现象和事物，会刺激旅游者强烈的旅游动机。所以在体验旅游产品开发过程中，我们应充分挖掘当地民俗特色，打造独特的农庄旅游产品。澳大利亚天堂农庄在对体验参与性旅游产品进行开发时，在保护与开发当地特色民俗文化的前提下，创建了丰富多彩的体验旅游项目，如：骑马、甩鞭、牧羊、挤奶、剪羊毛、喂袋鼠等。这些体验旅游产品都是当地牧民生活中的一部分，游客可以通过这些项目充分体验到当地牧民真正、传统的民俗文化。

2. 开发的体验旅游产品参与体验性强

在旅游过程中通过学习和了解自然和农业知识，以游乐体验的形式参与当地人民的生活和农事活动，已逐渐成为现代农庄旅游的重要内容。游客通过参加现代农业生产、采摘等活动，学习农业知识，既丰富了阅历又增长了见识，达到怡情益志的境界。体验的前提是参与互动，天堂农庄围绕这一前提，设计出了挤牛奶、剪羊毛等旅游产品参与性强、体验性强、兴奋感强的体验项目，增强了自身吸引力。通过这些独特的参与性旅游产品，使游客真正参与到农庄的生产和生活体验当中。

3. 开发的旅游体验产品观赏、观光功能强

良好的视觉感受会给游客带来美妙的旅游心境。农庄游客去到农庄主要是观赏当地各种农业资源、自然景观资源和民俗文化资源。因此在对农庄旅游产品设计时，应注意旅游者对农庄农业生产、优美的自然环境、民俗文化和特色农事活动等内容的偏好程度，在满足游客需求的情况下设计出观赏、观光功能性强的旅游产品。天堂农庄所设计的旅游产品有很强的观赏、观光功能，如：骑马，牧羊犬表演表演、观看剪羊毛、观看考拉、袋鼠等。这些旅游产品以自己独特的魅力，直观地展示在游客面前，给游客强烈的视觉冲击。

4. 开发的旅游体验产品真实性、积极性强

由于体验是塑造出来的，体验要能使游客对策划的项目积极响应尽情享受，这种人造的体验就面临真实性的考验。真实性意味着保持本色。在农庄体验旅游中，真实既是强调农庄自然环境的真实性，同时强调农民真实的农业生产活动，给游客一种真实的体验。一个成功的旅体验产品除能让游客感受到真实性外，还应该具备调动游客的积极性。天堂农庄通过提供丰富的农庄生活、独特的信息和新奇的旅游产品，如：挤牛奶、剪羊毛等，促使游客积极的全身心地投入到旅游项目中去，获得积极的旅游体验。

四、农家旅游体验活动精品实例

(一)台湾新光兆丰休闲农场

在台湾风景秀丽的花东纵谷内，占地广达 726 公顷的“新光兆丰休闲农场”，是国内少见的大型观光农场之一，也是花东纵谷内相当知名的休闲去处。当车子行走在花东纵谷台九线，经过凤林镇时，一定会被路旁醒目的乳牛标志所吸引，而进来一探究竟。农场园区内，特地请专家设计大型精致欧式花园，还有展现牧场风光的乳牛区和牧草区、四季皆有水果产出的果园区等，提供给游客多样化的休闲空间。

1. 主题活动

(1)活动主题　乳牛观察。栅栏内有上百头可爱的荷兰种乳牛,有的专心啃着牧草,有的三三两两在嬉戏,偶尔还看见小乳牛正依偎在牛妈妈身旁喝奶。每天清晨和傍晚4:30音乐响起时,就是乳牛排队等候榨乳的时间到了。

(2)活动主题　可爱动物。可爱动物区内的动物有10多种,习性都很温驯,但游客在观赏之余,最好不要拿食物喂食,才不会影响动物们的健康。

(3)活动主题　赏花。农场内花草处处,绝大多数的花卉都是场内自行培养,因此设有数座大型温室与苗圃及2公顷的天堂鸟花田,有机会来此参观,保证目不暇接。

(4)活动主题　认识药草。园内规划有药草区,一排排整齐划分的小块苗圃,分别种植不同的药草,有抗癌植物、清肝解毒的保健植物等数十种,并在每种药草前都设立解说牌,介绍该药草的疗效和特色,增进寓教于乐的功能。

(5)活动主题　赏鸟。在鸟园区内可欣赏到多种别处少见的雉科鸟类,整个农场也是一座大型鸟园,可观察到多种鸟类在此活动。

(6)活动主题　尝果。一年四季都盛产的泰国番石榴,春季的金橘、枇杷,夏季的红番石榴、无子柠檬,秋季的酪梨、文旦以及冬季的糖橙……都是这里的特产,只要在果园区的贩卖部内,游客就可以免费无限享用盛产的水果。如果想带回去和亲朋好友分享,以斤论价也很划算。

(7)农场名产　鲜奶冰淇淋及奶酪。用农场内乳牛生产的鲜奶制作而成的鲜奶冰淇淋,是游客到此地不能错过的美味。绵密滑顺的口感和浓郁的奶香味,一点也不输国外进口的高价冰淇淋。在农场各贩卖处都有贩卖,除了原味之外,还有菠萝、桑葚和酪梨等口味。

2. 分区导览

(1)鸟园　农场中的鸟园规划媲美台北市立动物园,其中鸟类以台湾地区原生鸟类为主,农场并提供详细的解说牌为游客导览。同时,规划有一座巨型鸟笼,以各类原生植物布置,仿照自然生态,开放让游客能入内实地观察鸟类的活动。

(2)果园区　在果园区内,种植了各种不同的水果。园内水果免费招待品尝,并配合季节开放给游客亲自入园,享受采果的乐趣。

(3)可爱动物区　区内有许多可爱的动物,如山羊、骆驼、梅花鹿、鸵鸟、迷你马等,还有在台湾地区很少见到、原产于澳洲的鸸鸟,供游客观赏。

(4)四秀湖　四秀湖原系农场灌溉用的蓄水池,经过有规划的扩大美化后,成为现在翠影、龙鱼、曲桥、柳波四个湖,游客可在坐脚踏船游湖,坐在凉亭内乘凉、赏景，或是以饲料喂养为数众多的锦鲤。

(5)招待所　招待所内设有住宿部、餐厅、贩卖部和游客服务处，游客可在这里的露天咖啡座喝杯香醇咖啡稍做休息。

(6)欧式花园　这是一座配合当地人文风俗，以九族原住民、农场开辟垦荒者塑像为主题，结合欧洲宫廷设计风格的景观花园，您可以漫步其中，细细欣赏四时更迭的花卉，也可以坐在广场上，享受一下悠闲时光。那里也是许多新人拍摄婚纱照的地点。农场并将法国凯旋门依实际比例缩小 1/4，建造成园区大门，上面的雕刻图案充满花莲当地色彩的原住民图腾。

(7)乳牛区　每天清晨和傍晚 4:30 来到乳牛区，可观看乳牛榨乳的情形，这里的乳牛一次可生产约 1 500 千克的新鲜牛奶。

(8)体能运动场　运动场内有小木马、溜滑梯、爬网、活动滑车、直排轮场、溜冰场及沙滩越野车等多种设施。

(9)侏罗纪公园　以多座实体大小比例塑成的恐龙造型雕像，搭配周边种植的原生植物，进入里面仿佛来到恐龙的世界。

(10)戏水区　提供一个安全的亲水场所，区内设有戏水池、滑水道、水枪、波波球、遥控船、单索渡河游具以及各式喷泉水瀑，而且全部用水均经过消毒过滤设施。

(二)和道源农庄

和道源农庄位于湖南省长沙市开福区沙坪板塘村，占地 300 多亩。是一家以农家餐饮为主的体验娱乐型农庄。农庄下设餐饮部、客户部、生产部、垂钓部、娱乐部。并根据资源分布和规划原则，将和道源体验项目划分为“一心一园四区”。

1.“一心”——接待中心

接待中心主要接待各式晚会和聚会活动。位于接待中心内的体育馆，馆内占地 1 600 米^2，是集羽毛球、台球、篮球、乒乓球为一体的体育体验活动会所，羽毛球场地 15 个，可以承接大、中型比赛，并提供洗浴、休息室、陪练等配套服务。

2.“一园”——农业产业示范园

农业产业示范园占地面积 43 117 米^2，主要为温室大棚，农业种植品种以传统品种和新高科技品种相结合，以时令、反季节蔬菜、特种水果相结合培育，主要种植生产特色蔬菜品种 20 余个，高新水果品种 8 个，试种高科研成果品种 5 个，所有农产品都提供采摘体验活动。农庄打造的主题亲子农耕场地——“家家乐亲子农耕基地”，系湖南省第一家体验式儿童科普素质教育实验基地，旨在让孩子能够走进自然，享受阳光，体验劳动，感受生命，丰富孩子的科普知识，体验农耕的乐趣，感受劳动的喜悦。为忙碌的都市家庭提供一个远离喧嚣和嘈杂、亲近大自然的环境，促进家庭和谐，增进亲子感情设计的体验项目。

3.“四区”——生态养生体验区、亲水娱乐区、休闲娱乐区、垂钓区

(1)生态养生体验区　占地面积为 43 009 米^2。主要包括植物迷宫、怡情花架、滨水广场、观景长廊等，使游客能够在观赏的同时，戏水玩乐、探索未知、寓情于景、身心俱养。

(2)亲水娱乐区　占地面积为 31 168 米^2。本区主要设置摸鱼池、多种健身器材、娱乐嘉年华、人造沙滩、趣味长廊、记忆童年、接待茶坊和户外茶座。

(3)休闲娱乐区　主要有碰碰车、碰碰船、滚筒球、射箭、大炮、打气枪、丢沙包、套环等。

(4)垂钓区　农庄有鱼塘 50 亩，可提供垂钓台 100 多个，为立体贯流生态工程，水质上乘，已放养鱼类含草鱼、青鱼、雄鱼、鳊鱼、鲶鱼等 10 多个品种，年出成鱼 80 吨以上，年产值 128 万元，利润率可达 38%(图 8-5)。

图 8-5　钓鱼的乐趣

五、新时代农家旅游体验活动集锦

1. 亲水时代

如溯溪游道、人工瀑布、人工水帘、亲水栈道、冲浪亲水广场、短程自然漂流、循环人工漂流、广场人工喷泉、室内循环阶梯水池、人工温泉、泼水节、水上步行球、玩具水枪、水上运动器材系列、水床体验、游戏系列设施、潜水运动、高山人工湖泊、渠道漂流、水上浮桥、水上铁链桥、游客组团赛农舟、许愿漂流瓶、水上放漂莲花灯、水

上电子控制玩具、人造沙滩、水上人家住宿、梁山水泊景观、湿地公园等。

2.鱼乐时代

如钓鱼台山庄:旅游区内河道禁渔,并人工放养红鲤鱼等;简易钓竿出售;架子拉网捞鱼项目;甩网捕鱼,体验最古老的渔民生活;小鱼塘放水干塘捉鱼,背上鱼篓,体验捉鱼的乐趣;鸬鹚出租;在大鱼的尾巴上做上记号牌,钓到有奖,在洞中放养低水温鱼;购进观赏鱼建微型海底世界;放养黄鳝泥鳅供游客捕捉;晚上用传统的工具夹黄鳝;放养螃蟹;抓螃蟹比赛;用潜水平台制造鲤跃龙门的景观;在庙宇等古建筑的天井水池中放养大乌龟;开展钓甲鱼特色项目;用天然诱饵捕虾;游客购鱼苗放生活动;游客购鱼食喂养观赏鱼;微型鱼池儿童趣味钓鱼等。

3.读石时代

如景区门口陈放巨石,刻上风景区名称,成为标志性景点;在景区游道边的大石头上刻上一些神秘的象形符号;集体创作摩崖石刻;奇形石头有奖征名;卵石小径麻石路;片石围墙青石桥;块石护坡圆石凳;仿旧石器时代磨制工具;鼓励游客在小河中拣拾各种漂亮的小石头,可提供礼品盒包装;为游客提供石头刻字服务,制作纪念吊坠等;用石头建房子;配套出售各类奇石工艺品;利用天然石壁雕刻石佛像;利用天然石岩洞建休闲点等。

4.探花时代

如利用农作物如油菜,绿肥等形成花海,特别是梯田;结合发展小水果如成片桃花;野外嫁接名贵花木如红桎木、茶花、樱花、红枫、农家菜园有意搭配不同花期花色的蔬菜品种;在河滩边散播草籽花,也叫绿肥;游道两边移植高山杜鹃;在游道两边不规则种上名贵花木小苗如紫荆花等,看起来像野生的;有意繁殖一些适应性强的野花;在花木上挂上植物学分类科普说明以及相关诗句;建立野生药材基地,主要是观赏和科普;将野花野草制作成干花工艺品;游道两边种植野果,可供游客品尝;制作树叶标本;对游道两旁古藤及树木进行造型加工;在山下建立花木苗圃盆景园;发展食用鲜花如木笈花;在休闲区种植芳香型花木如桂花、栀子花;向游客赠送高山野生兰花,勾起游客美好回忆。

5.摄友时代

如设置观景台,标注最佳取景位置;高山日出摄影大赛;天文摄影大赛;古民居黑白摄影大赛;古典服装出租摄影;少数民族特色风情合影留念;田园风光摄影大赛;个性明信片现场制作;老式相机出租;用镁光灯的,让摄影爱好者过一把瘾;通用队旗出租,可调动游客拍照积极性。

6. 驴行时代

如联系各大户外运动俱乐部，设立驴友大本营，提供露营等相关便利；建设拓展运动训练基地，可与相关机构联建；露营帐篷出租；对讲机指南针望远镜出租；野炊餐具出租；建设烧烤野炊基地；攀崖运动；水上蹦极；模拟军训；定向越野等。

7. 竞技时代

如登顶冲刺，发荣誉证书；拔河比赛，提供道具；小型龙舟趣味赛；男子跳绳比赛；抓鱼比赛；其他趣味运动，可参照趣味体育运动会；棋牌比赛；各种即兴创作与表演等。

8. 少数时代

如少数民族的习俗；少数民族的歌舞；少数民族的服饰；少数民族的特色美食；少数民族的特色的工艺品；少数民族的器乐用具；少数民族的游戏节目；少数民族风情摄影；游客扮演少数民族体验生活等。

9. 考古时代

如古旧居民；古祠堂；名人故居；古墓葬；古庙宇；古井，应砌栏维护；古树名木；古战场，应适当清理恢复；古桥，如石拱桥，风雨桥，青石桥；古道，如古茶道，石板路；古渡口，码头；古籍，如老家谱；古钱币等文物展览；古洞穴，需清理加固；游客参与近代废墟模拟考古趣味发掘；鼓励当地农民自办民俗博物馆或其他专题收藏展览馆等。

10. 祈福时代

如请高僧担任方丈或住持；新年举行大型祈福活动；住持书写"福"字加印送给游客；新建佛像举行开光仪式；倡导"人间佛教"发挥宗教积极意义；每年定期举行庙会，活跃商贸与文化；建设居士楼，为游客信士提供食宿便利；有条件的可以举行佛教文化节或道教文化节；积极引导庙委会开展公益慈善活动；丰富宗教信仰用品及相关工艺品；经批准后在旧址重修古庙，特别是山顶古庙；开展"做一天和尚撞一天钟"体验活动。

11. 农耕时代

如引导周边农民开办农家乐，提高接待能力，形成聚集效应；规划不同院落风格，使农家乐各具特色，避免千篇一律；建筑形式可以考虑木屋、茅草房、石头房、土砖房、青砖房、吊脚楼等；前有池塘，篱笆围院，内有果蔬，左有凉亭，右有畜圈，后有花园；开展"做一天农民"主题活动，游客参与农事体验活动；推出一批菜地供游客租赁当园主，游客可定期来采摘；游客体验木工、瓦工、铁匠、篾匠等手工工艺；酿酒坊、碾米坊、榨油坊、豆腐坊、筒车、纺车；现杀生猪、活鱼活鸡，现摘野菜，可种植野菜；自助拍摄农家生活纪录片；建立家禽家畜动物园，区别于城市动物园。

12. 个性时代

如洞居生活，挖窑洞；行为艺术广场，可以由专人组织游客一起参与；毛驴出租，倒骑；漫画墙，提供笔墨供游客随意创作；留言壁，为游客刻上姓名及各种留言；仿古一条街，必须换上古装才能进入；化装舞会，凭门票提供面具；如愿以偿生活体验，仿《甲方乙方》电视剧情；鸟人飞行器，安全无动力飞行运动；向组团领队颁发荣誉村民证书等。

13. 红色时代

如发掘革命故事，整理革命文物，制作展览橱窗；保护红军标语；保护当地革命人物故居，不够级别的可列为村级文物保护单位；制作革命纪念墙，浮雕；放映当地革命人物的电影故事片；播放传统革命歌曲；开展当地革命人物纪念活动；发掘红军桥、红军洞、红军树等景点；制作革命题材的工艺品，如红军草鞋；联系学校及相关单位设立德育教育基地。

14. 人文时代

如毕加索壁画区；实景寓言童话故事区；名人诗词书画长廊；世界著名建筑模型集锦；电脑网络游戏虚拟场景仿真；毛主席语录大全，可刻于石上；5 460 同学录纪念社区，吸引同学聚会；《道德经》《新三字经》石刻；中国历史名人头像雕塑园；《西游记》《水浒传》《三国演义》《红楼梦》场景等。

15. 采风时代

如大学生学生会主席采风团；大型网站网友采风团；画家作家采风团；媒体记者采风团；妇女采风团；摄影爱好者采风团；港澳台胞采风团；青年企业家采风团；夕阳红采风团；农民采风团等。

16. 动手时代

如游客参与手工陶艺制作；手工工艺品编织，如草编、竹编、藤编；瓷器彩绘，个性烤瓷像；个性文化衫现场彩绘；自己动手制作陀螺，射水筒等儿时玩具；自己动手包饺子、扎粽子、剁辣椒等；团队比赛搭建小房子，像搭积木一样；沙盘画、堆雪人、沙雕比赛；写生、石刻、捏泥人；打铁、织布、纺纱等。

17. 怀旧时代

如黑白老照片展览；播映老电影；知青岁月主题壁画；木屐、马灯、门神、窗花、老唱片、留声机。斗笠、蓑衣、旱烟筒、推铁环、抽陀螺、跳房子；做麻糕、磨豆子、打爆米花;编手套、做鞋垫等。

18.发烧时代

如摄影发烧友、汽车发烧友、天文发烧友、无线电发烧友、音响发烧友、收藏发烧友、户外运动发烧友、追星粉丝等。

19.抒情时代

如撞千年古钟;击矿世大鼓;爱情锁;放生池;许愿树;摸幸运石;取长寿水;纪念手模,蜡像;培文塔,激励学习;哲理妙语碑林等。

20.整合时代

如旅游与疗养相结合,疗养院;旅游与房地产开发结合,养生公寓;旅游与公益助学行动相结合,定向一对一助学;旅游与公益造林相结合,纪念林;旅游与时尚集体婚礼相结合,可与团委妇联合作;旅游与会意接待相结合,如研讨会;旅游与教育相结合,如武术学校;旅游与影视相结合,影视基地;旅游与健身相结合,如跑马,狩猎;旅游与培训相结合,如讲座,拓展训练;旅游与种养补给相结合,如大单位后期基地;旅游与国防相结合,民兵训练基地;旅游与体育相结合,体育训练基地;旅游与会展相结合,商贸旅游节等。

21.游弋时代

如电动游览车;花车彩车;高空索道;螺旋滑斗;牛车,羊车,大蓬马车;短程游船,纤夫;大花轿;独轮车;多人自行车出租;老爷车;小型火车;马,骆驼,牦牛;水上步行球等。

22.有氧时代

如瑜伽、露天游泳池、有机生态种养基地、生态餐厅、生态会议中生态健身馆、生态酒吧、生态图书馆、生态博物馆、生态旅馆、循环经济示范区等。

23.创意时代

如数码文化中心、世界吉祥物馆、网络游戏人物大观园、民族文化研究传播中心、盆景展览馆、雕塑创作基地、艺术家山寨、民俗行为艺术广场等。

24.国际时代

国际元素如小说故事中的马可波罗、鲁滨孙、七个小矮人、阿里巴巴、哈利波特、罗密欧与朱丽叶。世界名人如梵高、毕加索、亨利·杜南、南丁格尔、白求恩、玛丽莲·梦露、卓别林、大卫·科波菲尔,世界著名建筑如金字塔、悉尼歌剧院等。

25.送礼时代

如把门票做成“令牌”,可以带回;薰衣草做的小香包;将水稻种在小花盆里送给自驾游客;小宣纸批量写的“缘”、“福”字;树叶上刻字的书签;毛主席语录翻印本;农家小菜打包。

26.竹福时代

如竹屋、竹篱笆、竹筒饭、竹编织、竹制引水槽、竹乐器、竹博园、竹雕刻、竹工艺品等。

27.“好野”时代

如野生蔬菜、野花文化节、野果采摘节、野鸭野鸡养殖基地、草扎野人、野外训练等。

28.新结婚时代

如情人节、光棍节、集体婚礼、背老婆大赛、新婚夫妇共植连理树、婚纱摄影基地、蜜月房等。

【实训练习】

农家旅游体验参与活动的调查

一、实训目的

通过调查当地适度规模的休闲农庄或农家乐等农家旅游场所,了解以休闲农庄或农家乐等为载体的农家旅游主要体验参与活动项目的设计特点、活动内容、游客参与体验的感受评价等。

二、实训准备

1.联系当地休闲农庄或农家乐等农家旅游场所作为调查对象。

2.拟订调查计划。

三、方法步骤

组成调查小组,每个调查小组由3～5名学员组成。

四、实训总结

1.实训结束后,由教师组织召开调查总结座谈会。

2.每个学员上交一份调查报告。

知识窗口

台湾的休闲体验农业

台湾的休闲体验农业是21世纪的新产业，通过发展休闲体验农业，促使农业转型，农民增收，发展农村经济。台湾的休闲体验农业可分为五类。

1. 观光体验农园

是以名、特、优、新的农作物，以较好的设施和高科技含量，进行生产并以此吸引游人，向人们展示先进的生产技术和多姿多彩的产品。如台湾金车生物科技股份有限公司就是以组织培养、基因转殖、品种选育、无病毒种苗生产的观光农园，其各种兰花和生产技术过程有非常好的观赏性。还有荣获台湾十大杰出农民奖的南投县金线莲种植场培育的名贵药草的种植，骐园种苗场的名贵国兰。亚森观光农园在三四公顷的土地上向人们展示了有机蔬菜、立体草莓、玫瑰园和番茄园以及绿色隧道等20个不同小区，丰富多彩，令人目不暇接，其主人荣获台湾十大杰出青年称号。

2. 休闲体验农场

具代表性的有台湾休闲农业协会理事长张清来先生经营的香格里拉休闲农场，宜兰县头城农场和飞牛农场，他们共同的特点是地处山区，面积较大在100公顷左右，山清水秀、景色优美、主题突出。香格里拉有各种原生植物，水果采摘园，配以观景亭、悬索桥和山间崎岖小路；头城农场是以有机农业、家畜家禽饲养、山潭垂钓等分布于起伏山坡之间；飞牛农场以其奶牛饲养，品尝自产牛奶、奶酪、牛肉，并以其秀丽的牧场景观吸引游人，在飞牛农场你可以认为是在欧洲、新西兰的某个牧场，使人们享有全新的环境，体验活动丰富多彩，通过视觉、听觉、味觉、嗅觉、触觉领略自然，感受环境，活动项目有点天灯、搓汤圆、印T恤、做陶艺、摸泥鳅、挤牛奶、农耕收获挖地瓜等。给人们带来喜悦、欢乐、刺激，有趣好玩，令人印象深刻，记忆难忘。

3. 教育体验农园

是利用农场环境和产业资源，将其改造成学校的户外教室，具备教学和体验活动之场所、教案和解说员。在农园里各类树木、瓜果蔬菜均有标牌，有昆虫如蝴蝶是怎样变化来的等活生生的教材。我们考察的南投县一生态教育农园和台南县大安生态教育农场，颇具代表性。大安教育农场在不足10公顷的土地上，设置大草原、花卉、育苗、水生植物等 6 个大区 23 个小区，生物种类多，活动内容丰富，吸引众多中小学生及家长，孩子们与家长共享农园给他们带来的欢乐。

4.民俗民宿体验

有效利用自然环境、景观、特色产业和文化、民俗，让人们自然接触、自然认识和体验。民宿要求有优雅的环境、整洁的家居，有优美的风光和亲切的主人，有宾至如归的感觉。如基隆山一处名为九份的靠山面海的山间小镇，过去是依金矿发展起来的，石条铺就的小街道，高低错落，两旁店铺的商品色彩鲜艳、琳琅满目，各色特产和食品的叫卖声不绝于耳，一派热闹景象，入夜灯笼点亮了，自下眺望，犹如一排排天灯。附近的民宿就依山而建，民宿里陈列有各种金矿石及金矿的史料，饭后茶余可和热情的主人交谈当地的史料和风土人情，很有特色。

5.公园亲水体验

是结合治河的水利工程，建成大面积以水为中心的休闲公园，宜蔺县冬三河公园的建成，彻底改善了县城面貌，每年举行国际童玩节，吸引国内外儿童戏水、赏景，举行龙舟比赛，也使该县名声大振。宜兰县结合老河道治理，请国外专家设计，结合本县特色，就地取材，发动全县人民特别是中小学生参与，在河堤上有童趣镶画，小学生自己创作一小幅彩色石子画并镶在水泥砖上，留作永久纪念，直到成人，老年都要回来寻画，公园以水为中心，设有双龙戏水，栈桥水景、涉水亲水、亲子戏水、卧龙摸波、戏水园等 20 多个游乐小区，以亲近水、拥有绿、心灵的故乡在山水之间为主题吸引人们来公园休闲。

第九讲　农家旅游导游解说

一、农家旅游导游岗位职责与要求

在农家旅游服务工作人员的队伍中，有一个非常重要的组成部分，那就是导游。导游，顾名思义，就是引导他人游览。是为了满足游客"求知、求新、求奇、求乐"的愿望，组织协调旅游活动的服务性工作，是一项沟通、传播文化，给予游客知识，赋予教益、陶冶情操、增进交往和了解，建立友谊的高级服务工作。导游是导游服务工作人员的总称，《导游人员管理条例》第二条规定："本条例所称导游人员，是指依据本条例取得导游证，接受旅行社委派，为游客提供向导、讲解及相关旅游服务的人员。"

上述导游人员的概念包含了三层含义：

第一，特定的程序。在中国担任导游工作的人员，是依据《导游人员管理条例》经过导游人员资格考试并取得导游证的人员。

第二，特定的委托。导游是接受旅行社委派而从事导游业务的人员，接受旅行社委派从事导游业务是导游概念的特征。

第三，特定的工作。导游人员的工作范围，主要是为游客提供向导、讲解及相关旅游服务。"向导"，一般是指为他人引路、带路；"讲解"，是指为游客解说、指点风景名胜；"相关旅游服务"，一般是指为游客代办各种旅游证件、代购交通票据、安排旅游住宿、旅程、就餐等与旅行游览有关的各种活动。

（一）导游的分类

各类导游的工作范围、接待对象、使用的语言、工作方式和性质、任职资格条件都不尽相同。按照不同的分类标准，可以把导游进行多种分类。

1. 按语种分类

(1)中文导游　指能使用普通话、地方话或少数民族语言来服务游客的人员。其服务对象一般为以国内游客中的中国公民和入境旅游中的港、澳、台同胞。

(2)外语导游　指能够运用外语从事导游业务的人员。其主要服务对象是入境旅游的外国游客和出境旅游的中国公民。

2.按工作性质分类

(1)专职导游　指长期受雇于某家旅行社,为该企业正式职员的导游,是中国导游队伍的主力军。

(2)业余导游　指不以导游工作为主业,主要利用业余时间从事导游工作的人员。

(3)自由职业导游　指以导游职业为主业,本身并不属于某家旅行社的正式员工,但通过合同形式与其供职的旅行社建立权利义务关系。

3.按工作区域分类

(1)地方陪同导游(简称地陪),地陪是指受接待旅行社委派,代表接待社实施接待计划,为旅游团(者)提供当地旅游活动安排、讲解、翻译等服务的导游人员。

(2)全程陪同导游(简称全陪),是指受组团旅行社委派,作为组团社的代表,为旅游团(者)提供全旅程服务的导游人员。

(3)定点导游(也称讲解员),讲解员是指在重要景点或参观场所一定范围内为游客进行导游讲解的人员。乡村旅游的导游人员大部分属于此类。

(4)国际导游(一般称为领队),领队是指受雇于派出方旅行社,负责陪同国际旅游团的全程旅游活动,并协调与接待方旅行社关系的人员。

4.按等级分类

(1)初级导游。

(2)中级导游。

(3)高级导游。

(4)特级导游。

初级导游和中级导游资格主要是通过考试取得,他们是导游队伍的主要力量,所占比例较大。

5.按持有证书分类

(1)正式导游。

(2)临时导游。

(二)导游的基本素质

导游作为连接旅游主体和旅游客体的中介因素,是旅游目的地、旅行社、游客三者之间的桥梁和纽带。随着社会经济的发展,体验旅游时代的到来,导游的作用越来越大,对高素质的新型导游的需求也会越来越大。因此,一个合格的导游必备以下各方面的素质：

1. 政治素质

导游应具有爱国主义意识，热爱祖国是一名合格导游的首要条件。在海外游客的心目中，导游是国家形象的代表，因此，导游在为游客提供热情有效服务的同时，要自觉维护国家利益和民族尊严，遵纪守法，把祖国的利益、社会主义事业摆在第一位。遵纪守法是导游必须具备的政治素质，导游应树立高度的法纪观念，认真学习并模范遵守国家有关的法律法规，遵守行业规章，严格执行服务质量标准，严守国家机密和商业秘密，维护国家和企业的利益。

2. 思想素质

(1)优秀的思想品质　导游应有优秀道德品质和高尚的情操，遵守公德、尽职敬业。要发扬全心全意为人民服务的精神，并把这一精神与“宾客至上”的旅游服务宗旨紧密结合起来，热情地为国内外游客服务。

(2)热爱本职工作、尽职敬业　作为一名合格的导游，不管服务的游客是什么样的群体，都应该以最好的态度对待每一位顾客。旅游途中，不管遇到什么麻烦或者困难，都应该把游客放在第一位，每时每刻都要把自己的工作做到更好。

(3)具有高尚的情操　导游人员应培养自我控制能力，自觉抵制形形色色的精神污染，力争做到“出淤泥而不染”。不要有贪念，不能为了一点小便宜而动摇自己的信念，在旅游心中贬低了自己的人格，要始终保持高尚的情操，给游客留下最好的一面，同时，也为自己在以后的服务中打下了很好的基础。

3. 广博的知识

丰富的知识是搞好导游工作的前提，以下是导游必须掌握的一些主要方面的知识。

(1)语言知识　导游是靠嘴巴吃饭的，语言是导游人员最重要的基本功，是导游服务的沟通交流工具。导游语言的八要素：言之有物、言之有据、言之有理、言之有情、言之有礼、言之有神、有之有趣、言之有喻。并且要说好一口标准的普通话，说话要吐字清晰，咬字准确。

(2)历史地理文化知识　“上知天文，下知地理”是导游的看家本领，导游必须要有历史、地理、宗教、民族、风俗民情、风物特产、文学艺术、古建园林等诸方面的知识，具备丰富的知识。这样，在导游过程中对游客提出的问题才能给予精彩的解答，出现错误的概率才会很小甚至是没有，游客才能感觉到导游的真材实料。

(3)政策、法律法规知识　导游人员应该牢记国家的现行方针政策，掌握有关的法律法规知识，了解外国游客在中国的法律地位以及他们的权利和义务。在导游讲解、回答游客对有关问题的问询或同游客讨论有关问题时，必须以国家的方针政策和法规作指导。对旅游过程中出现的有关问题，导游人员要以国家的政策和有关的法律和法规予以正确处理。导游人员自身的言行更要符合国家政策法规的要求，遵纪守法。

(4)心理学知识　导游人员的工作对象主要是形形色色的游客，而且往往是与之相处时间短暂，因而掌握必要的心理学知识具有特殊的重要性。导游人员要随时了解游客的心理活动，有的放矢地做好导游讲解和旅途生活服务工作，有针对性地提供心理服务，从而使游客在心理上得到满足，在精神上获得享受。

(5)审美学知识　旅游活动是一项综合性的审美活动。导游人员的责任不仅要向游客传播知识，也要传递美的信息，让他们获得美的享受。

(6)社会风俗知识　导游人员应掌握相关的社会风俗知识，了解各地的风土民情、婚丧嫁娶习俗、宗教信仰情况和禁忌习俗。

(7)旅行知识　导游人员掌握必要的旅行知识，对旅游活动的顺利进行十分重要。旅行知识有交通知识、通讯知识、货币保险知识、卫生防病知识、旅游业知识等。

总之，我们要求导游必须是“杂家”，必须要知道各方面的知识，才能更好地完成每一次旅程(图 9-1)。

图 9-1　导游现场讲解

4.较高的导游服务技能

导游人员的服务技能与他的工作能力和掌握的知识有很大的关系，需要在实践中培养和发展。因此，导游人员要在掌握丰富知识的基础上，努力学习导游方法、技巧，并不断总结、提炼，形成适合自己的导游方法、技巧及独有的导游风格。

5. 较强的独立工作能力和协调应变能力

在工作中导游要有独立执行政策和独立宣传讲解的能力，较强的组织协调能力和灵活的工作方法，善于和各种人打交道的能力，独立分析、解决问题、处理事故的能力。

6. 身体素质

“身体是革命的本钱”，导游工作是一项脑力劳动和体力劳动高度结合的工作，工作纷繁，量大面广，流动性强，体能消耗大，而且工作对象复杂，所以导游必须要有一个健康的体魄，才能做好每一步工作。

7. 心理素质

导游面临着不同的游客，在旅游过程中也会遇到不同程度的麻烦问题，这就要求导游具备良好的心理素质。

(1)导游应有良好的观察能力和感知能力　在与游客接触中，导游要善于观察游客并敏锐发现不同游客的心理反应，了解到他们需要什么，对什么感兴趣，并且及时调整导游讲解方式和相应服务，采取必要的措施，运用多变的手法，保证旅游活动的顺利进行。

(2)导游应具备良好的意志品质　导游的情绪状态对导游服务工作有很大的影响。导游的情绪不可避免地受到各种主客观消极因素的影响。因此，导游应该有较强的自制力，在紧急情况下沉着冷静，不感情用事，自觉调节和控制自己的言论和行动，保持心平气和、热情耐心，有时甚至需要忍耐和克制生理上和精神上的痛苦来为游客服务。导游意志的自制性不仅对游客产生极其明显的心理影响，并能抑制游客某些消极情绪或激情爆发。

(3)导游应善于调整游客的情绪　旅游过程中，导游不仅要控制好自己的情绪，还要善于调整游客的情绪，因为在旅游期间，游客往往会感到疲劳，影响游兴，旅游活动就不可能顺利达到预期目的。因此，导游要有调节游客情绪的能力，保持并提高其游兴是对导游的工作能力和导游才能的重要考验，也是导游活动成功与否的一个重要标志。

(三)农家旅游导游员的岗位职责

农家旅游的导游员队伍主要由讲解员组成，其岗位职责如下：

(1)热爱讲解工作、努力钻研业务，不断提高自己的业务水平，向社会和观众提供优质的讲解服务。

(2)具有高尚的职业道德，加强品德修养，微笑服务，文明服务，工作时间使用普通话(外语种讲解员讲解中除外)。

(3)根据讲解材料提炼、编写讲解词,文字流畅、词汇丰富、实事求是,在实际讲解中找到适合自己的讲解风格。

(4)做好咨询解答工作,认真解答观众提出的书面或口头问询,虚心听取观众意见,善于向观众学习。

(5)积极反映讲解接待工作中出现的新情况、新问题,并提出合理建议。

(6)完成单位安排的其他工作。

(四)农家旅游导游员的行为规范

讲解不仅是一个人知识水平的流露,也是个人仪表、仪容、言谈、举止、待人、接物等方面的综合体现;同时,更是个人道德品质、文化素养、教养良知等精神内涵的外在表现,讲解员讲解时应注意以下几个方面:

1. 头发

讲解员在讲解时应保持头发清洁,发型修饰要得体,并且与本人的自身条件和讲解员工作性质相适应。

2. 面容

女士化妆要得体,讲解时不宜把妆化得太浓,但也不能不化妆,正确的做法是化淡妆。化妆应在讲解开始前完成,忌在公众场合化妆或补妆。男士应养成每天修面剃须的好习惯。

3. 表情

讲解员应保持面肌自然从容,目光温顺平和,嘴角略带微笑,让人感到真诚可信、和蔼可亲。

4. 目光

讲解员在讲解时,注视参观者的目光应该自然、稳重、柔和,一般情况下不要紧盯对方的某一部位或上下打量,注视对方的位置不同,所传达的信息也有所不同。注视范围一般是以两眼为上线,以下颌为下点所形成的倒三角区间。注视这一区间容易使参观者出现相互平等的感觉,让对方感到轻松自然,从而创造良好的氛围。讲解员在讲解时要敢于并且善于和参观者通过目光进行交流,在四目相交的几秒钟,已经告诉对方你很懂礼貌、很有自信。通过与参观者之间的眼神交流,讲解员也能够观察分析出参观者对你刚才讲过的内容是否满意,如果参观者的眼神已经出现"游离"就说明讲解内容需要马上调整,听众已经对你所讲的内容厌烦了。调整的方式最好是马上结束这段讲解内容,从一个新的场景重新开始讲解,并且要有意识地去改变讲解方式和语气。在展品或场景发生转换时还可用眼神和手势配合，把参观者的注意力引向展品本身。

5. 手部

要保持手部的清洁，养成勤洗手，勤剪指甲的良好习惯，忌留长指甲或指甲修饰不当。

6. 手势

在讲解过程中，为了配合讲解内容，手部可以做出提示性的动作。在使用手势时尽量做到指示清晰准确，手势幅度尽量小且不要影响到参观者的视线，使用手势的次数也应当减少到最少。

7. 体态

要保持端庄、典雅，勿要做作和故弄。

8. 站姿

站立应挺直、舒展、收腹、眼睛平视前方，手臂自然下垂。在讲解时不应将手插在裤袋里或交叉在胸前，更不能够有任何小动作。女士站立时双腿要基本并拢，脚位应与服装相适应。穿紧身短裙时，脚跟靠近，脚掌分开呈“V”状或“Y”状；穿礼服或旗袍时，可双脚微分。男士站立时双脚可稍许叉开，与肩部同宽。

9. 走姿

行走时，应抬头，身体中心稍前倾，挺胸收腹，上体正直，双肩放松，两臂自然前后摆动，脚步轻而稳。

10. 着装

应做到整洁、大方、合体，无论男女，在讲解时一般以穿着正装为宜。女讲解员衣着色彩搭配的原则应以同类色组合为佳，也可利用色环上相近的色彩进行搭配。需要注意的是色彩之间的深浅、明暗要有差别，否则会杂乱而刺眼。男讲解员着装不求华丽、鲜艳，衣着的色彩应选择同类色组合。这种组合，能够产生和谐统一的整体美感。

11. 饰物

饰物指的是能够起到装饰作用的物件，如耳环、项链、戒指、眼镜、领带等。由于讲解工作的特殊性，讲解员在为客人进行讲解时不能佩戴过多的饰物的，特别是耳环、手镯、袖扣、时装戒指、时装手表这类装饰性很强的饰物绝对不能佩戴。

12. 手机

讲解员讲解时需将手机调至震动，讲解过程中不能接打手机。

二、农家旅游导游词编写

导游词是导游引导游客游览观光的讲解词。只有在掌握丰富资料的基础上，经过科学系统的加工整理，并在实践中不断修改、丰富和完善，才能形成具有自己特色的导游词。

（一）导游词的组成

无论是书面导游词还是口语导游词，通常由三部分组成。

1. 引言及惯用语

每一篇导游词，或每一次导游的开始或结束，都应该有框架式的引言和结束语，如游览前的“欢迎词”、游览结束时的“欢送词”等。引言中常见的内容有问候、介绍及要求，结束语中通常有总结、回顾、感谢和美好祝愿。

2. 整体介绍

首先对所参观游览的目的地的整体内容用精练的词句作整体介绍，让游客对景物初步了解，知道如何游览；其次是对行进路线作介绍，不能漏掉精品景点和景物，避免在游览中发生游客走失等事故；对游览时间做出安排，有助于游客合理调配体力，保持游兴。

3. 重点讲解

每一个游览目的地的景观要素组合都较为复杂，但都存在主次之分。导游在带领游客游览的过程中，由于时间等客观原因，在游览和讲解中不可能面面俱到。因此在导游词中，对景观、景物的介绍要舍得“放弃”一些非主流景观，集中精力，利用有限的时间重点讲解介绍景区中最具有代表性的景点和景物，即对主要游览内容进行详细讲述，这也是导游词最重要最精彩的组成部分。当一个景点同时具有多个重点时，导游的“重点”讲解内容应与游客的兴趣需要相一致，必须充分考虑游客的旅游动机和文化层次。

（二）书面导游词写作要求

1. 重科学、显特色

(1)强调知识、突出科学性　一篇优秀的导游词必须有丰富的内容，应融入各类知识并做到旁征博引、融会贯通、引人入胜。导游词的内容必须准确无误，令人信服，特别是进行科普导游时必须严格按科学规律写作，切忌胡编乱造，更不能人造“假科学”。

（2）内容要有特色、新颖并深刻　导游词的内容不能只满足于一般性介绍，还要注重深层次的内容，如同类事物的鉴赏、有关诗词的点缀、名家的评论等。这样，会提高导游词的档次水准。导游要善于根据游客的现实需要，结合景区、景物的分析来创作导游词。

导游词的创作要不断创新，符合时代气息。导游词内容深刻，给游客一种新颖的思考，有助于提高导游质量。但新颖并不等于深刻，深刻要求导游词创作者深入探讨景区（点）内容的实质，把丰富的内涵挖掘出来，讲深讲透。

2. 讲究口语化

书面导游词是为现场口语导游而准备的，而导游语言是一种具有丰富表达力、生动形象的口头语言。这就是说，在导游词创作中要注意多用口语词汇和浅显易懂的书面语词汇。要避免难懂、冗长的书面语词汇和音节拗口的词汇，减少刻意的主观煽情；要多用短句，减少华丽的书面文学辞藻的堆砌，以便讲起来顺口，听起来轻松。强调导游口语化，不意味着忽视语言的规范化。编写导游词必须注意语言的运用。

3. 突出趣味性

为了突出导游词的趣味性，必须注意以下六个方面的问题：

（1）编织故事情节　讲解一个景点，要不失时机地穿插趣味盎然的传说和民间故事，以激起游客的兴趣和好奇心理。但是，选用的传说故事必须是健康的，并与景观密切相连。

（2）语言生动形象，用词丰富多变　主动形象的语言能将游客导入意境，给他们留下深刻的印象。

（3）恰当地运用修辞方法　导游词中，恰当地运用比喻、比拟、夸张、象征等手法，可使静止的景观深化为生动鲜活的画面，揭示出事物的内在美，使游客沉浸陶醉。

（4）幽默风趣的韵味　幽默风趣是导游词艺术性的重要体现，可使其锦上添花，气氛轻松。

（5）情感亲切　导游词语言应是文明、友好和富有人情味的语言，应言之有情，让游客赏心悦“耳”、倍感亲切温暖。

（6）随机应变，临场发挥　导游词创作成功与否，不仅表现其知识渊博，也反映出导游技能技巧。

4.要重点突出

景区(点)的主题要正确、明确每个景区(点)都有其代表性的景观,每个景观又都从不同角度反映出它的特色内容。导游词必须在照顾全面的情况下突出重点。面面俱到,没有重点的导游词是不成功的。在创作导游词时,应有一根主线贯穿整个讲解,这样才能给游客一个鲜明的印象,并牢牢抓住游客的心,使他们从游览活动中获得知识和留下美好深刻的记忆。

从一定意义上讲,导游词的写作公式为:

正确和明确的主题思想+景区(点)深刻的内涵+贯穿全篇统一的相关知识+优美生动和风趣幽默的言辞。

5.要有针对性

导游词不是以一代百、千篇一律的。它必须是从实际以发,因人、因时而异,要有的放矢,即根据不同的游客以及当时的情绪和周围的环境进行导游讲解之用。切忌不顾游客千差万别,导游词仅一篇的现象。编写导游词一般应有假设对象,这样才能有针对性。

6.重视品位

(1)强调思想品位,因为弘扬爱国主义精神是导游义不容辞的职责。

(2)要讲究文学品位,导游词的语言应该是规范的,文字是准确的,结构是严谨的,内容层次是符合逻辑的,这是对导游词创作的基本要求。在导游词中,适当的引经据典,能相应地提高导游词的文学品位。

(3)体现"玩"的品位　旅游活动本身是有层次的,游览一个景点也是循序渐进的。现代人"出门"以"玩"为主,讲求"玩"的时序、享受"玩"的乐趣、追求"玩"的层次与品位。因此导游在创作导游词时注意所选素材要紧扣中心思想,写作的内容需要"渐入佳境",层层深入,扣人心弦。在知识的选取和"传授"上,要注意寓教于乐,"玩"中传播知识与文化。

作为书面导游词,在创作中要有必要的描绘和抒情。

(三)导游词创作与"缩距"目的

1."缩距"与导游服务

运用导游词"缩距"是指通过调遣各种语言和非语言因素来缩短导游与游客以及游客与被游览客体之间心理距离的方法。要缩短导游与游客之间的心理距离,除了充分发挥导游自身的各种积极因素之外,还要精心编排导游词,并在讲解中全方位地调动语言、类语言及体态语等因素,在导游过程中营造一种亲切、融洽的气氛。

2. 缩距法

缩距法包含两个内容，一是缩短导游与游客的心理距离，二是缩短游客与游览客体(旅游资源)之间的心理距离。

(1)导游与游客的心理距离的缩距

①充分分析游客情况(具体包括国籍或居住地、籍贯、民族、年龄、职业、文化程度、社会地位、兴趣好恶等社会心理文化背景，以及旅游的动机等，这些资料可从旅游接待计划中获得)，灵活编排或适当调整其导游词，使导游讲解或通俗平易，或广博深入，或平铺直叙，或跌宕起伏，或大力渲染，或一带而过，或委婉避讳，或直接显明，从而引起游客的共鸣。如对文化层次不高的游客，一般要注意运用通俗易懂的语言，对年轻而有文化的游客，语言则要尽量高雅、生动、活泼。

【知识链接】

导游词中对颜色词的运用

中国人喜欢红色，泰国人忌红色，日本人忌黄色，土耳其人忌花色，比利时人忌蓝色，巴西人忌绿色，欧美等国人忌黑色。

导游讲解运用：导游词中对颜色词的运用以及对景物颜色的渲染，要注意游客的文化心理背景。文化背景不同的人对一些具体事物，如花鸟鱼虫、飞禽走兽、文物古玩、园林建筑等，也都有不同的文化心理偏向，在导游词中都应加以注意，并进行精心调整，以使解说收到最佳效果。

②积极调遣语言自身的各种因素及各种非语言因素。

首先，用词要准确。以语言因素为例，用人称代词作称呼运用就很讲究。在导游这种语境中，用第二人称称呼游客，往往显得生硬冷淡，而用第一人称复数“我们”或没有特定人称标志的“大家”则比较合适，也可以连用为“我们大家”。这种用法，能营造出一种亲切友好的气氛，从而有效地缩短导游与游客的心理距离。

其次，积极调动体态语。在导游这种语境中，巧妙地调遣表情、眼神、手势等体态语因素，不仅能使导游词更加通俗、直观、传神，并且可以弥补言语表达的不足，增加导游自身的吸引力，通过与游客的多方沟通，有效地缩短双方的心理距离。比如眼神，对游客或环顾，或专注，或虚视，要根据言语表达的需要而加以灵活把握，从而调整交际气氛。再如各种巧妙和恰到好处的手势，更是一个导游熟练和高修养的标志，因此在讲解中，手势要讲究明确、精练，自然、活泼和个性化。再如，笑容的魅力也是绝不可忽视的。这种具有强烈感染力的体态语，是能在导游中营造融洽气氛的润滑剂。一个熟练的导游，总是会在自己和游客交融的笑声中进行工作。如果这样，导游与游客之间的关系必然会是亲切自然、轻松愉快的。

(2)游客与游览客体(旅游资源)之间的心理距离的缩距

①设身处地法。设身处地法即设身处地为游客着想，引导游客融入景致当中。

比如见到建筑前有“紫气东来”“赤城霞起”等题句，导游可以借机讲解“紫气东来”，即老子过函谷关的故事。据说函谷关的官员登上城楼时看到东方有紫色的云气，认为要有圣人由此经过。果然老子骑着青牛缓缓地来到此地。今天有没有圣人来呢？我想大家都是贵客，一定会看到吉祥的云彩吧。

②巧设悬念法。

【案例】

“巧设悬念”的导游词

现在我们看到的这座小巧幽静的院落叫祈福殿，但一般都叫它花寺。现在我们看到的这块半人高的石头，非常珍贵，传说宗喀巴的母亲生前背水途中常靠着它休息，现在成了信徒朝拜的圣物。石头上面贴着的钱币是怎么回事呢？实际上这是对寺庙的布施，但据说只有心中有佛的人才能将布施贴在石头上。有心人都可以试一下自己的诚意，大家先试试，参观完以后我再告诉大家这里面有什么窍门。

朋友们，今天我们参观塔尔寺就到这里结束了，在和大家告别之前，我来解答贴钱币的秘密。那是因为石头表面涂满了酥油。大家猜对了吗？

(四)农家旅游导游词示范

游览“清溪书韵·山乡巨变第一村”导游词

尊敬的各位嘉宾：

上午好！在这个阳光明媚、绿意盎然的初夏季节，欢迎大家来到湖南益阳清溪村，参加本次“清溪书韵·中国当代著名书法家走进山乡巨变第一村”活动，我是本次活动的工作人员小张，由我沿途为各位嘉宾进行讲解，不当之处，敬请批评指正，祝大家旅程愉快！

【上车介绍】清溪村紧邻益阳市中心城区，占地面积3平方千米，是中国文化名人、现代著名作家周立波先生的出生地及其《山乡巨变》《山那面人家》等小说的创作背景地。2007年10月开始投入建设，按照“两型社会”和“城乡统筹”的要求，坚持“文化与经济、田园与民俗、作家与作品、传统与现代相结合”的原则，将其规划建设成全国重点文物保护单位、中国历史文化名村、全国新农村建设示范点、国家AAAA级旅游景区。

2008年9月15日开园并成功举办了“中国首届乡村文化旅游节”，至今已接待省内外的游客100多万人次。清溪村的开发是益阳新农村建设的新成果，成为益阳城市的一个新亮点、绿色益阳的一张新名片，相继被评为“湖南省新农村建设示范点”“湖南省农业旅游示范点”“湖南省特色景观旅游名村”“湖南省省级生态村”“湖南旅游之大众最爱目的地”“湖南省五星级乡村旅游区”。2009年6月2日，前湖南省委书记张春贤在这里视察时高度评价清溪村“是一个真正的山乡巨变第一村”。

环顾四野，大家会发现咱们清溪村的民居是一律的“青瓦、白墙、红窗、坡屋面”的外饰风格。在益阳市委、市政府的领导下，我们按照“统一风格、保留户型、农户为主、政府奖扶”的原则倡导村民进行民居改造，得到了群众的积极响应。现在一栋栋漂亮的民居与乔木、果树、花灌、竹篱、菜园融为一体，错落有致于宁静秀美的山川中，构成一道亮丽的风景线，这是党的富民、惠民政策结出的硕果、社会主义新农村建设的新成就、“山乡巨变”的新气象。

【进入农耕文化体验园门楼】尊敬的各位嘉宾，现在旅游车已经转入“书苑游道”，进入农耕文化体验园，从这里往下看是景点“荷塘月色”。再远处的山坡上是“立波果园”，通过土地流转，把闲置的土地集中起来，规模种植，在我们清溪村形成了“三百特色”：有百亩荷塘、百亩果园，以及百味果蔬园。放眼望去，绿色的荷叶布满整个池塘，可以想象到盛夏时节“接天莲叶无穷碧，映日荷花别样红”的美景。行进在路上的是独特益阳特色的“马迹塘故事”民俗表演。现在益阳的马迹塘故事已经成功申报湖南省非物质文化遗产，这种艺术源于太平天国，是太平天国欢庆胜利的庆祝形式之一，一直流传于我们益阳桃江县马迹塘镇，是湖南省唯一的高台艺术。经过代代吸取地方文化精华，推陈出新，故事艺术形式上已臻完善。

各位嘉宾，现在在我们的右上方是农耕文化体验园。这里有18架水车，包括脚踏和手摇的两种，供游客体验健身。掩映在翠绿中的房子就是我们今天即将揭牌的“清溪书社”。里面展览着独具益阳特色的“清溪百象”，随着后续工作的开展，“清溪书社”将成为清溪乃至湖南省一个书法艺术的“地标”，将对书法艺术的传播和弘扬发挥重要的作用。在左侧篱笆围起来的区域就是百味果蔬园。现在景区把百味果蔬园打造成现实版的QQ农场，我们称之为清溪生态农场。“清溪农场”占地38亩，是通过“散户集中，公司经营”的土地流转方式开发的集科普性、参与性、互动性的体验式旅游项目。清溪农场以“块”为单位出租给游客,由游客进行自种或者平时委托农民代种、代管,游客在节假日或农事季节进行耕作、收割和采摘。真可谓是“亲身耕种一分地,体验稼穑无穷乐”。也欢迎各位嘉宾有兴趣的话,来清溪村做一回“农场主”。

【高码头——村部旧址:听到花鼓戏的声音】各位嘉宾,我们现在听到的声音是益阳的地方戏曲“地花鼓”。益阳有“花鼓戏窝子”之称,广场文化十分活跃,花鼓戏深受群众喜爱,形成了独具益阳特色的“益路花鼓”。我们左手边的场地就是今天启动仪式场地——民俗艺术广场,在广场的围墙上有独具地域特色的壁画,如《虾子起拱》《胡呐喊》《马迹塘故事》及泥塑—益阳民族器乐,现在舞台上正在上演的是民俗表演《采莲船》《耍蚌壳》。在这里可以欣赏益阳地方小戏,领略益阳的乡土文化。艺术广场不但给游客带来了欢乐,而且丰富了村民的文化娱乐,在这里晚上时常有乡村电影、有花鼓戏、有百人舞会,极大地丰富了群众的业余生活。

这座简朴的平房是清溪村村部旧址。里面浓缩展示清溪村的历史变迁,睹物思“景”,图文字间,无处不巨变,无处不感叹。看清溪老照片、读清溪故事;忆祖辈生活,惜今朝盛世;尽展清溪巨变,沧海变桑田。

前面是立波小街,全是砖木结构,按清朝乾隆年间的江南湖湘风格建造,这条小街,有着颇具益阳特色的百道风味小吃及上百种益阳乡土特产。以前是幼年立波玩耍的乐土,现在村民居住创业的家园,全长约 86 米,经过改造现在成了一条特色美食街。

在清溪村,我们尽可以呼朋引伴,饱览农业意向鲜明的山村风光、尽采摘、垂钓之兴,更可以品尝到别具一格的农家饭、“唯有农家腊酒浑”的陈年米酒、甘甜芬芳的擂茶。在亲切宁静的农家乐里,亦可尽棋牌娱乐之兴,在清溪村的每个角落,你都可以追寻到立波先生留下的段段佳话,感受人民作家爱人民的淳朴之情,在这样的氛围中,放松身心,回归自然,感受改革开放三十年,我国农村的发展巨变。

各位嘉宾,我们现在又置身于“绿叶丛丛”的百亩荷塘,在盛夏我们可以欣赏碧荷摇曳的“夏荷映日”美景,在淡淡的荷香中,融入清溪自然山水,可以激发文人的灵性、诗人的情愫、画家的灵感。在观景平台环顾清溪美景:稻田翻金浪,莲藕满池塘。浅水翻鱼跃,山林飘果香。路灯太阳能,大道近门庭。设施现代化,居住小洋房。叹山乡再巨变,农村新景象。短短几句话勾勒出一幅清溪村《山乡巨变》的田园画卷。正如一些游客说,清溪的美,是山美、人美、水美。

在袅娜升腾的炊烟里,在幽雅恬静的山水里,在芬芳缭绕的果园里,在淳朴厚道的民风里。正如原中组部常务副部长赵宗鼐先生题清溪村:“益阳风光好,夺目在清溪”。我们相信，有各位书法名家的参与和各级领导的支持，在清溪人民的努力下，清溪村的明天会更好！

三、农家旅游导游讲解艺术

导游是靠语言吃饭的，“祖国山河美，全靠导游一张嘴”“看景不如听景”，导游讲解在导游工作中占有极为重要的地位。

导游需要口齿伶俐，具有广博的知识，了解有关旅游景区、休闲园区的资料，有良好的职业道德，有人认为只要具备了这些条件，就能成为一个优秀的导游，这样的认识是不全面的。导游只有根据游客的不同情况，灵活地使用导游资料，运用导游艺术和技巧，才能使导游内容生动而又富有生命力。

（一）导游语言及其要求

1. 导游语言

导游语言就是生动、形象、富有表现力的口头语言。它不同于书面语言，有着自身的特点和突出的特色。

2. 导游语言的四原则

（1）正确恰当　语言、语调、语法、用词恰当正确，多用敬语和谦语。内容要有根有据，正确无误。切忌信口开河，任意夸大。

（2）清楚易懂　简洁明了，表达清楚，层次分明，逻辑性强。浅白易懂，按口语化要求，缩短句子，或句中停顿，改变书面用词和句式。

（3）生动形象　在语言准确清楚的前提下，要鲜明、生动、形象，言之有神，切忌死板、老套，平铺直叙。语言要流畅，用词要恰当。运用好修辞方法，来美化自己的语言，做到有声有色，活灵活现。多使用形象化的语言，增加趣味性。

（4）风趣幽默　借题（景或事）发挥，用夸张、比喻、讽刺、双关等语言，使导游语言锦上添花。活跃气氛，忘掉忧愁，缓解气氛。

3. 导游语言要做到“八有”

（1）言之有物　内容充实，有说服力，不讲空话套话。

（2）言之有理　摆事实，讲道理，以理服人。

（3）言之有据　有根有据，不胡编乱造，弄虚作假。

（4）言之有情　语言友好，富有人性味，对游客亲切、温暖。

（5）言之有礼　语言文雅，谦虚敬人，礼貌待人。

(6)言之有神　语言形象，声音传神，引人入胜。

(7)言之有趣　说话生动、幽默、风趣。

(8)言之有喻　适当比喻，生动易懂，印象深刻。

4. 改正不良的口语习惯

(1)含糊不清　讲解内容胸有成竹，才能有条不紊地讲解，用词贴切。如对事物理解不全面，望文生义，讲起来言语不清，易使人误解。还有的导游说话含糊，主要是对讲解的内容不熟悉，缺乏自信心，讲解时常用“大概、好像、可能”之类的模糊语言，游客肯定不会满意。要使用准确、肯定的词语，才能赢得游客的信任。

(2)啰唆　反反复复、颠来倒去，生怕游客听不懂，动机是好的，但听者会不耐烦。有的人想用哗众取宠的语言吸引人，故意用琐碎的语言铺垫，令人生厌。说话啰唆的人，语言实质内容少，就像海蜇皮，看起来很大一块，放在开水中一烫就剩下一点点。

(3)艰涩难懂　口头语与书面语不同，如果导游在讲解时机械地背诵导游词，或用佶屈聱牙的装饰语、倒装句、专用术语，或用艰涩、冷僻的词语，游客既听不进去，也无法理解消化。

造成口语艰涩难懂的原因，除了导游工作态度之外，不懂口语特性也是主要原因之一。口语同书面语比较，有自己的特点：

①口语有声，声音有轻有重，有快有慢，抑扬顿挫，丰富多变。声音能很好地表情达意。

②口语除语言之外，还有面部表情、手势、姿势等态势语言辅助，帮助表达。

③口语因其语言环境不同，可大量简略，不必每句话都主谓齐全。加长修饰词，反而会造成听觉上的困难，不便于语言表达。

(4)不良的习惯语　即喜欢用口头禅，如“这个”“那个”“可能”“差不多”“结果呢”“反正”“呃”“哪”等。

(二)导游讲解的原则

导游讲解是导游以丰富多彩的社会生活和璀璨壮丽的自然美景为题材，以兴趣爱好不同、审美情趣各异的游客为对象，通过对自己掌握的各类知识进行整理、加工和提炼，用简洁明快的语言进行的一种意境再创造。导游讲解的技能，体现了导游方法的多样性、灵活性和创造性。

1. 计划性原则

“凡事预则立”。提前做好计划是提高导游讲解服务水平的关键。计划性原则要求导游在接团前应根据接待计划、旅游团的线路安排、游客的组成等因素，做好接待的讲解计划。计划内容包括景物的特色、重点，观赏的途径、要点，时间的安排及顺序等。

2. 针对性原则

导游每次带团面对的客人都不一样，客人所感兴趣的内容也不一样，所以导游以千篇一律的导游词应付所有的客人是行不通的。

针对性原则运用建议：

(1)导游要根据不同游客的具体情况，在接待方式、服务形式、导游内容、语言运用、讲解方式方法有所不同。

(2)导游进行导游讲解时，导游词内容的广度、深度及结构应该有较大的差异，通俗地说，就是要看人说话。导游讲的应该是游客想知道、有能力接受并感兴趣的内容。不同的游客对导游服务及导游讲解的要求是有区别的。

(3)导游词的讲解要符合游客的需要，要注意文化差异，讲解得太快、太深奥，游客一下子是理解不了的。导游如果不能针对每一特定的游客量体裁衣地传递信息，就不算是一名合格的导游。

3. 灵活性原则

所谓灵活性，就是导游的讲解要因人、因时、因地而异。

灵活性原则运用建议：

(1)导游讲解的内容应可浅可深、可长可短、可断可续，一切需视具体所的情况而定，切忌千篇一律、墨守成规。

(2)导游讲解贵在灵活、妙在变化的原因是游客的审美情趣各不相同，各旅游景点的美学特征也千差万别，大自然又变化万千、阴晴不定，游览时的气氛、游客的情绪也在随时变化。

(3)即使游览同一景点，导游也应根据季节的变化，时间、对象的不同，采用切合实际的讲解方式。

【案例】

不同导游人员的不同讲解带来不同效果(图 9-2)

场景：游客在雨中游览武夷山

请体会：

一位导游说："下雨天，什么景色也看不清。"(会大大影响游客的心情)

另一位导游说："淅淅沥沥的雨声犹如美妙的音乐，珍珠般的雨珠在我们脚下

图 9-2　导游风趣讲解

溅起一朵朵美丽的小花，若隐若现的群山虚无缥缈，我们犹如在人间仙境中游览。”（带给游客另一种欣赏）

4. 以客观事实为依托原则

客观事实是指独立于人的意识之外的，又能为人的意识所反映的客观存在，它包括自然界的万事万物和人类社会的各种事物，其中有的是有形的，如名山大川、文物古迹，有的是无形的，如社会制度、对文化的欣赏等。

导游进行讲解时，无论采用何种方法和技巧，都必须以客观存在为依据即导游的讲解必须建立在自然界或人类社会某种客观现实的基础上。

(三)导游语言艺术与技巧

1. 创造声音表情的技巧

人的音质是天生的，很难改变。但运用声音的技巧，却是每个人都可以达到的。创造声音表情就是调动语言技巧的综合能力。

(1)掌握语调　任何语言都要用抑扬顿挫、起伏多变的声调和语调来表现和传达自己的情感。

导游语言更要善于利用语调的变化。语调平平的讲解，游客可以听懂，但听起来缺乏生气，味如嚼蜡。在讲解中，高潮时，音色应洪亮些，圆润些；低潮时，音色应深沉些，平稳些。

(2)调节音量　音量是声音的强弱、大小。要根据游客多少和导游地点、场合调节音量。游客多，室外讲解音量应大些；否则小些。也要根据讲解内容调节音量。主要信息的关键词加大音量，强调主要语义；先抑后扬，造成一种气氛，增强感染力。

(3)控制语速　如果全程以一种速度讲解，像背书一样，不仅缺乏感情色彩，而且使人乏味，令人昏昏欲睡。

放慢语速：需要特别强调的事情，想引起游客注意的事情，严肃的事情，容易引起厌恶感或误解的事情，数字、人名、地名、人物对话等。

加快语速：众所周知的事情，不太重要的事情，故事进入高潮时。

语速一般是每分钟200字为宜。老年游客可以放慢一些，以听得清为准。

(4)注意停顿

生理停顿：主要缓气、换气的停顿。

语调停顿：一句话说完，一个意思完成后要停顿。

心理停顿：是为了使讲解收到心理上的反应效果，突然故意把话头中止，沉默下来，给游客留一点独立思考余地或自由活动时间，或留一点悬念，卖一个关子，引起游客注意。

如："这里现仍然保留用人祭祀河神的仪式，每年都要把一个长得十分漂亮的姑娘投入河中。"这时导游故意停顿，引起人们的惊诧。停一会才说："不过，现在的姑娘是用塑料制作的。"

停顿可以使语言流畅而有节奏，收到"大珠小珠落玉盘"的效果。

2.运用修辞的技巧

在导游语言中，恰当地运用修辞，可以使导游语言鲜明生动，具有吸引力和感染力，更趋艺术化。并提高幽默层次，成为真正意义上的幽默，而不是沦为一般性的诙谐和滑稽。

(1)比喻　比喻就是用相似的事情打比方。可以达到：

①使抽象变得形象，如姑娘唱歌像百灵鸟的声音。

②使人物形象鲜明，如她亭亭玉立，像一株吐艳的荷花。

③使景物形象化，如远望千岛湖，像一银盘，千座山峰就像盘中的青螺。

④使想象更加丰富，如天鹅起则如晴天飞雪，落则如素锦铺地。

比喻要注意就熟喻生，就近喻远。力求新颖，不落俗套。

(2)夸张　夸张是在客观事实真实的基础上，对事物进行夸大或缩小，即巧妙刻意地言过其实。

夸张不同于吹牛，要以客观实际为基础，给人以真实感，掌握分寸。其奥妙在于不似真实胜似真实，要明显，能一眼看出。

如："唱戏吼起来，是陕西十大怪之一，讲的是秦腔的真嗓音演唱，保持原始、豪放、粗犷的特点。唱秦腔要具备三个条件：一是舞台要结实，以免震垮了；二是演员身体要好，以免累病了；三是观众胆子要大，以免吓坏了。”

再如：“吐鲁番热，过去县太爷坐在水缸中办公，物理降温。达坂城风大，男人的胡子向一个方向歪，风刮的；树木朝一边长，风刮的；小学生上学为防止被风刮跑，书包装满石头。”

(3)引用名人名言、典故、寓言、谚语、诗句文章，能使导游词生动活泼，丰富多彩，增强说服力。

如“大漠孤烟直，长河落日圆。”“天苍苍，野茫茫，风吹草低见牛羊。”“落霞与孤鹜齐飞，秋水共长天一色。”。

(4)对比　将不同事物或同一事物不同方面放在一起对照比较。

如：云南路南石林和内蒙古赤峰阿斯哈图石林比较，巴林鸡血石同昌化鸡血石的区别。

(5)换算　把抽象的数字换成具体可感知的事物。

如，故宫的房子 9 999 间，一个小孩从呱呱坠地开始每晚住一间，一个轮回下来，他已 27 岁的小伙子了。

赤峰有多大？9 万多千米^2，等于韩国的面积，和浙江省差不多大。

一顿饭一头牛，一辆车一栋楼等。

(6)双关　利用词语多音或多义的条件，使一语同时有表里两层意思，并以里层意思为表意重点。有谐音、谐意两种。

如，铜钱上雕蝙蝠表示福(蝠)到眼前，喜上眉(梅)梢，竹报平(瓶)安等。

(7)移时　对词语进行时间变异，把古汉语现代化或把现代汉语古代化。

如，文殊为大智菩萨，专司佛的智力；普贤为大行菩萨，专司弘扬佛法。用现在的话说，就是文殊重理论，普贤重实践。

再如，前朝后寝，就是前边是办公之所，后面是宿舍。

(8)异语　即非汉语普通话，包括汉语方言和外族词语。对异语解释既可弄清原意，也反映地方特色或异域情调。

雪顿节：“雪”藏语为酸奶，“顿”藏语为奉献，即奉献酸奶的节。

香格里拉：藏语为“老朋友，您来了”，英语为“世外桃源”。

(9)异称　从不同角度对同一对象予以不同的称谓，可增强感性色彩，引发游客丰富的联想，予以深刻的启示作用。

赤峰——乌兰哈达，玉米——棒子，土豆——山药蛋

(10)溯名　对一些名称的成因或来源进行解释、说明。

千山——千朵莲花山，香港——出口莞香的港口，克什克腾——亲军卫队，阿

鲁科尔沁——岭后弓箭手，赤峰——红山，其甘——酸马奶

东莞——在广州东边，因盛产莞草而得名。

(11)数概　把有关内容，用数字概括出来。即把分列的各个项目用能反映其特色的词语另以概括，再标上跟分列项目相等的数字，从而构成一种临时性的节缩形式的修辞技巧。

特色和个性旅游景观的生命，挖掘特色和个性是导游词要表达的重要内容，也是其亮点。

如黄山四绝、西湖十景、四大名著、四大美女、文房四宝、东北三宝、关东三怪、赤峰三宝、赤峰三对、男儿三艺等。

(12)顺口溜　通过民间流传较广或现成的比较整齐押韵的段子，来简练的描述某种现象。

“导游行业著名顺口溜”形容导游的工作辛苦：“起得比鸡早，干活比牛多，跑得比狗快，吃得比猪差。”

(13)笑话和奇闻轶事　导游要会讲笑话，但不要讲黄色笑话，否则有损形象，还会招来不必要的麻烦。笑话不要搞成一个节目，可穿插于一切活动中。

住酒店时，讲注意事项：

有个人住酒店，为检查房间有无窃听器，把地毯翻遍，发现地板上有一个纽扣一样的东西，费了九牛二虎之力把它弄下来，只听楼下轰隆一声，有人大叫电风扇掉下来了。

就餐时有人说鸡不好吃：

一所小学，老师问学生用什么方法识别母鸡年轻，一位女生回答“用牙齿”。“但母鸡无牙呀。”老师说。“我有，如果鸡肉嫩，年龄就小；肉老，年龄就大。”

(四)导游讲解方法

导游讲解是一种艺术性很强的活动，同样的内容，以不同的形式和方法进行讲解，会收到不同的效果。

导游讲解方法有多种，这里选取一些常用的。

1. 分段讲解法

对规模大的重要景点不能面面俱到、平铺直叙地介绍，而应该采用分段讲解法。

分段讲解法运用建议：

(1)首先在前往景点的途中或在景点入口处的示意图前，导游用概述法介绍景点，主要包括历史沿革、占地面积、欣赏价值等，并且介绍主要景观的名称，使游客

对即将游览的景点有一个初步的印象，达到“见树先见林”的效果，使之有“一睹为快”的要求。

(2)到现场顺次参观，导游在讲解正在游览的景区时，应注意不要过多地涉及下一景区的景物，但是在快结束这一景区游览的时候，适当地讲一点下一个景区，目的是引起游客对下一景区的兴趣，并使导游讲解一环扣一环，环环扣人心弦。

2. 描绘法

描绘法，就是运用具体形象、富有文采的语言对眼前的景观进行描绘，使其细微的特点显现于游客眼前。在实际游览过程中，有些景物没有导游人员的讲解和指点，很难发现其美之所在，更难唤起游客美的感受。而经导游人员的描绘后，感受就不同了。

3. 突出重点法

突出重点法就是在讲解中避免面面俱到，突出某一方面的讲解方法。如果导游讲解模糊，没有突出重点，游览结束后，肯定不会给游客留下深刻的印象。

4. 简述法

简述法就是用准确、简洁、冷静的语言，把景观介绍给游客，使他们在具体欣赏、品味景观之前对景观有一个初步印象。

【案例】

导游示范：游览金鞭溪

今天首先带大家参观的是有“千年长旱不断流，万年连雨水碧清”美誉的金鞭溪。金鞭溪是张家界国家森林公园最早开发的景区之一，它是世界上最美丽的峡谷之一，整个大峡谷全长约 7.5 千米，宽度为 30～50 米，两旁的山峰相对高度达 300～500 米。金鞭溪就好比是张家界这位“绝代佳丽”身上的一条蓝色丝巾，人们常把“张家界的山、九寨沟的水”称为当代“中国山水两绝”，张家界最美之处就在金鞭溪这条飘动的彩带上，它把“奇峰三千、秀水八百”的山水美发挥到了极致。

5. 触景生情法

触景生情法是见物生情、借题发挥的导游讲解方法。

触景生情法有两层含义：一是导游不能就事论事地介绍景物，而是要借题发挥，利用所见景物使游客产生联想；二是导游讲解的内容要与所见景物和谐统一，使其情景交融。

【案例】

导游示范：游览天子山御笔峰

瞻仰了贺龙元帅，继续游览天子山的石林奇观。请大家看前方的不远处，有一排秀丽精致的石峰，上粗下细，形如笔杆，并立如削，参差相连。这便是武陵源“十大绝景”之一的“御笔峰”，相传向王天子兵败以后，曾焚毁所有文稿，当他看到这几支御笔时，想到曾经用它们批阅公文，指挥千军万马，如今功败垂成，自己又有何颜面对家乡父老，于是悲愤地将这几支御笔掷落于山谷之中。然而笔通灵气，落地成峰，形成了“御笔峰”。如果在红霞满天的时候来看，御笔生辉，笔尖还残留着几点朱红墨迹。1994年，国家邮电部发行的“武陵源”邮票和首日封，1999年发行的“张家界国际森林保护节”和“张家界‘穿越天门’国际发行大奖赛”纪念封，2000年发行的“纪念江泽民总书记为张家界题词五周年”纪念封以及武陵源门票图案，都是用“御笔峰”作背景的。

6. 虚实结合法

虚实结合法是在讲解中将典故、传说与景物介绍有机结合，即编织故事情节的讲解手法。导游讲解故事化，从而产生艺术感染力，使气氛变得轻松愉快。

虚实结合法运用建议：

(1)这里的“实”是指景物实体、史实、艺术价值等。“虚”指的是与景点有关的民间传说、神话故事、奇闻轶事等。“虚”与“实”必须有机结合，以“实”为主，以“虚”为辅。并以“虚”加深“实”的存在。在中国，几乎每一个景点都有一个美丽的传说，如杭州西湖有“西湖明珠自天降，龙飞凤舞都钱塘”的传说。

(2)在导游讲解过程中，虚实结合法运用得好可以增添游客的游兴。但在虚实结合法的使用过程中，切忌胡编乱造，无中生有。典故、传说等的运用必须以客观存在的事物为依托，以增强可信程度。

7. 问答法

在游客讲解中，导游应根据不同的情况，有意识地创造一些情境，提出一些问题以引起游客的注意，激起其欲知某事怎样的强烈愿望，使游客由被动地听变成主动地问，使被讲解之景物在其脑海中留下清晰深刻的印象，同时也可使讲解过程生动活泼，融洽导游和游客的关系。

使用问答法主要有四种形式：

(1)自问自答法　自问自答法是由导游自己提出问题并作适当停顿，让游客猜想，但并不期待他们回答，只是为了吸引游客的注意力，促使游客思考，激起游客的兴趣，然后导游才做简洁明了的回答或生动形象的介绍，给游客留下深刻的印象。

自问自答法运用建议：这种方法通常用于很难的、客人回答不上来的问题，类似一种疑问式的停顿。导游使用这种方法是为了吸引游客的注意，告诉他们接下来要讲解的内容是比较重要或关键的。

(2)我问客答法　我问客答法即由导游提出问题，导游人员引导游客回答或讨论的方法。

我问客答运用建议：

①我问客答法要求导游善于提问，所提问题游客不会毫无所知，但会有不同答案。

②通常要回答的问题不会很难，只要导游稍加提示，客人就可以答出来。

③导游要诱导客人回答，但不要强迫回答，以免尴尬。

④游客的回答不论对错，导游都不应打断，要给予鼓励，最后再讲解。

(3)客问我答法　客问我答法运用的建议：

导游要欢迎游客提问，这样可以减少导游唱“独角戏”，增强游客与导游交流的机会

①当游客提出某一问题时，表示他们对某一景物产生兴趣。导游对游客提出来的问题即使是幼稚的也不能笑话他们，要巧妙地解答。

②导游要掌握主动权，不要让游客的提问干扰了讲解。不能游客问什么就解答什么，要回答与景点有关的问题。

(4)客问客答法　客问客答法运用建议：

①有时当游客提出某一问题时，导游不作立即回答，而是把问题转给其他游客，让其他的游客来回答，这样能调动游客的积极性。

②导游要扮好导演的角色。

8. 悬念法

悬念法是在讲解时提出某些感兴趣的话题，但又故意引而不发，以激起游客急于想知道答案的欲望的方法。即“欲知后事，且听下回分解”。

悬念法运用建议：

(1)导游先提出问题但不告知下文或暂不回答，让游客去思考，最后才讲出结果。

(2)可借助其他方法来体现悬念，如问答法、引而不发法、引人入胜、分段讲解法等都可以产生制造悬念的效果。

(3)制造悬念法不能运用过多，过多效果反而不好。

9.类比法

类比法就是以熟喻生，达到触类旁通效果的导游手法。导游用游客熟悉的事物与眼前的景物做比较，定会使游客感到亲切和便于了解，达到事半功倍的效果。

运用类比法可有下面三种方法：

(1)同类相似类比　同类相似类比即将相似的两物进行比较。

如在前文对金鞭溪的介绍中：金鞭溪就好比是张家界这位“绝代佳丽”身上的一条蓝色丝巾，人们常把“张家界的山、九寨沟的水”称为当代“中国山水两绝”，张家界最美之处就在金鞭溪这条飘动的彩带上，它把“奇峰三千、秀水八百”的山水美发挥到了极致。

(2)同类相异类比　即将两种事物比较其一同点。

【案例】

炎帝与舜帝的比较

湖南的炎陵县有炎帝陵，宁远县有舜帝陵。两位都是中华民族的始祖，但各有不同。炎帝是中华农耕文化的创始人，为中华民族的始兴和繁衍做出了开创性的伟大贡献。他教人耕种、发明工具、开创医药、制作陶器、始造明堂、开辟市场等，大家今天的衣、食、住都源于炎帝的创造发明。舜帝是中华民族的道德始祖，他推行孝道：“父义、母慈、兄友、弟恭、子孝”；倡导诚信、实施德政、协和万邦。

(3)时代之比　导游在讲解时，可进行时代之比。由于各国纪年方式不同，在介绍历史年代时应用游客能理解的表达方式。

(4)换算　换算就是将抽象的数字换算成具体的事物以便游客理解。

【案例】

长沙马王堆汉墓出土文物

长沙马王堆汉墓出土文物，反映了西汉时期长沙地区经济文化状况，其中两件素纱直裾禅衣最为惊奇。分别为48克、49克，还不到1两。如果是外国人就用克来表示为好，如果是中国人则换算成两较能理解。

10.归纳法

归纳法是用凝练的词句概括所游览景点的独特之处，给游客留下突出印象的导游方法。

如张家界天子山是“扩大的盆景，缩小的仙境”。

四、农家旅游的体验营销

农家旅游满足了旅游者感受与城市生活截然相反的乡村生活的体验需求，对于追求返璞归真的游客具有极大的吸引力。体验营销是一种让顾客实际感知产品或服务的品质或性能，从而促使顾客认知、喜好并购买的营销方式。随着农家旅游者需求的改变，“体验”已成为旅游者购买农家旅游产品的核心要素。

(一)农家旅游进行体验营销的必然性

1. 农家旅游的体验本质

(1)从旅游的本质来看，体验是旅游的核心属性之一　农家旅游的本质是向游客提供“一种或多种经历和体验”，给都市人提供一个认识农村、体验农家生活、追寻古朴民风民俗的机会，为游客提供娱乐体验，教育体验、审美体验和逃避现实的体验。面对生动的、具有审美感受的乡村景观，旅游者暂时从现实生活的烦恼和压力中脱离出来，体验轻松与自然，并将这美好的体验永远留在记忆中。

(2)从体验的内容来看，农家旅游是体验的大舞台　体验是一种参与经历，包括娱乐、教育、审美和逃避现实四个领域，最难忘的体验是处于四者交汇的“甜美的亮点”。四者与农家旅游的本质是一致甚至是融合于一体的，无论是“娱乐观光”乡村游、“劳动教育”乡村游还是“民俗文化”旅游或是“农家乐”乡村游，都为旅游者提供了一种可以全身心参与，并拥有自己独特记忆的经历。

2. 体验营销是提高农家旅游竞争力的必然选择

(1)从农家旅游消费者需求变化来看　体验经济时代，展示个性和交流沟通是逐渐成为消费趋向。农家旅游者已不再满足于走马观花式的农业观光旅游，他们更强调的是一种参与，一种体验，譬如亲身参与乡村劳动，感受其中浓郁的乡土味和人情味，借参与产生互动，加深与乡村文化的交流与沟通。体验已成为旅游者购买农家旅游产品的核心，这为开展农家旅游体验营销提供了广阔的空间。

(2)从农家旅游产品的发展来看　我国农家旅游在发展之初，表现出对自然风景资源、农业生产的收获活动和乡俗节庆活动的极大依托性，产品容易模仿，造成了整个行业产品趋同化严重。这就要求农家旅游经营者必须深入研究顾客的体验需求，将体验营销的思想运用在产品设计和开发中，以达到吸引旅游者并增强其忠诚度的目的，从而全方位的提升农家旅游的竞争力。

(3)从农家旅游发展壮大的需要来看　目前农家旅游存在市场集中度差、营销力度不够、营销方式雷同等问题，品牌优势很难形成，农家旅游要发展，应针对体验经济时代消费需求的变化趋势，意识到营销规则的变化，否则必然要被市场淘汰。这就要求农家旅游经营者要将体验营销的思想贯穿整个经营管理过程。

(二)农家旅游体验营销

1.设计鲜明的农家旅游体验主题

个性鲜明、定位明确的主题是给游客带来独特体验的基础，也是体验营销策略的首要因素。体验主题不一定是企业经营使命的简单重复，但它应该作为体验设计的指导性纲领，将企业的各种活动和产品有机地结合在一起。主题是在了解消费者心理需求和欲望的前提下，定位在消费者心理的，它本质是针对某一目标市场，突出文化内涵，并以高度形象化语言概括，以最终形成品牌为目的的营销过程。

农家旅游作为典型的体验型行业，其产品定位集中体现在主题上，也就是体验主题化。农家旅游主题应该从作为其动力来源的乡村意象中提炼出征服旅游者内心的“品味”概念，创造一种强调体验的品牌形象。主题的确定必须体现旅游地的特色，应根据主导客源市场的需求，突显个性，避免与周边邻近地区同类旅游目的地雷同，通过每一个细节来强化主题。它强调的是一种整体性，而这种整体性的体现必须靠对内营造和对外宣传两个方面结合才能够完成。一方面必须有意识在乡村营造一种“可印象性”的整体氛围；另一方面又必须通过宣传把它推向市场，形成鲜明的农家旅游主题。

2.整合各种感官刺激

感官营销的诉求目标是创造知觉体验的感觉，即利用人体感官的视觉、听觉、触觉、味觉与嗅觉，开展以“色”悦人、以“声”动人、以“味”诱人、以“情”感人的体验式情景营销，并让消费者参与其中，使其留下难忘的体验印象。感官营销可令消费者识别产品，引发购买动机与增加产品的附加价值。如色彩具有先声夺人的效果和感人的魅力，国外有一种理论叫“七秒钟色彩”，即对一个人的认识乃至对一种商品的认识，可以在七秒钟之内以色彩的形象留在人们的印象里，并产生独特的促销效果。由此可见，感官因子给产品所创造的低成本高附加值作用是惊人的。

以视觉为例，农家旅游地的视觉景观形象设计要突出乡村景观特色，注重体量、色彩、比例、尺度、材料和质感等视觉审美要素给人的心理感受，如在设计建筑时要尽量运用当地的木材、石料、竹子、藤类等自然材料，除色彩要与环境协调外，还要杜绝诸如垃圾成堆、污水横流，厕所卫生差等“视觉污染”。实际上体验所涉及的感官越多，就愈容易成功、愈令人难忘。因此，应该围绕主题把食、住、行、游、娱等各种服务用体验的观念整合起来，营造一个乡村特色浓郁的体验性场景，给游客带来全方位的感官刺激从而提升游客的体验质量。

3. 激发游客的情感

情感营销是以消费者内在的情感与情绪为诉求，通过激发和满足顾客的情感体验来实现营销目标。情感营销的核心是站在顾客的立场上考虑问题，密切关注客顾客的需求，提供真正使其满意的产品和服务，并由此提升顾客对企业的满意度和忠诚度。这是因为顾客对于符合心意的产品和服务会产生积极的情绪和情感。情感营销的策略是在营销过程中引发出一种心情或者一种特定的情绪，使消费者在消费过程中充满感情色彩。情感营销的运作需要了解用什么刺激可以引起某种情绪，以及能使消费者自然的受到感染，并融入这种情景中来。

从消费实践来看，旅游者总是关注旅游产品与自身关系的密切程度，偏好那些能与自我心理需求引起共鸣的感性旅游产品。亲近自然、远离喧嚣、贴近人心、爱心的奉献、亲情的呼唤等，都可以成为农家旅游运用情感营销策略的基本诉求。

4. 引导游客的思维

思维营销诉求的是智力，以创意的方式引起消费者惊奇、兴趣和对问题的统一或各异的思考。思维营销以智慧的火花为卖点，通过激发消费者解决问题的欲望，并创造性地让消费者获得认识和解决问题的体验，从而使消费者获得一种自我成就感。思维营销的魅力在于让消费者通过自己的想法与产品或企业间形成有效的互动，好的思维营销往往让人津津乐道、回味无穷。

农家旅游将知识性、科学性、趣味性融为一体，具有较好的引发思考的功能。大棚蔬菜、花草树木、昆虫、家禽都可以告知一段自然界生物生长的经历，这些生物奥妙能激发广大都市人的兴趣，激活其思维和探究欲望。如深圳高科技农业示范区，聘用农学博士采用先进的技术将示范区管理得井然有序，并将农业产品开发成为观光农业，吸引众多的游客前来游览体验，观摩学习，自主探究，使游客成为知识的发现者，并由此获得成就感、满足感和自豪感。

5. 营造参与互动的氛围

所谓参与营销就是企业在其所提供的产品或是服务的设计、生产、消费的过程中，努力创造条件和让广大消费者参与进来，按照消费者的生活意识和消费需求开发能与他们产生共鸣的“生活共感型”产品，使他们在对最终产品满意的同时，其兴趣、爱好、想象力和抱负也得以实现。

体验营销的核心是吸引消费者参与并产生互动。为了强化参与的体验性，让游客亲自参与乡村生活、生产的某一过程，比如游客可以住在农家院、品尝农家饭，感受浓浓的乡情和纯朴的民风；还可以自己下地采摘瓜果、上山挖野菜、甚至自己动手制作豆腐、蘑菇等，切实体验劳动的艰辛和创造的喜悦。

6.提升服务的体验价值

基于体验营销的服务营销是以顾客的服务体验为诉求，注重如何使服务个性化，如何使顾客在接受服务的过程中产生与众不同的感受，如何将服务利益转换成能给旅游者带来高水平体验的迹象。服务质量是服务营销的关键，服务质量往往取决于员工的服务态度、技能和服务水平。

农家旅游的特殊性决定了旅游接待、服务人员主要以农村青年为主，由于受文化素质的限制及缺乏规范的服务培训，整体接待服务水平较低。应加强对乡村旅游在岗员工的培训。通过服务员工的服饰和风度，服务设施的照明、温度和色调，服务场景的空间布局、美学展示等都可以提升服务的体验价值，提高游客的体验感知与满意水平。

【实训练习】

农家旅游导游员讲解技能训练

一、实训目的

通过对农家旅游导游员讲解训练，学习和提高导游员的讲解技能。

二、实训准备

1.联系当地有一定规模的休闲农庄（山庄）、农家乐或风景区；

2.编写导游词：根据景点情况和所收集的资料，组织编写导游词。

三、实训内容

表 9-1　实训内容分解表

实训项目	基本讲解技能、综合讲解技能、实景导游讲解训练
实训要求	1.了解八种基本讲解方法的使用对象与环境 2.掌握八种基本讲解方法的使用技巧，能结合具体景点熟练使用 3.能够准确识别、判断导游词中所使用的讲解方法 4.能够结合具体景点，恰当组合使用基本讲解方法 5.能够使用各种讲解方法，编写导游词

续表 9-1

实训技巧与方法	1. 分段讲解法 ①将大景点分为前后衔接的部分，边走边讲 ②一般按景点原有的结构分段 2. 突出重点法 ①找出该景区的代表性景观 ②找出与其他类似景点不同之处 ③根据游客构成的不同，找出他们的兴趣点 3. 处境生情法 ①找出可以借题发挥的景观 ②找出可以触景生情的情景 4. 虚实结合法 找出有典故，传统的景物，适时的将其结合起来 5. 问答法 ①可依据的景物应有趣，答案也出人意料 ②向客人提出的问题不应太难，以免客人感到尴尬 6. 制造悬念法 ①找出游客不熟悉但有一定文化底蕴和神秘色彩的景物 ②语言要讲究技巧，可以引起游客兴趣 7. 画龙点睛法 整体掌握景点，景观特征，词句提炼精确 8. 类比法 ①找出可以与景物类比的内容 ②找出相同时代的类比物

四、方法步骤

1. 任务分解：由教师安排实训任务，并将任务分解为若干子任务。

2. 学员分组：将学生分组，组成若干个团队。

3. 整合资料：收集旅游场所资料，用系统自主游历功能进行现场踏线，选择讲解方法。

4. 现场讲解：按选定的讲解方案和编写的导游词进行现场讲解。

5. 分析评价：对讲解进行分析，并进行简要评价。

五、实训考核

表 9-2　实训考核标准

项 目	要 求	满 分	得 分
礼节礼貌	仪容仪表(头发、面容、手、指甲、服饰等)	10	
	行为举止(坐、立、行、手势、礼貌用语等)	10	
角色扮演	书面材料(能完成规定的书面材料)	10	
	配合默契(角色之间配合自然流畅)	10	
	知识运用(能正确运用相关专业知识)	10	
	任务完成(能够完成特定情境下的工作任务)	10	
	学习态度(专心致志)	10	
师生互动	言之有理(针对问题能提出有价值的观点)	10	
	表达准确(口头表达能力)	10	
	参与热情(参与实训的积极性)	10	
总分		100	
个人总结			

知识窗口

农家旅游导游员讲解技巧

导游是农家旅游的灵魂，良好的导游讲解可以增加旅游者对农家旅游景区(点)的认知和感受，有利于农家旅游产品的宣传，从而为农家旅游增加客源，增加当地居民收入，提高经济效益、社会效益和生态效益. 所以，在大力发展农家旅游业的今天，导游员应该掌握农家旅游导游讲解服务技巧，更好地提高农家旅游服务质量。

一、熟悉农家旅游景区(点)的状况

俗话说“巧妇难为无米之炊”，如果导游员对于客人将要游览的景区(点)不了解、不熟悉，怎么可能有好的讲解服务呢？作为农家旅游的导游员，应该熟悉农家

旅游景区内线路走向、各景点分布状况、景点的重要度、设施设备配备情况、服务与管理状况，熟知购物产品构成情况及产品特点等.只有这样，导游人员面对客人讲解时才会信心百倍，胸有成竹，娓娓道来。

二、感情真挚，热爱农家旅游

作为导游员，在农家旅游服务中首先要对目的地的乡土、乡情充满无限的热爱，富有诚挚的情感；热爱淳朴、善良、勤劳的劳动者，这是讲解的原动力！其次是对农家旅游目的地以主人翁的热情去介绍去讲解，将农家旅游的口号及理念等内容通过导游的真情讲解，使游客受到感染、引起游客的共鸣，让游客通过住农家院、吃农家饭、泡温泉、摘蔬菜、尝野果、赏荷花、购特产、体验民俗风情等活动尽享农家乐趣，让人们在休闲玩乐中接受环境教育，在游览中回归自然。

三、讲解中注意导游肢体语言的运用

一般来说，肢体语言包括面部表情、声音的抑扬顿挫、行站姿势等.面部表情是肢体语言很重要的一部分，一定要大方、自然、得体.面部表情主要从眼睛和微笑来体现和流露.眼睛是心灵的窗户，眼睛要正视游客，目光要柔和，要与游客交流；微笑是春风，具有很强的感染力，笑容一定要从内心深处流露才能感化游客。声音的润色也很重要，要有抑扬顿挫。行、站姿势要得体，保持导游风度。总之，肢体语言是导游讲解的助燃剂，能够使导游讲解锦上添花。

四、讲解语言朴实，突出“乡土味”

“乡土味”即是原汁、原味、原生态 ，没有被特殊雕琢，没有被商业化污染，处处散发出浓浓的乡土气息。而“乡土味”区别于“城市味”，只能是来自于对农村乡野风光、农民生活风情、农业产业属性及特征的深入理解和全面挖掘。导游讲解时，首先必须贴近农民生活和农村环境，做到语言朴实、清新。讲解词必须有浓浓的“乡味儿”，这是农家旅游景区（点）区别于他类景区（点）的最大魅力所在。为了更好地突出“乡土味”，导游员要融入农家旅游的生活当中，体会到农家旅游的乐趣，自己体会不到，对客人的讲解要富有“乡土味”也无从谈起；第二，农家导游员应当将农家旅游所要传达的信息——即闪光点传达给客人，要从农家纯朴的乡情、乡乐及也许司空见惯的事情、甚至是物品，探究历史，将这其中的历史渊源讲给客人，让客人体会发现其中的奥秘、乐趣，学习到原来所不了解的知识！让游客体会到与城市生活的不同乐趣，从而获得高层次的精神享受！第三，“乡土味”要求导游对当地的生活习俗及方言要有所了解，站在游客和农家旅游开发者的角度把游客此行的“感受生态之美，畅享自然风光”的旅游目的和农家旅游目的地传达给游客的“体验农家乐趣，观赏生态美景，欢度休闲时光”的理念通过自己的讲解“二合一”地表达出来。

五、突出农家旅游景区(点)的文化内涵

文化是旅游的灵魂,以农村自然风光为基础,以乡土文化为核心是农家旅游的未来发展趋势和新的增长点。可以预见,随着农家旅游的快速发展,游客对乡村自然环境的天然性和纯净度的要求越来越高,对乡村人文环境的“文化性”越来越热衷。农家旅游资源容纳着古代先人的思想、情感、意识形态,承载着古代科技成果,体现着不同历史时期的文明精髓,具有丰富的文化内涵。只有通过导游员生动形象和传情的讲解,旅游者才能真正领略乡村旅游资源深厚的文化奥秘,从而丰富乡村文化知识,提高综合文化素养。

六、注重对游客参与体验内容的讲解服务

农家旅游不同于其他的旅游方式,乡村生活体验是农家旅游的重要组成部分。游客往往要求在农村亲身参与农业劳动,亲手制作和品尝农家特色的食品,在田间、果园、鱼塘或牧场领略乡村生产和生活。可以说,追求心神的宁静、追求人与自然的和谐、追求健康快乐以及渴望乡村风土人情体验是城市人到农家旅游的主要目标。因此,导游员需要熟练掌握农家旅游资源中的“体验性”内容,至少做到自己本身就是“熟练工”,这样才能以更好更鲜明和更特色的解说服务于客人,让客人收到良好的体验效果。

参考文献

[1] 肖君泽.农家乐经营管理.北京:中国农业大学出版社,2008.

[2] 郑健雄,郭焕成,陈田.休闲农业与乡村旅游发展.徐州:中国矿业大学出版社,2005.

[3] 陈奕捷.农家乐致富宝典.北京:旅游教育出版社,2006.

[4] 郭焕成,郑建雄,吕明伟.乡村旅游理论研究与案例实践.北京:中国建筑出版社,2010.

[5] 严贤春.农业生态旅游.北京:中国农业出版社,2004.

[6] 杨桂华,王秀红.农家乐经营手册.北京:中国旅游出版社,2006.

[7] 天津农村工作委员会.农家乐经营之道.北京:中国农业科学技术出版社,2014.

[8] 农家乐服务宝典编委会.农家乐(乡村游)之餐饮服务.北京:旅游教育出版社,2011.

[9] 农家乐服务宝典编委会 农家乐(乡村游)之住宿服务.北京:旅游教育出版社.2011.

[10] 李诗宇,弋福林.怎样开办农家乐.成都:四川科学技术出版社,2006.

[11] 李屹兰,李静轩.农家乐经营与管理.北京:中国农业科学技术出版社,2011.

[12] 史亚军.观光农业项目与技术.北京:科学普及出版社,2008.

[13] 徐迅,郎富平.农家乐休闲项目88问.杭州:浙江工商大学出版社,2011 .

[14] 蔡万坤.餐饮管理.北京:高等教育出版社,2012.

[15] 陈静,谢红勇.餐饮服务与管理.上海:上海交通大学出版社,2013.

[16] 李焕.餐饮服务员职业技能标准培训.北京:中国纺织出版社,2010.

[17] 田哩.餐饮服务与管理实务.北京:电子工业出版社,2012.

[18] 张好记.湖南省五星级休闲农庄.长沙:湖南省农业休闲协会,2012.

[19] 薛党辰.烹饪基本功训练教程.北京:中国纺织出版社,2008.

[20] 谭金凤,唐继旺.前厅与客房服务实训教程.北京:北京师范大学出版集团,2011.

[21] 沈蓓芬,林红梅.前厅客房服务运作实务.北京:电子工业出版社,2010.

[22] 湖南省旅游局.旅游政策法规与职业道德.长沙:湖南人民出版社,2012.

附件

农业部关于进一步促进休闲农业持续健康发展的通知

各省、自治区、直辖市及计划单列市、新疆生产建设兵团休闲农业管理部门：

休闲农业是重要的民生产业和新型消费业态，为农业增效、农民增收、农村环境改善和经济社会发展做出了积极贡献。为深入贯彻党的十八大，十八届三中、四中全会和习近平总书记系列重要讲话精神，落实中央1号文件的有关部署，进一步引导休闲农业持续健康发展，现就有关事项通知如下。

一、充分认识发展休闲农业的重大意义

发展休闲农业是提高农业效益、增加农民收入的有效途径。通过发展休闲农业，有利于带动餐饮住宿、农产品加工、交通运输、建筑和文化等关联产业发展，延伸农业产业链，推动第一、二、三产业良性互动；增加农业单位面积的多功能产出，提高综合效益，增加农民的生产性收入；把农家的庭前屋后变为经营场所，增加农民的财产性收入；保障农民收入四季不断，开辟农民增收的新空间。

发展休闲农业是增加就业容量、促进社会和谐的有效渠道。通过发展休闲农业，可以有效吸引资金、技术、管理、人才、设施等要素流向农村，增加就业容量，实现农民就地就近就业；培养一批有文化、懂经营、会管理的新型农民，带动农业生产、农民生活和乡风文明水平的提高；促进构建新型工农城乡关系，让广大农民平等参与现代化进程、分享现代化成果。

发展休闲农业是传承农耕文明、弘扬传统文化的重要举措。通过发展休闲农业，能够系统整合农业生产过程、农民劳动生活、农村风情风貌中的文化要素，推动传统文化和现代文明有机融合，促进农村文化事业和文化产业的发展繁荣；能够顺应城乡居民文化消费新期待，把农业文化遗产、历史古村、特色民居等作为历史文化资源和景观资源加以开发利用，实现在发掘中保护、在利用中传承。

发展休闲农业是保护生态环境、建设美丽乡村的有效手段。通过发展休闲农业，能够有效带动农村基础设施建设，改善村容村貌，促进农村生态环境的改善；促进农业产区向产区景区融合发展转变，推动美丽乡村建设；提高农民保护生态环境

的意识，有利于农村生态、景观等资源优势转化为产业经济优势。

二、正确把握发展休闲农业的总体要求和基本原则

发展休闲农业，要深入贯彻党中央和国务院的有关部署要求，紧紧围绕促进农民就业增收、满足居民休闲消费需求的目标任务，以农耕文化为魂，以美丽田园为韵，以生态农业为基，以创新创造为径，以古朴村落为形，将休闲农业发展与现代农业、美丽乡村、生态文明、文化创意产业建设融为一体，注重规范管理、内涵提升、公共服务、文化发掘和氛围营造，推动形成政府依法监管、经营主体守法经营、城乡居民文明休闲的发展格局。

发展休闲农业要坚持的基本原则：一是以农为本、科学规划。要以农业为基础，农民为主体，农村为载体，鼓励利用荒山、荒坡、荒滩、废弃矿山和农村空闲地发展休闲农业，不得滥占耕地。二是因地制宜、突出特色。要结合资源禀赋、人文历史、交通区位和产业特色，在大中城市郊区、名胜景区周边等适宜区域，因地制宜、突出特色、适度发展。三是规范管理、强化服务。要加大教育培训、宣传推介力度，制定规范标准，引导行业自律，实现管理规范化和服务标准化。四是政府引导、多方参与。要发挥市场配置资源的决定性作用，更好发挥政府在宏观指导、规范管理等方面的作用，调动各方积极性。五是保护环境、持续发展。要遵循开发与保护并举、生产与生态并重的理念，统筹考虑资源和环境承载能力，加大生态环境保护力度，实现经济、生态、社会效益全面可持续发展。

三、进一步明确发展休闲农业的目标任务

到 2020 年，力争使休闲农业成为促进农业增效、农民增收、农村环境改善的支柱性产业。产业规模进一步扩大，接待人次和营业收入年均增长 10%；布局优化、类型丰富、功能完善、特色明显的格局基本形成；社会效益明显提高，从事休闲农业的农民收入较快增长，全国农民受益面达到 3 500 万人；发展质量明显提高，服务水平较大提升，可持续发展能力进一步增强。

——注重丰富类型，促进产业聚集。各地要依据区位优势、资源禀赋、历史文化和市场需求，在现有基础上，开拓创新农业主题公园等新型模式，促进多样化、个性化发展。积极支持农民以庭前屋后等资源为载体发展农家乐，鼓励发展农家乐聚集村。引导在适宜区域发展以拓展农业功能、传承农耕文化、适宜度假体验的休闲农庄。结合传统农耕文化展示，建设具有科普、教育、示范功能的休闲农园。支

持经营主体协作联合，着力打造精品线路、特色产业带和优势产业群。

——注重创意设计，促进文化传承。重视农村文化资源挖掘，强化农业产品、农事景观、环保包装、乡土文化和休闲农业经营场所的创意设计。开发具有地方特色的休闲产品，推进农业与文化、科技、生态、旅游的融合，提高农产品附加值。按照传承与创新相结合的理念，加强农业文化遗产和古村落、古民居的保护，发展具有文化内涵的休闲乡村，促进乡土民俗文化的推广、保护和延续。

——注重素质提升，促进提档升级。加大从业人员培训力度，将休闲农业讲解员、导览员纳入职业技能培训体系，逐步推进持证上岗制度。建立人才引进机制，充实一批规划设计、创意策划和市场营销人才。加快休闲农业经营场所的道路、水电、通讯、安全防护等基础设施建设，完善路标指示牌、停车场、游客接待中心、公共卫生间、垃圾污水无害化处理等辅助设施。鼓励因地制宜兴建特色餐饮、住宿、购物、娱乐等配套服务设施，满足消费者多样化需求。改善休闲农业种养基础条件，拓展科普展示、示范推广功能。

——注重规范管理，促进生态保护。要加大休闲农业标准的制定和宣传力度，因地制宜分层次制定相关标准，逐步推进管理规范化和服务标准化。积极推进行业协会和服务组织建设，通过自我服务、管理和约束，规范竞争行为，营造公平环境。引导各休闲农业经营主体树立开发与保护并举的理念，走资源节约型和环境友好型的发展道路。

——注重示范创建，促进品牌培育。鼓励休闲农业经营主体通过要素流动、资本重组和品牌整合，打造叫得响、传得开、留得住的知名品牌。继续开展全国休闲农业与乡村旅游示范县、示范点创建，带动全国休闲农业规范有序发展。开展以中国最美休闲乡村推介、中国美丽田园推介、全国休闲农业星级评定为核心的品牌培育工程。要将诚信理念渗透到品牌建设全过程，提升信用度和竞争力。开展区域性示范点、特色村、星级户、精品线路等创建与推介活动，培育各具特色的地方知名品牌。

四、完善落实促进休闲农业发展的保障措施

不断完善休闲农业支持政策。要积极落实和创设有关扶持政策。认真推动落实现有扶持政策，争取用水用电享受农业收费标准等政策，鼓励休闲农业经营主体争取分时电价政策。休闲农业发展集聚地区，要争取当地政府出台排污费、垃圾处理费等方面的优惠政策。以改善基础设施为重点，广辟渠道，多方增加休闲农业投入，尤其对培育的休闲农业品牌给予扶持。鼓励中小休闲农业企业和经营户以互

助联保方式实现小额融资，鼓励农民以资产、资金、技术等要素入股参与经营。鼓励将休闲农业列入农业产业化龙头企业贷款贴息、中小企业创业贷款、扶贫开发贷款范畴，解决发展过程中的融资需求。

加快推进休闲农业公共服务。加快构建网络营销、网络预订和网上支付等公共服务平台，全面提升行业的信息化服务水平。加强科技支撑，依托科研教学单位建立一批设计研究中心、规划中心、创意中心，为产业发展提供智力支撑。强化行业运行监测分析，设计完善休闲农业监测统计制度。加强行业组织服务，加快形成自我管理、自我监督、自我服务的社会化服务体系。

不断加强休闲农业宣传推介。制定并发布全国休闲农业统一标识，并推广使用。完善全国休闲农业网有关功能，加快智能终端开发，加强与地方休闲农业网站的链接，全方位、多渠道、跨平台搭建政务信息发布和供需信息对接平台。鼓励社会资本参与休闲农业推介平台建设，做好休闲农业专题宣传，及时总结推广各地发展经验和先进典型。分季节、区域和特色遴选整合休闲农业经营点，串联形成一批精品线路和精品景点。

五、切实加强对休闲农业工作的组织领导

各级农业部门要从战略和全局的高度深化对发展休闲农业的认识，把促进休闲农业发展摆上重要位置。要加强机构职能和队伍建设，理顺职责关系，建立高效的管理体系。认真履行规划指导、监督管理、协调服务的职责，组织拟定发展战略、政策、规划、计划并指导实施，切实提高指导推动休闲农业科学发展的能力。积极争取当地政府的重视和支持，把休闲农业发展纳入本地农业发展目标考核内容，列入当地经济发展统计指标体系。

要加强调查研究，结合现代农业、美丽乡村和新型城镇化建设，制定区域休闲农业发展规划。对休闲农业进行科学合理的布局，形成与现代农业发展、土地利用、城镇建设、新农村建设、旅游业发展相衔接的规划体系。要积极争取将休闲农业基础设施和重点项目建设纳入当地国民经济和社会发展规划。

要加强力量整合，落实责任分工，形成工作合力。强化与发改、财政、国土、旅游、税收、金融、保险等有关部门的协调与合作，建立由农业、旅游和其他有关部门参与的管理机制，积极争取休闲农业扶持政策措施，并合力推动落实，共同促进休闲农业持续健康发展。

2014.11.26